南京博物院学人丛书

赵青芳文集

考古日记卷

南京博物院　编

文物出版社

封面设计:刘　远
责任印制:张道奇
责任编辑:李　东　周艳明

图书在版编目(CIP)数据

赵青芳文集·考古日记卷/南京博物院编.—北京:文物出版社,2012.5

(南京博物院学人丛书)

ISBN 978－7－5010－3440－6

Ⅰ.①赵… Ⅱ.①南… Ⅲ.①文物工作—中国—文集 ②博物馆—工作—中国—文集 ③考古—中国—文集 Ⅳ.①K870.4－53②G269.2－53

中国版本图书馆 CIP 数据核字(2012)第 067092 号

赵青芳文集·考古日记卷

南京博物院　编

＊

文　物　出　版　社　出　版　发　行
北京市东直门内北小街2号楼
http://www.wenwu.com
E－mail:web@wenwu.com
北京燕泰美术制版印刷有限责任公司印刷
新　华　书　店　经　销
889×1194　1/16　印张:18.25
2012年5月第1版　2012年5月第1次印刷
ISBN 978－7－5010－3440－6　定价:180.00元

《南京博物院学人丛书》编辑委员会

主　　编：龚　良

副 主 编：黄鲁闽　倪　明　朱小光　张　敏　王奇志

编　　委（以姓氏笔画为序）：

　　　　　万　俐　王奇志　朱小光　庄天明　刘文涛
　　　　　李虎仁　谷建祥　张小朋　张　敏　陆建芳
　　　　　林留根　倪　明　龚　良　黄鲁闽　鲁　力

本卷编辑：赵庆华　沈　骞　张平凤

本卷编务：何　刚

赵青芳像

1932年,赵青芳(前排左一)就读洛阳师范时与同学合影

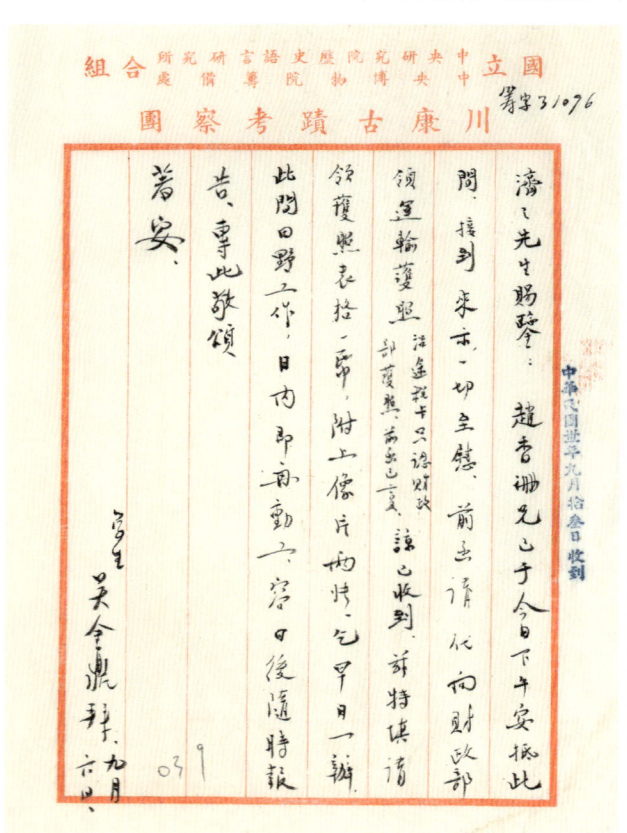

1942年9月,赵青芳抵达川康古迹考察团时,团长吴金鼎致函中央博物院筹备处主任李济请领财政部运输护照

1950年1月，与郑振铎率领的华东工作团第三组成员合影（后排右二为赵青芳）

1950年4月23日，庆祝南京解放一周年在社会发展史展览招贴前合影（左侧二排左一为赵青芳）

1955年,赵青芳(后排左二)在北阴阳营第一次考古发掘工地

1960年,赵青芳在苏州越城工地给学员讲课

1971年,赵青芳(后排右三)在北京故宫参加出土文物展筹备工作

1972年12月7日,江苏省第一期文博干部培训班合影(第二排左五为赵青芳)

1974年7月12日,接待秘鲁考古代表团一行参观南京甘家巷六朝石刻(右二为赵青芳)

1980年,赵青芳在南京博物院院庆时致辞——30年工作回顾

1981年2月2日,赵青芳(右三)会见美国研究六朝史学者包华石夫妇

1985年12月,赵青芳视察江苏省吴县三山岛旧石器时代遗址考古工地

1986年6月赵青芳（中）会见香港中文大学学者邓聪（左）

1986年12月，南京博物院为赵青芳先生举办文博工作50周年纪念会

1987年6月20日，赵青芳（左三）会见日本友人伊藤教授（右三）和夫人

1988年10月，赵青芳与安志敏先生（左）在龙潭考古工地考察

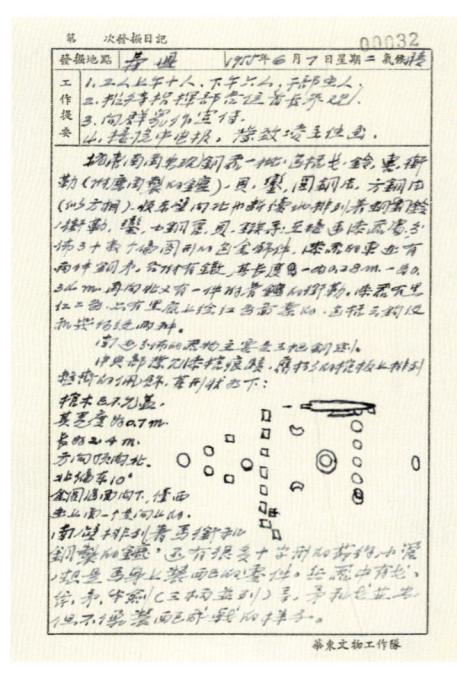

赵青芳考古日记手稿

凡 例

（一）为了传承先辈学者的治学精神，介绍当代学者的研究成果和治学方法，也为了激励青年学人的学术热情，探索一条新时期可持续的学术途径，南京博物院决定编辑《南京博物院学人丛书》，陆续出版我院学人的学术论著，以集中展示我院的整体学术面貌和科研水准。

（二）学人丛书以个人文集的形式推出，定名"XX文集"，每集40万字左右。对于著述量较多的文集，则又根据内容分成若干专辑，冠以"XX卷"，如"考古卷"、"博物馆卷"、"文物科技卷"等。

（三）学人丛书以严谨审慎的态度认真遴选，尤其注重著述的学科意义和学术史价值，原则上只收录已公开发表的学术论文，不能体现作者学术水平的杂谈、小品、通讯等一般不予收录。

（四）学人丛书各卷编排一般以内容题材和发表时间并行的原则编定次序，以见专题性和时代性。

（五）大凡学术著述多受作者所处时代环境之制约，征引、论断未必尽善。诸如此类，学人丛书一般未予匡正，以存历史原貌，使之真实地再现每位作者撰述时的时代气氛和思想脉络。对于入选论文，在文末以按语的方式附简单说明，主要介绍写作背景、发表或出版等情况，基本不做主观评价。

（六）学人丛书一般改正原稿中的个别错字，删除衍文，包括古今字、异体字、纪年、数字、标点等，一律按国家语言文字工作委员会颁布之标准体处理，而少量的未刊稿则酌情进行细微的文字处理。

（七）各卷前刊主编撰写的总序一篇，阐明学人丛书编纂缘起和意义等，以便读者对该丛书获致一轮廓性的了解。同时，设有前言或序（作者自序或由直系亲属决定的他序）。在体例上，每卷卷首配有若干照片、手迹等，卷末附有编后记，而论文所附插图、照片、线图等基本采用原有样式以保持论文原貌。

（八）学人丛书编辑委员会本着务实、有效的原则，分别由专人担任每卷的责任整理者，在主编主持下分工合作，共襄其役。丛书的整体设计和最后定稿均由主编全权负责。

《南京博物院学人丛书》编辑委员会

2009年8月

总 序

南京博物院坐落于六朝古都的江南胜地，其前身是国立中央博物院筹备处，1933年由时任国立中央研究院院长的蔡元培先生倡议成立，是当时全国唯一仿照欧美现代博物馆建设的综合性博物馆。原拟建"人文"、"工艺"、"自然"三馆，后因时局关系，仅建"人文馆"，即现在的南京博物院主体建筑仿辽式大殿。建院之初，就明确提出"提倡科学研究，辅助公众教育，以适当之陈列展览，图智识之增进"的宗旨，为博物院的筹建和发展奠定了理论基础。故院长曾昭燏先生在《博物馆》中明确提出，"研究为博物馆主要功用之一"，这一观念至今对南京博物院的业务工作产生着积极而持久的影响。

建院70余年来，尊重科学研究的优良传统在南京博物院一直传承着，并不断发扬光大。建院之初，这里汇聚了一大批享誉海内外的著名学者，如叶恭绰、傅斯年、胡适、李济、吴金鼎、马长寿、王介忱、李霖灿、曾昭燏、王振铎、赵青芳等，即便在烽火弥漫的抗日战争期间，在十分艰苦的生活工作条件下，他们也不忘自己的职责，进行卓有成效的科研工作，为民族文化的传承保存了可贵的薪火，也为南京博物院后来的科研人员树立了榜样。

1937年8月，中央博物院奉命带院藏文物向西南迁移，研究人员则在艰辛条件下开展田野考古和民族民俗调查工作。20世纪三四十年代，吴金鼎、曾昭燏、王介忱在云南苍洱地区进行考古调查和发掘；李济、吴金鼎、王介忱、冯汉骥、曾昭燏、夏鼐、陈明达、赵青芳等发掘四川彭山汉代崖墓，收集了大批汉代文物资料；以马长寿、凌纯声为团长的川康民族调查团在西南地区进行了历史遗迹、民族服饰、手工业、语言和象形文字、动植物的调查，采集了大量的少数民族文物；中央博物院与中央研究院史语所等联合组建了西北科学考察团，在敦煌、玉门关等地进行科学考察，并发掘了甘肃宁定阳洼湾齐家文化墓地等。在此期间，中央博物院在研究的基础上整理编写了《博物馆》、《远东石器浅说》、《云南苍洱境考古报告》、《麽些标音文字字典》、《麽些象形文字字典》等一系列学术著作。这些代表性论著，知识建构博大精深，社会学方法论应用得当，新学科新知识光芒闪烁，其学术开创意义和精神价值，足可视为经典。

1949年10月，随着新中国的成立，我院进入新的发展阶段。1950年3月，前中央博物院正式更名为南京博物院。南京博物院继承了前中央博物院前辈学人的治学精神和学术理念，坚持循序渐进地开展学术研究工作。随后开展了江苏南京南唐二陵发掘、六朝陵墓调查，以及山东沂南汉画像墓、安徽寿县春秋时代蔡侯墓等考古发掘工作,还奉命派人到郑州协助发掘商代城址,都取得了良好科研成果。同时,先后在江苏境内发掘了淮安青莲岗、无锡仙蠡墩、南京北阴阳营、邳县刘林和大墩子等重要遗址,发掘了丹徒烟墩山"宜侯矢簋"墓、南京东晋砖印壁画"竹林七贤及荣启期"墓、东晋王氏家族墓地王兴之与王献之墓等重要墓葬,并对江苏境内的淮河、太湖、洪泽湖、射阳湖流域和宁镇山脉进行了大规模的考古调查。随之提出的"青莲岗文化"和"湖熟文化"的命名,将江苏考古纳入系统研究范畴,为后来的江苏考古学文化区系类型研究开启先河。

自1978年中国实行改革开放政策的30余年来,南京博物院在积极倡导创新精神的同时,秉承前中央博物院学人"博大深约"之精神理念,注重将社会教育与学术研究交融贯通,形成了"兼容创新"和"与时俱进"的学术风气,迎来了学术研究的美好春天,在博物馆学、考古学、历史学、民族民俗学,以及古代建筑、艺术文物、文保科技、陈列展览等相关领域均取得了不斐成绩,并呈现了以老专家引领、中青年骨干为中坚力量的梯队式研究群体,其治学之道、研究之法亦与前中央博物院前辈学人的传统息息相通。

现今南京博物院是一所拥有42万余件各类藏品,20万余册中外专业图书的大型综合性博物馆,集探索、发现、典藏、保护、研究、教育、服务于一体,具有举办各种展览、开展科学研究的深厚基础,在学术方面已经拥有比较深厚的历史积淀和鲜明的综合性特色。近年来,南京博物院将科学研究与服务公众作为工作的两极。立足科研,努力提升学术水平,逐步提高工作能力,最大程度地扩大学术声誉和影响力,为公益性博物馆的发展提供基础和动力;努力将博物馆的科研成果转化为现实生产力,服务于文物遗产的保护和利用,服务于社会公众教育,成为南京博物院长远发展的基本方针和工作目标。

今天,随着博物馆事业的快速发展,我们清晰地认识到,开展科研工作是公益性博物馆发展的基础和动力,要提高对科研工作重要性的认识,有的放矢、循序渐进地开展工作。首先,要认识到科学研究是生产力,是博物馆实现社会价值的重要手段。要从发展生产力的高度认识博物馆科研工作的重要性,认识到我们的职责是利用古代文化及其研究成果来推动和促进当地经济社会的和谐发展。通过博物馆的研究成果,使社会认识到,古代文化遗产是一个地区、一个民族、一个国家的象征,具有精神上的巨大作用,发展博物馆事业,也直接或间接地发展了社会生产力;通过博物馆的科研发明和技术创造,让社会认可文物保护技术的重大作用,它不仅可以使文物坚固、延年,并保持美感,更让公众在欣赏文物的过程中认识、理解并尊重了其中"过去的辉煌"和"今天的创造"。其次,要促进科研成果的转化和推广。科研成果只有进行有效转化,才能真正成为现实生产力,更好地发挥科研成果服务社会的功能;积极促进科研成果的推广,可以为文物保护力量比较薄弱的地区提供技术支撑;科研成果的研究和推广,可以培养、锻炼一批既具有理论研究水平,又有实践能力的队伍。第三,要明确科研的内容和重点。南京博物院作为大型综合性博物馆,能够在国际国内博物馆界有一定地位和影响,积极的科学研究无疑是重要条件。全院有一支专业素质好、知识水平高的业务队伍,他们探索古远历史,研究地域文化,保护物质遗产,服务社会公众。科研的内容和重点主要围绕服务社会发展、服务江苏文博事业、服务公众文化享受的目标来进行。具体而言,主要围绕研究江苏文明史发展的考古发掘研究、文物保管及科学保护、文物展示及公众服务、文物利用及社会作用的发挥等内容来进行。其中在考古发掘研究方面,70余年的考古收获成果,基本可以勾划出江苏历史发展的轮廓概貌,弥补了文献记载之不足。在文物科学保护方面,共有获奖科技成果20多项,在文物保护实践中都得到了广泛的应用。在文物展示及服务公众方面,在完成了南京博物院艺术馆陈列,还开展了文博系统人文社会科学重点课题研究,并帮助多家博物馆进行展览设计与布展。在利用文物发挥社会作用方面,多方组织精品展览服务各地公众。同时积极利用科研技术,保护地面文物建筑,启动"身边的博物馆"走进农村基层的数字化博物馆项目,致力于将博物馆与公众的距离拉得更近。

回首往昔,我们欣喜地看到,南京博物院70余年的科研成就硕果累累;筹划今朝,深感我们仍需砥砺精神,不断求索,以更好的业绩促更大的发展。为了集中展示并检阅南京博物院在学术研究方面的综合性成果,并藉此体现服务与研究相结合的学术导向和科研特色,我院组织编辑出版《南京博物院学人丛书》,通过整理与学习前辈学人的学术成就与传承脉络,介绍当代学者的研究成果和治学方法,使之作为系统的历史文献资料保存下来,并成为后人获得知识、方法与灵感的重要源泉。同时,真诚希望我院青年学人能得以站在前人肩膀上,坚持良好的学术风气,促进科研工作的不断开展,探索一条新时期可持续发展的学术途径。在我看来,《南京博物院学人丛书》是一种精神资源,在叙述和阐释的过程中,不仅仅是对历史文化积淀的整理,也是对南京博物院学术精神的弘扬。我们有理由相信,无论从文献价值还是从学术传承着眼,作为一项系统的文化工程,《南京博物院学人丛书》随着时间的推移必将会显示出嘉惠后人的永恒价值,成为激励后来者不断前进的动力。

南京博物院院长　龚　良
2009年9月1日

前　言

2012年是中国著名的考古学家,江苏考古事业的奠基人之一,原南京博物院副院长赵青芳先生诞辰100周年。我们编辑出版《赵青芳文集》藉以表达对先生的崇敬和怀念之情。

赵青芳,字香山,别号乡珊。1912年10月10日出生于河南省南阳市,早年就读于洛阳师范学校,从事教育事业。1932年参加中央研究院与河南省政府联合成立的河南古迹研究会工作,开始了他的考古生涯。在军阀混战、土匪猖獗的年代里,先生置生命危险于不顾,先后参加了由中央研究院史语所著名考古学家郭宝钧先生主持的一系列重要的考古发掘和调查,其中有1932年河南浚县辛村西周卫国古墓发掘,1934年河南西部考古调查和发掘,1935年河南北部考古调查及汲县山彪镇与辉县琉璃阁战国时代古墓发掘,1936年洛阳地区考古调查及商丘永城县造律台、黑孤堆龙山文化遗址考古发掘等工作。在长期的野外考古发掘工作中,先生打下了扎实的考古学基础,积累了丰富的经验。1937年初,先生从河南古迹研究会调任国立中央博物院筹备处工作,又参加了时任筹备处总干事长郭宝钧先生主持的自筹备处成立以来第一次用自己经费组织的河南辉县琉璃阁战国时代古墓第二次大规模的发掘。这些著名的大规模的发掘工作,为国立中央博物院筹备处的文物收藏作了原始的积累,为早期的中国考古学研究提供了重要的资料。

1937年,赵青芳先生满怀爱国热忱,为保护国家珍贵文物,与国立中央博物院筹备处的同事一起,辗转奔波于我国大西南地区。从重庆沙坪坝、昆明龙泉镇附近的起凤庵,到川西南溪李庄,先生与文物相依为命,与郭宝钧、王振铎、曾昭燏、王介忱、夏鼐、李霖灿、谭旦同、高去寻等共事。八年颠沛流离,虽关山万里,远离故土亲人,但仍恪守使命。这期间,先生还参加了由中央博物院、中央研究院史语所、中国营造学社等三家机构联合组成的川康古迹考察团,至川西进行野外考古调查;参加了由吴金鼎先生主持的彭山县汉代古墓发掘;赴牧马山地区执行汉墓发掘任务……

新中国成立初期,赵青芳先生曾先后担任过南京博物院群工部主任、陈列部主任,后任考古部主任、南京博物院副院长,直接主持江苏考古工作长达25年,对江苏考古事业作出了巨大的贡献。先生先后主持了淮安青莲岗、淮阴地区、射阳湖地区、新海连地区、苏州地区考古调查和新沂花厅村、丹徒烟墩山、郑州二里岗商代遗址和周代墓葬、南京北阴阳营、安徽寿县战国蔡侯墓、苏州越城遗址、吴县梅堰遗址、涟水三里墩汉墓、邳县刘林遗址、铜山丘湾商代遗址、南京宋代张宝墓、扬州"二招"与邗江工地唐代遗址等一系列重大的考古发掘工作。1951年先生首次发现了江苏境内的新石器遗址——青莲岗遗址,并在1956年全国考古会议上提出了"青莲岗文化"的命名,"迈出了探索江苏文明的第一步"。"青莲岗文化"与"湖熟文化"一起"将江苏考古纳入系统研究范畴,为后来的江苏考古学文化区系类型研究开启先河"。1956年赴苏州地区作考古调查时,首次发现了被中国考古界称为"江南史前文化标尺"的吴县草鞋山遗址。

在长期的野外调查与发掘的基础上,赵青芳先生撰写了一系列的考古报告与学术论文,其中重要的有《淮安县青莲岗新石器时代遗址调查报告》、《南京市北阴阳营第一、二次的发掘》、与尹焕章合作的《淮阴地区考古调查》、与邹厚本合作的《江苏铜山丘湾古遗址的发掘》、《从江苏省原始社会后期考古资料看私有制的产生》、《长江下游先民对中国古代文明的几项重要贡献》等。晚年,先生还主持并执笔编写了《四川彭山汉代崖墓》、《北阴阳营》两本重要的考古专著。

赵青芳先生十分注重考古人才的培养。应南京大学、厦门大学、长江流域规划办公室、江苏及周边数省的考古训练班之邀,先生多次开设考古学课程,编写了《江苏新石器时代考古》讲义,系统地阐述了江苏新石器时代考古学说,对江苏新石器时代考古作了全面的总结。长期以来,在先生主持的考古工作中,为江苏培养了一大批考古事业的中坚人才。

数十年来,赵青芳先生的足迹遍布我国中原、西南、东南大地。"从遗址到墓葬,从田野发掘到室内整理,从零星清理到综合研究",先生取得了丰硕的科研成果,为中国的考古事业作出了杰出的贡献。1956年先生被聘为副研究馆员,同年7月光荣加入中国共产党,1988年恢复职务评审后晋升为研究馆员。先生是中国考古学会第一、二、三届理事,江苏省考古学会第一、二、三届理事长,江苏省哲学社会科学界联合会理事,江苏省文物、博物专业高级职务评审委员会主任委员,江苏和南京历史学会理事,中国第四纪地质委员会海岸分会委员,江苏省政协第四届委员,是享受国务院特殊贡献津贴的科学工作者。

赵青芳先生在南京博物院工作时间长达五十余年,是南京博物院从事考古研究时间最长的学者之一。先生既是前中央博物院学人治学精神和学术理念少有的传播者,同时又以现代考古学理论和实践指导江苏的考古工作,先生参与制定的一系列沿用至今的野外考古工作方法与规章制度,对江苏考古事业产生了深远的影响。先生的学术思想和作为一个考古工作者所具有的优良品质,深刻地影响着南京博物院乃至江苏省的考古工作。

今天,我们将赵青芳先生的部分著述汇集成这套《赵青芳文集》,文集分为考古卷和考古日记卷。大家读后可以从中领略先生的一些学术观点和治学理念。

赵青芳先生的考古日记不但记录了许多珍贵的考古资料和考古发掘与调查工作的方法和经验，而且字里行间也记载了先生从事考古工作的生命历程和当时从事野外考古工作的艰难。

还需略加说明的是，对于赵青芳先生所著的大型考古学专著只选登了书后的结束语，读者若有需要，可循原著作查询。不便之处，希望谅解。

在《赵青芳文集》出版之际，我们谨向为文集出版付出心血的同仁表示衷心的感谢。

《南京博物院学人丛书》编辑委员会

2012 年 3 月 23 日

目　录

凡　例 ………………………………………………………… （ i ）

总　序 ………………………………………………………… （ iii ）

前　言 ………………………………………………………… （ vii ）

一　考古日记

河南郑州考古发掘

　　（1954 年 11 月 25 日～1955 年 2 月 23 日）………………… （ 1 ）

南京北阴阳营第一次考古发掘

　　（1955 年 3 月 7 日～3 月 25 日）…………………………… （ 43 ）

安徽寿县考古发掘

　　（1955 年 5 月 29 日～7 月 4 日）…………………………… （ 54 ）

苏北地区考古调查

　　（1956 年 3 月 28 日～4 月 20 日）…………………………… （ 71 ）

南京市北阴阳营第二次考古发掘

　　（1956 年 5 月 2 日～6 月 23 日）…………………………… （ 80 ）

苏州地区考古调查

　　（1956 年 11 月 1 日～11 月 4 日）…………………………… （101）

南京安怀村考古发掘

　　（1956 年 11 月 11 日～11 月 12 日）………………………… （105）

苏北地区考古调查

　　（1957 年 4 月 11 日～5 月 18 日）…………………………… （109）

南京北阴阳营第三次考古发掘

　　（1957 年 10 月 5 日～1958 年 5 月 22 日）………………… （121）

徐州小龟山考古调查
  （1972 年 6 月 6 日）……………………………………………………（163）
调查草鞋山遗址发掘新情况
  （1973 年 5 月 22 日～5 月 25 日）…………………………………（165）
清理南宋荣州防御使张保墓
  （1973 年 6 月 20 日～6 月 22 日）…………………………………（166）
扬州地区考古发掘和宝佑城遗址考古调查
  （1978 年 4 月 11 日～6 月 2 日）……………………………………（168）
陕、川、渝地区参观与考察
  （1979 年 4 月 3 日～4 月 30 日）……………………………………（181）
在苏州参加江苏省考古学会第二次年会
  （1981 年 11 月 9 日～11 月 17 日）…………………………………（189）

二　纪念文集

忆曾昭燏先生 ………………………………………………………………（192）
我的回忆
  ——抗日战争时期的中央博物院筹备处 ………………………………（195）
忆曾昭燏先生二三事 ………………………………………………………（200）
考古、博物馆事业和她结下终身姻缘
  ——回忆前南京博物院院长曾昭燏先生 ………………………………（202）
忆郭宝钧先生 ………………………………………………………………（206）
参加南京博物院考古工作之前前后后 ……………………………………（210）

三　考古工作随笔与考古简讯

中国大百科全书·考古学卷·北阴阳营文化 ……………………………（217）
附　赵青芳先生就"北阴阳营文化"条目与安志敏先生的通信 …………（219）
南博藏宝录·玉石器 ………………………………………………………（221）
南博藏宝录·玉石器带文字的陶盆 ………………………………………（226）
On *Bi* and *Cong* …………………………………………………………（228）

从苏北治淮文物工作中所体会到的几点	(237)
苏北发现史前彩陶文化的遗址	(239)
第二期治淮文物工作简报	(240)
治淮文物工作队苏北组工作总结与简报	(241)
青莲岗史前遗址二次调查	(247)
庆祝中华人民共和国成立四周年华东文物工作队与我院 　　联合举办"华东区两年来生产建设中出土文物展览"	(248)
冬季苏北区的文物工作	(249)
华东区参加"全国基本建设工程中出土文物展览"工作	(249)
迎接中华人民共和国宪法诞生和五周年国庆， 　　我院修改历史文物陈列	(251)
江苏丹徒县下聂村发现古墓葬	(252)
为完成支援郑州市的文物工作而奋斗	(253)
安徽寿县发现战国古墓葬	(254)
继续发掘南京市北阴阳营古遗址解决文化堆积的层次关系	(255)
考古工作与勤工俭学相结合	(255)
江苏省考古学会第一届理事会工作报告	(257)
在江苏省考古学会第五次年会上的讲话	(260)
编后记	(263)

河南郑州考古发掘

(1954年11月25日~1955年2月23日)

发掘地点:郑州

  1954年11月25日 星期四 大雪

  向河南省文物工作队第一队报到。分别访晤华东来参加工作的同志们,并分发院内同志所托带的信件。

  晤河南省文化局文物科科长赵全嘏同志和郑州市文物工作组安金槐组长及多年来未见的老友韩维周同志。

  听尹焕章、吴震二同志研究秘书组的工作。

  参加小组会旁听尹焕章同志向福建和江苏工作同志讲解工作规则、工作方法、工作计划、组织规程等文件。

发掘地点:郑州

  1954年11月26日 星期五 大雪

  大雪继续一天未停,田野工作全部停顿,同志们都去听经济建设常识的报告,我因初来队部允许暂不参加。

  在室内写信,补日记,核算旅行账目。

  听尹焕章同志讲这边的工作情况。

发掘地点:郑州

  1954年11月27日 星期六 晴

  上午向沈韵生同志报销旅途账,并具领工作需用的文具簿册。

  安徽省王步艺同志向队部报到。

  下午随尹焕章、韩维周出席第四、五两组成立的会议,并做了简短的发言。

  至阜明里参加调查联系工作组的成立会议,对该组的重要性亦做了发言。在这次会上,听到不少同志提出的意见,如个别同志感觉工作流动性大,妨碍学习,活动亦有困难,缺乏老练工人和工具等,都是值得研究解决的。

  访问了秘书、文书、总务、绘图等工作同志。吴荣华同志晚上乘车返宁,托他代交曾昭燏、徐观伯两院长一信,报告到郑情况。

发掘地点:郑州

  1954年11月28日 星期日 雨

  田野工作因雨停顿。

  和尹焕章、韩维周讨论编写二里岗发掘报告的序言部分(韩维周执笔的稿子)。

发掘地点:郑州

  1954年11月29日 星期一 阴

  上午由张建中同志率领华东新来的同志(福建的和江苏的)参观岗杜水管工地的墓葬清理工作,我也随同前往;看到正在清理的是三个战国墓,土坑,有两层台阶,方向多为头北脚南,北壁上多半有土坎,放置殉葬陶器,如鼎、壶、匜等,人骨架上所附的殉葬物有铜带勾、铲币、桥梁币,口部有玉琀(闻桥梁币有和珠玉相联系作装饰用的)。上层填土中往往出铁铲等工具。这类简单的战国平民墓为郑州地下常见的,往往成排出现。此处铺设水管的土沟,宽度仅0.5米,在长约200米的范围内,就发现了十八个半墓葬(内有一个仅出现墓道)。还包括一个秦汉时代的空心砖墓。据说奇怪的现象是,靠边缘的第一墓,往往方向特别(东西向),已有两处是这种情况。

  这一带的土层略为耕土层(风沙层),第二层为细沙夹小礓石层;辨别文化土的方法是沙土内夹有黄土屑的花土,便是文化土。

  下午两时许,参加小组长汇报会议,听取了各工地的工作方法和重要发现,各组也提出了很多疑难问题,请求解答,会议开得相当成功,据说这是第二次会议了。

发掘地点:郑州

  1954年11月30日 星期二 阴雨

  因阴雨仍未能开工。

  上午洛阳郭文轩同志来队访问,他是我的同学和考古工作的老朋友,现在洛阳市文教局从事文物工作,曾负责建筑工地的钻探任务,数年以来获得很大的成绩。这次来郑,据说是参观国棉二厂建筑的倾斜情况(地面下不平衡,或为古遗址、古墓葬未经清理之故),从而吸取经验。我至此才感觉到文物工作和建筑工程密切相结合的重要意义。

  下午两时许,和尹焕章、韩维周至阜名里出席队务会,成经堂、许继秋二队长因事未到,由安金槐同志主持,讨论事项约分政治学习、业务学习、副队长的分工、辅导工作的分工等,至于秘书组所提出的各种组织章程和工作细则,俟先由各队委传阅后再讨论。

  晚,队长传达政治和业务学习的组织与组长名单,并要求各小组针对业务学习提供意见,以便由学委制订计划。

发掘地点:郑州

1954年12月1日　星期三　晴

工作提要:1. 参观省府工地的商代建筑遗迹。

2. 学习经济建设常识第十章正文。

上午由张建中同志引导和福建、江苏两省的同志们一道参观省府工地的发掘工作。这边采用的是挖探沟的方法,每探沟长约10米,宽约2米,表面层有不同时代的文化遗物堆积,下层发现商代的建筑遗迹,似为一般的平民住宅,墙基高约0.5米,厚约0.4米,中间实以黄灰土,杂有陶片、铜范等,并加夯,夯窝尚存。壁里敷泥,泥料中掺有草筋;泥皮的表面又涂了一层白灰,泥皮和室内地面相连,均经烧过;白灰皮也和室内地面相接。其中一处较大,东西长约5米,南北宽3米,长方形;其他一处形状相同,但范围较小。多一黄土台面。这些墙基的外面还有许多断续相交错的,很多被后期的灰坑或墓葬打破了。白灰皮有多至四五层者,足见这些住宅居住的时间是相当久远的。总的情况,好像这块地方在当时是一个相当大的村落。由此更认识到烧土建筑不但在新石器时代确切存在,而且这种建筑方法曾一直延续到商代。距此不远的北边听说曾出土大批骨料,传说为商人的骨器工厂,可惜那里已建成了近代化的房屋,无法一见。

下午,参加政治理论学习,阅读经济建设常识第十章(即最后一章),内容为国家对经济建设的重大作用和党对国家经济建设的领导。

蒯世权同志今早到郑,据说陈列部的副主任已发表,梁伯泉同志已到职。

晚,与尹焕章同志等讨论文物队对外发表消息的事,一致认为要通过中央文化部的批准。

向沈韵生同志领到照相机一架、胶片两卷、手套、风镜、口罩等物。

发掘地点:郑州

1954年12月2日　星期四　晴

工作要点:1. 参加工作会议。

2. 参观白家庄工地的清理工作。

上午至阜明里出席队务会议,讨论从群众中搜集到的生活方面的意见,多数的问题都讨论解决了,只有装备、学习费、伙食补助等,因和省文化局的规定有抵触,故未能通过。由于这些问题又是群众中不少人所最关心的,因此主张由专人将会议的决定向群众做解释。

下午与韩维周同志前往参观白家庄工地的文物工作,地址位于城东南,清理工作已将结束,是一处商代的遗址,计有黄沙夯土台、白土面、圆灰穴等,还有三个圆形的洞穴,像是建筑上的柱窝,一时想把这些现象做一肯定的断语,是办不到的。

晚,参加政治学习两小时,并讨论秘书处的组织和工作守则。

发掘地点:郑州

1954年12月3日　星期五　晴

工作提要:1. 至军需仓库、交通厅及二里岗工地参观。

2. 至福寿街文化局会晤许局长。

上午先至阜名里河南郑州市文物工作组,候见许局长,到达后知许局长因公不能来,遂与安金槐同志谈了些工作上的问题。以后尹焕章至白家庄工地,我去二里岗工地,分头工作。我先参观了交通厂工地第一组的工作情况,这里过去曾发现商代的冶铜遗迹。出土过一个长宽各约两米半的烧土面,面上有一块铜锈,另有很多长方形的竖穴,里面曾出土铜范、铜锈等物,还有许多墓葬打破,这块遗址情况相当复杂,在这里开坑的目的,是为了追寻冶铜方面的知识。

至二里岗工地视察,先看陇海马路以南第二组的发掘情况,由赵青云同志引导,他这里已作了一条长10米,宽2米的探沟,主要的发现是龙山文化层和两个长方形的灰土穴(商代)尚未到底,另外有一个砖墓(南北向套进式,墓口向西,用砖封砌),人骨架只有骨盘以下的部分了,无殉葬物。现象也确实奇怪,很难解释它的时代问题和什么原因造成骨架的残破现象。

参观第三组工地(陇海马路以北),据王文林同志说,这个10米长,2米宽的探沟将结束,西段发现兽类骨架,兽骨架下又出一人骨架,完整无缺,也没有殉葬物,兽骨架以北出一人头骨,头骨附近曾出两件较完整的陶器。东端有较小的长方形灰坑,出卜骨、骨梳、骨针等,都是较重要的发现。

参观军需仓库内的发现,这里是郑州文物工作组过去作过的地方,工作已停止很久,发现的有宋墓三个,砖构,砖上有几何形纹饰,砖砌的工艺很精,墓顶虽不存在,但室内四壁的点缀很清楚,有一墓中曾以砖砌成桌椅、灯台、门窗等形象,突出部分并绘上红绿色彩。墓室为方形,四隅有用砖砌成的方柱,置棺处另有台阶。另有元墓1、近代墓2。长方形灰土穴1,穴口附近曾掘出豆、鬲、尊等完整的陶器,穴内亦多完整者,器多分积穴内两边,系堆积时物体下坠的原因造成的。据说这灰穴因达到水面(4米左右),故未能彻底解决。

下午,和尹焕章同志先至阜明里,偕同安金槐、蒯世全、孟雅茹等同志到福寿街文联去访许局长。许局长为镇平人,很忠厚,他听说华东的同志到齐了,就要开欢迎会,决定日期为星期四下午。谈到郑州广播电台要稿向苏联广播时,他提出了究竟郑州市的古代文化遗迹说明历史上什么问题,这是要求我们在工作上应注意的事。

晚,尹焕章同志召集了华东工作同志开会,报告加强团结,努力学习及生活方面的问题,以及请大家提意见,大家在工作改进方面提的较多,依我看都是一时难解决的,颇感觉这样向大家单纯征求意见而领导方面的力量又很弱,客观上的困难又很多,结果会造成只征求,不见解决,给群众一种不良的印象,必然会影响以后的工作。终有一天使群众感到失望,因此以后要改进。

发掘地点:郑州

  1954年12月4日 星期六 多云

   工作提要:1. 参观C5.3及C5.1工地的工作,和二里岗以南的夯土墙,粮食仓库新开的坑。

      2. 参观文物组旧藏文物和C9.1区出土文物。

上午,在交通厅工地,视察第一组工作,获知二里岗一带自然土层的结构,自上而下的次序,如耕土层、黄灰土层(原地面层)、红土层、黄砂土层(以上土层合起来共厚约3.8米)、白沙夹细礓石层、流沙层(一般都已接近水面了)。所有龙山和殷商的灰土层或灰土穴,都是打破这些自然土层而存在的。掌握了这些自然土层的知识,再找出不同时代文化遗存距地面深浅的规律,从而就可自地表的土质土色来推断地下埋藏的时代问题。

至C5.1工地(即二里岗陇海马路以南)视察,先看了极南部的夯土墙址,颇宽厚(在10米以上),高突地面约三四米,据说向东绵延,约长4千米。墙址外地势低洼,无古代遗迹可寻。它的时代问题尚难推断。墙址以北,C5.1区以南,为粮食仓库地址,现已正在动工起土。耕土下已露出灰土穴很多,突击组有两位同志正在清理中,已出陶片、兽骨、石凿等物。

至C5.1工地,看到这里的H103坑内,正出了1件陶斝,有柱,素面,弦纹,平底,柱足;这类形制的斝,在郑州来说属于晚期的,斝下附有白色泥片两块,可粘拼起来,一面有压印的编织纹,像一个竹篮子的底脱落下来似的;据郑州的工作同志说:这种发现过去也有过,编织纹如"米"字,质料相同。

拍摄了C5.1.H103的坑形和出土陶斝情况照片两张。

下午,在宋墓宿舍参观C9.1区出土的遗物,包括龙山薄陶片,商代的羊卜骨、牛卜骨、骨镞、骨梳、骨针、骨匕、铜镞、陶爵、陶方四足杯、石斧、玉斧等。工作同志正作修补和总结。

参观文物组的库存陶器、骨器。龙山的陶器主要的特点是壁薄、绳纹细,罐和平底碗较多,为商代器物。他们将其分作早、中、晚三期。主要是按照灰坑的相互打破关系和器形的规律为根据的。器形在早、晚期的区别上最可靠的计有鬲、罍、斝等三种,主要的特征是早期的鬲壁薄,绳纹细,足高,颈部带圆圈纹。早期的斝亦同,火候也较高。罍的早期器形是颈短,肩高,腹径大,略有光泽;晚期的则相反。一般的商代陶器计有豆、甗、簋、瓿、钵、盆、爵、斝、尊、罍、鬲、鼎、壶、瓮、罐等,底部的特征是圜底器(也有稍平的)占绝对多数,纹饰并和腹部相连。爵、斝都是平底的,口部的显著特征是外侈形的较多，早期的多单唇，晚期的多双唇。纹饰的特征是绳纹的多，早期的细致，晚期的粗劣。有一件早期的甑形制特别，上段为一敛口鼓腹的罐（素面），下段形如绳纹鬲，殷商器形中很少见过。

骨料中有人骨（1/3）、牛骨、鹿骨等，分半制成品和制成品，制造过程是先锯成料，再削成初形，最后在砺石上加工磨光；种类有簪、锥、针、梳、匕、铲等。冶铜工具有利用陶鬲做成的坩埚，陶范（镞、爵）等。

战国墓以二里岗东南东火车站工地出土最多（已清出的有258个），据说早期的殉葬陶器有鼎、壶、豆，中期的去豆而换成了一个盖碗，晚期的出土了一个小口陶罐。另外富者件数较多，器上有红、白、黄、黑等几何纹彩画，贫者则简略。

空心砖墓在战国晚期已出现，那时砖上的纹饰多为"米"字形。另有两种图案复杂的空心砖，多是秦汉墓的产物。

发掘地点：郑州

  1954年12月5日 星期日 阴

上午与葛治功同志参观人民公园文物陈列室，约有仰韶、龙山、商代、战国等文化遗物，陈列方法上没有可学习的地方，因时间短促，未能详细看。参观了公园内原商代墓葬区，听说这里曾出土铜器，或有大型墓葬在。

下午看意大利进步电影《偷自行车的人》。

发掘地点：郑州

  1954年12月6日 星期一 雪

野外工作因雪停顿，各组工作同志分别整理资料或自学。

上午，我和尹焕章同志冒雪去阜民里参加队务会议，结果因安金槐队长外出会议未能召开，怅怅而返。

在宋墓宿舍召集五、六组同志听赵青云同志介绍二里岗的工作经验。

二里岗地名在唐代已有，岗东西长三里，南北宽二里许，岗上有龙山、殷商（早中期）的文化遗迹分布，出土有刻字骨、卜骨（十余块相结合）、陶器等，龙山文化多存在于红土层下，灰坑如袋形。商代坑有长方和圆形的，其中有长方形一个深达10余米，故一般多作不到底，1953年开始清理。

1）交通厅工地：主要发现炼铜遗迹，一个坑内出炼铜炉子，一个坑内有架木遗迹和陶器（完整的）。工作方法是先开探沟，再开方，由小方而大方。土层结构为耕土、黄灰土、灰土、红土，龙山文化多压在红土层下面，出土遗物计有炼锅、合金铜刀、陶范（镞）、铜镞等。

2）夯土城墙：长二千余米，土中混有商代早期陶片，因墙外地势低洼，故有人说是防水堤。根据墙外有战国墓而无殷商遗址的情况看，很可能是战国或战国以前的城墙。

3)车站:为战国墓群所在区,地面铲平后,发现有些地是沙土带礓石,有些地则是黄沙;礓石处即是墓葬。一般墓内出土豆、鼎、壶,也有出桥梁币的(其实是妇女的装饰品放置在头部)。这时期已开始用空心砖作墓了,(这里出土的是不带盖的空心砖,其他地方也发现战国墓有用带盖的空心砖的),并发现男女合葬墓两个。共探出400余,但只作了100余,岗杜的战国墓有带木椁的,二层台是用土堆成的,头端有壁龛,空心砖上有文字。

4)二里岗上下层:按器形来分,陶器中早期的鬲,足高而尖,壁薄,火度高,绳纹细而伸展到颈部。晚期的与此相反,颈部有同心圆。卜骨:早期的灼而不钻,中期的灼钻而不凿。骨簪:早期的细而尖长,中期的则相反。大口器:早期的腹大、颈短、肩高,有光泽。豆:早期的圈足,有空,晚期的盘口厚。瓮:早期的壁薄,晚期的粗而厚。

下午,接突击组电话,决定派人冒雪去河南第二医院结束所发现的灰坑,共有长方坑三个,只作了一个半,但现在因工地催促,不能再作了。

发掘地点:郑州

1954年12月7日　星期二　雪

工作提要:1. 参加队部召集的干部会议。
　　　　 2. 参加第三组工作总结(文物分类)。

上午,参加队部召集的干部会议,由安金槐副队长作有关群众生活方面意见的解答报告,这是队部成立以来,在群众中收集来的八十余条意见,并经过秘书组的整理、队务会议的研究,然后才做出这样的答复。会上对一些办不到的意见也做了批评(如请发自来水笔、棉大衣、每人一辆自行车等)。

下午,参加第三组的总结工作,主要是整理出土文物,地点选定库房(标本室),这样同志们可以面对过去出土复原的遗物,工作中相互比较,及时的来解决问题。

第一步,由看坑的同志报告每一探坑的土层和灰坑情况,经全体同志同意后,再根据这些情况来分别处理文物。

第三组的工作区域为C9.1,计开探坑三条(T101、102、103),T101中有灰层,出商代陶片和少部分的龙山陶片,并有人头、兽架、墓葬、陶钵、陶豆和一龙山灰坑的底部。人头、兽骨和陶器均不是在一个深度,故它们的关系尚难推断。以遗物的出土情况看,此地似为先期属龙山文化,后又被商代人所打破。

T102坑有灰层和白灰面的发现,但白灰面断续无系统。

T103坑中发现三个灰坑,其中有一个是属于龙山期的,一个是圆形的商代坑,出土牛羊卜骨(有只经灼过的,有钻灼过的),骨梳、陶爵、骨针等,较有价值。

晚,组织生活会,和第三组在一起,漫谈安金槐队长的报告,同志们认为这样做是第一次,算是上下通气了,但希望今后再通些热气才好。也有人认为,没有把每条意见报告出来是遗憾,有人觉得秘书组应深入工作了解情况,以便及时解决问题。也有个别同志暴露自己思想情况。我也谈了领导与被领导之间应坦诚相处,群众应多提供建设性意见,目的都是为了改进工作,并指出文物工作的远景。

发掘地点:郑州

  1954年12月8日 星期三 晴

  工作提要:1. 和尹焕章研究他返宁及此地工作上的问题。

      2. 至市府听经济建设常识第十章的报告。

上午,和尹焕章研究他返宁及工作由我代理的问题。

工作汇报制度:①小组长会议(2周1次);②队务会议(2周1次);③向上级作文字汇报(每半月1次);④向南博和华东文物工作队汇报(每半月一次);向上级汇报每次要4份,1份南博,1份华东队部,1份送中央张处长,1份存案。

表格制度:①一般文物登记表(2份);②田野文物登记表(3份);③总结文物登记表(3份);④各项规章制度表格(4份)。

下午至市府礼堂听经济建设常识第十章的报告,会场小,人数多,次序欠佳,影响记笔记。报告人是学校党委的书记,在最后联系实际对目前文教界存在的非社会主义思想情况加以分析和批判,很受感动。

交12月份伙食费31000元,收院内汇来的工资15万元。

晚,和韩维周、尹焕章谈工作,认为队部组织在未经上级批准前,工作方法要注意。

发掘地点:郑州

  1954年12月9日 星期四 晴

  工作要点:1. 田野工作恢复,第五、六组开始参加工作。

      2. 队部召开茶话会,欢迎华东工作同志。

上午,各工地恢复工作,尹焕章队长等率领第五组同志往郑州烟厂以东工地(C9.3)开坑,第六组工作同志参加第二组临时实习。

第三组仍继续作探坑的总结,由我指导。因郑州同志介绍了整理文物的各项表格,引起了大家的注意,我看到这种情况的复杂性,决定请他们只作暂时小结,初步提出文物的器形分类,避免过甚深入时,影响田野发掘。

与蒯世全研究工作,他对过去所制定的各项制度、守则、方法,只停留在纸面上,未见下面贯彻,很有意见。

和安金槐、尹焕章、韩维周、裴明相等安排各工地的辅导工作,重新明确分工,并建立辅导员的讨论会制度(每2日1次)。

参观裴明相同志新自郑州采集回的新石器时代标本,陶器中有篮纹陶鼎1件,和黄河流域仰韶系出土的相似,纺轮形如铜钱,石镞为三棱式,石斧为扁平式(无孔),有灰色泥质圈足镂孔器,有红色泥质喇叭式、足上加杯形的豆类器(绘红色弦纹),形制别致,很像明器。总起来看,既与仰韶文化无相似之点,又与龙山文化无相同之处,虽属新石器时代,但也是末期的产物。

下午,出席队部召集的欢迎会,由许继秋、安金槐、尹焕章三位副队长和蒯世全秘书相继致辞,华东和郑州的同志亦有多人发言,一致强调加强团结,互相学习,会后自由活动,作文艺表演,四时许尽欢而散。

晚,尹焕章乘车南返。

发掘地点:郑州

1954 年 12 月 10 日　星期五　晴

工作要点:1. 与第四组同志至碧沙岗西国棉四厂工地作初步勘查。

　　　　　2. 至二里岗 C5.1 与 C5.3 工地视察,并照相。

上午,接吴震电话约我同去城西碧沙岗西调查国棉四厂工地,据说这里明春要建厂,省府非常重视地下情况,嘱咐文物部门详细钻探。土层结构较单纯,多为风积黄沙,并含有小型礓石,地表有商周时代的陶片,路沟断崖上发现烧土面;今日钻探结果,知地面下有薄层灰土,决定明天由第四组开探沟两条。

下午,视察二里岗工地,冶铜遗址(C5.301)内发现一处 3 个灰坑相互打破的现象,但谁先谁后,尚难肯定。

第五组在此开 C5.302 探坑,南北长 10 米,东西宽 6 米。

C5.1T102 内清出宋代墓,圆形,砖砌,壁上有桌椅装饰,墓门有斗拱二(据说二个是早期的,四个是晚期的),因经过破坏,墓内人骨凌乱不堪,头向北,偏东有铜钱数枚,拍摄了照片 4 张。

浙江派来了赵仁俊同志参加工作。

召集组长会,研究防寒问题,大家表示愿克服困难,保证不减少工作时间。

发掘地点:郑州

1954 年 12 月 11 日　星期六　晴

工作要点:1. 拍摄第三组重要文物照片。

　　　　　2. 吸取工作同志意见,修改逐日汇报表。

　　　　　3. 检查第三组的总结工作。

上午,至宋墓宿舍拍摄第三组修补成的重要文物,如鬲、盆、卜骨、缸等共 7 张,后因照相机发生障碍而停止。检查第二、三组的室内总结工作,并指导第二组整理陶片的方法。

和安金槐、裴明相、韩维周诸同志研究防寒问题,为照顾干部身体,决议在气温零下五度时,各组可适当迟些上工,遇气候偶有变化,也可灵活掌握停工休息。个别身体欠佳的同志,由组长适当照顾,还讨论了工人的手套、工具及保护重要遗迹的技术问题。

下午,和蒯世全同志谈同志们的思想情况。设计逐日报表。参加队部召集的小组长会议,由安金槐同志传达队委会的决议。

研究国棉四厂的工地的钻探和第四组的开坑问题。安金槐同志提出砂轮厂工地的调查问题。有些任务不能强调学术性,而它的政治意义尤其重大。

黄委会工地有工作同志开坑,属突击组工作,近日提出要求有人照顾,结果责任交给我了。

晚,填写队的干部登记表,接曾昭燏院长函。

发掘地点：郑州

1954 年 12 月 12 日　星期日　晴

看电影、听戏、参观新华书店。

发掘地点：郑州

1954 年 12 月 13 日　星期一　晴

上午,去二里岗三处工地视察工作,发现主要的问题是干部空闲的多,不能各有专责,这样就影响了工作的效率。而存在的原因是华东的工作同志对业务不够熟悉,尚待一个短期的实习。这问题最近先由蒯世全、安金槐两同志反映出来,今日引起了我的注意,必须做出改进,办法是运用类似流水作业法,即适当的多开方,现象发现后,由专人负责一个单位,从头到尾的工作,直至总结(总结也是轮流式)。经过分别与组长级同志商谈后,部分地区是马上可行的。其次,收集到一些关于物质条件上的困难问题,如工棚、工人、工具等,为了及时解决,和韩维周去办公处找总务方面督促。这样就把困难全部解决了。尚且存在的及时冲洗照片问题,因具体工作人有意见,还要和河南的行政负责人商量解决,因为这是一个思想问题。

下午,先至黄委会工地视察,因这里修铁路发现了灰坑(属 C1 区),前天有突击组同志清理了一天,今天又中断了。经视察结果,灰坑确有两个,因只有一位不熟悉业务的青年同志负责,他感觉力量不能胜任,经研究后,不能停止清理,决定调派第六组张德明同志支援,并调拨四个工人,明日开工。

张彬同志来信,报告院内情况,知道明年的文物工作,以郑州为中心,陈列工作是搬清代至三楼,重点修改原始社会和商代,福建巡展决定派二人参加工作。王兴嘉调陈列部,沈韵生调考古组,陈列设备也缩减了。

发掘地点：郑州

1954 年 12 月 14 日　星期二　晴

工作提要：1. 阅信、复信、阅稿。

    2. 参加队务会议。

    3. 听郑州市文物分布的报告。

上午，复张彬同志信，对院内明年陈列计划的讨论通过表示满意。

接曾昭燏、尹焕章二队长信，他们提出福建同志的装备津贴问题，仍希望各出三分之一，曾昭燏队长并嘱咐对王文林同志特别照顾，替他制备棉衣。但这两个问题蒯世全都表示不同意，因此还不能马上解决。

替周照林同志看稿，他写的是二里岗商代遗物炊器类，在结论方面尚有问题。为了避免主观，约蒋赞初、罗宗真二同志传阅。

下午，先至阜民里办公处和蒯世全商谈文物工作队组织规程和最近半月汇报所附分工名单不相称的问题，以及如何发挥队务委员会的作用问题。后出席队务会议，由安金槐同志报告奉令参加河南文物工作会议，做工作总结及明年工作计划的事。会上他提出的人选为他自己和裴明相，大家一致通过了。最后我提出了队的组织和分工名单不相符的问题，以及重要公文应交队委传阅的意见。

晚，业务学习委员会请安金槐队长报告郑州文物的分布，河南省文物科赵科长来郑。

黄委会铁道工地的灰坑已进行发掘。

陇海马路南(C5.1)发现近代墓很多，路北(C9.1)新开坑(T104)出石镞、骨凿、铜镞(晚期的)等。

国棉四厂工地两探坑(C13、T101、T102)出蚌器、石器、骨器、纺轮、烧土等，但灰层和灰坑均很薄，同志们有些不想作。

吴震同志交到金水河大道(岗杜)的工作总结和全部资料。

发掘地点：郑州

1954年12月15日 星期三 晴

工作提要：1. 碧沙岗西国棉四厂工地的工作暂停，调该组同志至黄委会工地抢救商代遗址。

    2. 七里崖因修公路破及仰韶、龙山遗址，调人前往调查。

上午，和韩维周至黄委会工地视察，走完铁路线的高地，发现很多灰坑遭受破坏，当即研究决定派第四组(吴震组)从速抢救。在此地，前时所开的灰坑内发现"野猪"遗骸两只，进行了照相工作(C3.8、9、10)。

拍摄了军需仓库内的宋墓建筑各部(C3.1、2、3、4、5、6)和C5、C9区的工地外景(C3.11)。

下午，政治理论学习，第四组同志和我均请假，一直在黄委会工地掌握工作，因为这是一次紧急任务。

据调查联系组报告,七里崖因修公路,破坏了仰韶和龙山文化层,当即派一个人进一步了解情况,并说明必须请施工单位暂时保留。晚,获得消息,说是公路的起土工作基本上已越高重点区,表面虽略受破坏,以后还可发掘。决定明日派一同志作其他地点的调查。

安金槐、裴明相二同志赴开封参加河南省文物工作会议。

发掘地点:郑州

1954年12月16日　星期四　晴

工作提要:1. 和蒯世全研究院内来信的答复问题。
　　　　　2. 主持组长汇报会议。

上午,和蒯世全同志研究了院内来信的答复问题,王文林同志的制装问题,罗宗真的差旅费报销问题,福建同志装备的津贴问题。他都同意了。

下午,开组长会议,同志们提出了很多问题,说明组长一级干部未能起作用,只是不假思索的把一切问题向上推,相当严重。

处理砂轮厂与粮食仓库两地的交涉工作,本日派工人去调查七里崖,据回报发现文化层和一砖室墓,待明日处理。决定派游青汉同志去新郑调查,其职务由王润群同志暂代。

组长汇报:

第一组:工作7天,用工□名,墓葬□个,灰坑□个,主要发现是铜范(灰302、303),包括铜锛2,柱形范、凹面范、鬲裆式范等数十件,铜面7处。问题:1)工作任务与领导不明确(上面抓得不紧,下面主动不够),新开坑与老坑应如何联系起来看,有谁去掌握全面。2)墓葬中有奇怪的,希派有经验的同志去指导。3)对近代墓应如何处理。建议:1)建议买纸匣保存甲骨。2)照片冲出后应及时送交各组长。

第二组:工作9天,用工数81人,干部9人,开探坑4个,101已总结,清理了5墓葬,4灰坑,101灰坑深达5尺,未作到底,出现人骨架1屈葬坑内,陶斝1,有编织纹的白色泥片1。102坑清出宋代墓1,104坑清出近代墓很多。问题:1)工作性质是抢救呢?还是有目的的考古?这个问题与工作的进度有关。2)对墓葬如何处理,是否单纯注意灰坑。3)室内整理的要求如何?4)工人的决定是由小组决定呢?还是由管理上决定?5)防冻的办法?6)路边的灰坑应由突击组来抢救。建议:1)测绘和照相应把比例统一。2)表格是否能简化。如数陶片,在地内数,同时在室内数。3)工具要及时配备。4)照片冲出后要及时送交组长。

第三组:1)整理101~103探沟的材料,新开104探方。2)用了42.5工。3)探沟内东南发现扰乱土,出子弹匣,据说是过去的战壕,扰土西有灰土层,出骨针、蚌器,和近代遗物同出。也有石镞、龙山陶片。4)另在路边灰坑内,清出骨簪、石斧等。5)是否叫搬运工人停止这一带的起土工作。6)104灰坑发现一件陶器的口部,有粘补的痕迹。

意见:1)解决地冻问题,地冻后起冻土层有困难,并会损伤遗物。希多买草垫子。2)确定测绘的标点,海拔有多少？3)工人调配问题,是否可由组内决定？因为这样才符合实际需要。4)照片冲洗工作是否可规定一种交送手续？

第四组:1)进行金水河大道发掘的结束工作。2)国棉四厂的探坑工作。工人用了20.5。3)金水河大道工地作了18个战国墓葬,出陶器28件,5个带钩,一些铲币,石片13个,铁器1个。4)发现带盖的空心砖墓。5)国棉四厂工地开了两条探坑,出蚌、骨、陶片,102坑出现土灶的遗迹。6)有相互压叠的灰坑发现。7)鬲腿矮,壁薄,绳纹粗,时代可能较晚。因出土遗物不多,同志们思想消极,现正进行说服。8)要再作下去,希将建厂的图纸要来。9)黄委会工地昨日开始工作,40号灰坑内出野猪骨骸,41号灰坑出卜骨、陶纺轮、骨刮削器等。意见:1)工作任务和目的不明确,感觉到东跑西跑不安定。2)修路工程不能及时掌握,结果东抓西抓,探过了都不知道。3)要注意探坑带的把握。4)伙食问题不能互调,应设法解决。5)麻纸、棉花应及时解决。

省府工地:1)清理到生土层,建筑遗迹已破掉,东部也有墙头和白灰面,南部有硬土灰层,因冻不能作。最近未在坑内工作,在工棚内整理出土遗物和材料。准备下周完成。2)工作中供给不便,用炭、用煤早写条去了,结果四天未见送去,对工作有影响。3)工人调配问题,多少不均,先一天分配了工作,到时人已调走,工作大受影响,调人时最好联系组长。

第五组:1)支援第一组。2)时间五天,工作地点在C5.301附近,面积7米×10米。3)出现灰坑,可能有墓葬打破的现象,北部有像战壕样的痕迹发现。4)出土釉陶、骨器、铁器等。5)对找边不熟悉,请队委示范。6)业务学习有拖拉现象。7)政治学习不能正规化,缺乏文件和参考资料。8)对问题答复不能及时。

白家庄工地:1)在遗迹以北挖土至水面,发现有沟形遗迹,平面上有夯,下面见红土,红土下有灰土,出红色陶缸。2)遗迹以南发现柱穴式痕迹,和过去发现的不对直。3)工作方向由结束到找范围。4)有三层白灰面的发现。5)战国层和商代层有显著的变化。6)白家庄的建筑遗迹较省府工地大,希领导上多加注意,调派有经验的老将去指导。7)白家庄的固定标应放在何处？希快点决定。8)底片冲洗要及时。9)二里岗挖土严重,不加禁止。10)数陶片工作,请研究后改进。11)七里崖突然修公路,致使遗址遭受破坏,工作配合不够。12)华东来了以后催原有工地赶快结束,因此工作上粗枝大叶。

调查联系组:1)只有3个人工作。2)主动了解工作情况,1955年动工的单位有80多个,已有表送到队部。去过的单位有23个。3)调查工作有国棉四厂,黄委会工地等,粮食厂仓库,三官庙(有殷、汉的陶片)。4)突击工作有省二医院的殷代灰坑,未作到底。5)粮食仓库工地有灰坑和墓葬。6)黄委会工地工程发现后,领导说已掌握了情况,后来又派人去配合。7)七里崖工地,早上发现动土,晚上就完工了。8)本组人力不足,白同志能否回组,即使回组也需再多调配人力,请领导帮助。9)探工人数要增加,探工技术要提高,有干部具体掌握。10)调查组的工作范围要明确,材料由谁掌握？11)要一个放标本的架子,陈列出来请大家看。

补充：甲)交通厂工地工程紧迫,情况似近结束,希快些联系,知道具体时间,明确指导人员。乙)C5.101.H4 内发现甑片。二里岗因上冻工作效率低,是否可以换作墓葬？是否可以考虑徐老先生在室内工作？炊事员同志的服务态度应进行教育。丙)调查组建议工作应配合建设分出缓急,纺织医院工地希派人去调查。七里崖工地要主动清理。丁)吴震同志：战国墓内发现石片有遗失情况,应吸取教训。粮食厂仓库工地需进行抢救。戊)葛治功同志：对工人要加强爱护文物的教育。己)张建中同志：队内组织和性质不够了解,觉得有些工作应由秘书组来执行,如工地工棚、生火问题,说明注意不够。希望今后多注意田野,工人管理也希望注意,深入下层。同志们的伙食问题,限制大,有浪费,需解决。庚)东红同志：辅导员少,安金槐同志在基建工作上是否能放手？

发掘地点：郑州

1954 年 12 月 17 日　星期五　阴

工作提要：1. 至工作队办公室研究紧急任务。

　　　　　2. 至二里岗工地巡视。

　　　　　3. 发寄中央和华东 11 月下半月工作汇报。

上午,至工作队办公处与蒯世全、谭金昇二同志研究三官庙和七里崖工地的工作,并分析了部分工作同志的思想情况。

王润洁同志代调查联系组至砂轮厂筹备处交涉勘察工作,回报说该工地共有甲、乙、丙三处,将来只选一处,现在正进行选厂址工作,如勘察不及,可先以甲址为重点,面积约 55 公顷,时间只有 7 天,如时间还不足,可俟选定厂址后再进行清理。决定派同志先从地面找线索,然后重点钻探。

七里崖因为天气不好,暂缓清理。

发寄中央社管局张处长和华东队部 11 月份下半月的工作汇报。

下午和韩维周至工地巡视,冶铜遗址出土很多铜面似破坏后的冶铜炉,铜范亦出土很多,有爵的范样。黄委会工地清出商代墓,有殉葬陶器,把杯、斝、豆、鬲,俯身葬。另一墓正清理中,灰坑结束两个。

接徐观伯院长赠列宁著《论马克思恩格斯及马克思主义》,当即写回信表示感谢。

发掘地点：郑州

1954 年 12 月 18 日　星期六　风

工作提要：1. 巡视 C5.1.3,C9.1,C1 区的工作。

　　　　　2. 看刘照林同志的稿子。

上午,巡视了交通厅工地,召集葛治功、林钊二组长谈话,解答问题,提出这块地方工作的目的和要求,并批评了消极和急躁思想的表现。C5.1区出现近代墓很多,较早的有唐宋的,互相打破,出土鎏金铜杯、瓷碗;灰坑内出现花骨、完整陶器、骨镞等。C9.1区出完整陶鼎等。C1区战国墓出陶豆、骨料、卜骨、完整的陶爵等。

下午,精神不佳,略睡;阅读刘照林同志的二里岗陶器炊器部分报告,并提出了几项意见。

听游青汉同志报告新郑工作情况。

晚,与胡继高同志谈领导方法。

发掘地点:郑州

1954年12月19日　星期日　晴

工作提要:1. 参观人民公园陈列室。

2. 作致尹焕章函。

上午,参观人民公园文物陈列室对郑州市郊出土文物的情况有更进一步的了解。白庄的彩陶有斜方格纹的,有白衣上绘黑红彩的,和豫西、豫北完全一致,和甘肃彩陶则不相同。龙山陶器为二里岗出土,有方格纹陶鼎,黑光面的筒状器,与山东城子崖所出完全一样。商代遗物有陶爵2种,以口部带子母槽者较为特别。铜器多为人民公园所出,有爵、刀、戈、削、玉圭、石戈等,与安阳所出无大区别,或其时代与小屯同。战国时代的豆、鼎、壶多画彩,至今仍鲜艳异常。唐代的三彩釉瓷器,色光夺目,非寻常见者可比。俑类中有胡人抱瓶者,造型奇特。宋代瓷器多为磁州窑产品,和巨鹿出土者同;瓷枕中以黄釉褐色花纹者为精。

下午,作致尹焕章队长信,报告工作。并和韩维周布置明日三官庙、七里崖的调查等工作。

发掘地点:郑州

1954年12月20日　星期一　晴

工作提要:1. 视察省府工地及二里岗工地的工作。

2. 指导第四组部分同志的室内整理工作。

3. 会见西北文物队茹士安同志。

上午至省府工地视察,这里因距水面近,结冻多日未能进行发掘。参观了他们所作的夯土墙、烧土面、白灰层建筑遗迹模型。据说,建筑方法是先掘土成方坑,然后再在四周地面上砌墙,室内曾用火烧过,烧土中有草痕,似为所涂泥料掺和草质造成。这种现象和仰韶文化的居住遗迹相同,可知从原始社会至奴隶社会一般住室的营造方法无大改变。另外地面有白灰层发现,并非"石灰",色灰白,成细粒状,极像礓石磨碎后制成的。很匀薄,有多至五层的,第三层连墙壁,推测为当时不断修缮住室所致,这种

现象又近似龙山文化,因此,也可说这是商代吸取了仰韶与龙山的经验而加以综合运用的表现。(拍照片两张,模型)

在住宅遗址的内部,有夯土层,内有战国陶片,夯土层上有汉代陶片,但商代遗址的夯土墙又突出夯土层的上部,是何原因? 令人难解。此地需抽水后继续清理第五层白土面。

下午,至二里岗工地视察,事前曾接第三组报告,路边灰坑遭到搬运土的工人破坏,情况严重。经看后确切属实,当即通知联系组与搬运工人的领导交涉,加强对他们的教育。第二组出有沙质厚壁将军盔式的陶器,较一般的大口器和陶缸都不相同。

韩维周偕钻探队至三官庙工地作地面调查,据说有少量战国陶片。

游青汉同志至七里崖黄冈寨调查,据说修公路有灰土穴露出,看陶片似属龙山期遗物。

今晤西北队茹士安同志,他是由社管局介绍来此找建筑材料的,并要我队的组织和工作方法作参考。

发掘地点:郑州

1954年12月21日　星期二　晴

工作提要:1. 视察国棉四厂、二里岗等工地。

2. 韩维周同志率钻探组调查三官庙。

3. 赵霞光同志至粮食仓库作灰土坑。

上午,至碧沙岗国棉四厂工地视察第四组的工作。这一组在大路的东、西各开一条探沟。路东的名C13T101,路西的名C13T102;101内发现墓葬(M101),系打破灰层(周代)而埋葬者,尚未清理到底;102内发现灰坑,出土矮足鬲、细把豆、蚌器、骨器、纺轮等,似为周代的遗址。另在101的北部新开T103坑,初步找到了灰土穴。纵观这一带的情况,遗址时代约在商后,或为周代遗存。

下午,至交通厅、二里岗等工地视察,C5T301坑正在起铜面标本;T302坑发现大型绳纹砖残墓,尚未到底。二里岗C5T102、103正在清理灰坑,103内唐宋墓互相被打破的现象很复杂,104内近代墓很多。C9T104内有灰坑打破墓葬现象,但墓葬无陪葬器,人骨完整,我很疑惑它是被灰坑打破? 但未见到具体情况,很难强调。路边灰坑有在黄土层下面者,出纯粹龙山陶片,附近并有商代灰坑,这种现象极应引起注意。

晚,华东同志开生活会,我去人民剧院观看中国民间古典音乐巡回演出,节目中以陕北民歌、琴书、唢呐最受欢迎。

发掘地点:郑州

1954年12月22日　星期三　大风

上午,大风,通知各组临时停工,但秘书组来研究工人问题,部分工地被迫复工,这件事没有很好考虑,故生出枝节,主要原因是对工人的情况不够了解所致。

和安金槐同志谈话,他说这次到开封开会,作了思想检查,今后还要在队内开展这一运动。

下午,参加政治理论学习,讨论经济建设常识第十章,党和国家在社会主义经济建设中的作用。

晚,落雪,在室内作12月上半月的工作汇报。

发掘地点:郑州

1954年12月23日　星期四　阴雨

上午,天气浓阴,并有微雨,临时决定停工一天,但因为和阜民里方面联系,那边的决定是照常开工,所以大批工人开到工地了,这事情曾使管理工人的同志为难了,后设法布置室内的工作,才得以解决,惹出了不少人意见。

布置同志们从事整理材料的工作。

作12月上半月的工作汇报,主要写出了各组田野工作情况,这些情况都是从小组长个别汇报中取得的,相当真实,稿已交安金槐补充发稿。

下午,和安金槐谈上次组长汇报中提出的问题及调查组获得的新的情况,希望他速召集队务会议解决。

拟制了一张重要发现登记表。

整理了3卷照相底片。

晚,政治学习。

发掘地点:郑州

1954年12月24日　星期五　雪

工作提要:1. 和裴明相、吴震二同志研究业务学习。

2. 布置各组学习讨论田野发掘方法。

晨,大雪纷纷,考虑了同志们的室内工作问题,提出讨论田野工作方法,电话征求安金槐队长的同意,并召集各组长说明要求目的,定为今天上午的主要活动。据个别小组长反映,有很多同志认为不知道的,通过这次讨论都明白了,这是有显著收获的。

裴明相、吴震二同志来访,谈业务学习计划,参加了一些意见。较困难的是同志们文化水平不同,买书问题需要打通思想。

接南京来信,寄来福建省同志的报销补贴单据。复信分析此地工作情况,并询问院内的人事动态。

发掘地点:郑州

1954年12月25日　星期六　雪

工作要点:参加队务会议。

上午,队务会议:安金槐队长报告河南工作会议的经过。①讨论和批判文物工作中资产阶级思想即单纯搞业务不问政治倾向的危害性。②总结中也提出了文物工作不及时配合基本建设而追求个人成名的错误。工作中还必须贯彻增产节约精神。文物工作是文化工作的有机部分,离开了总路线,不为基建服务是危险的。③文物工作者的思想情况,有轻视这一工作的,有个人主义、分散主义的。④增产节约中,要发挥每个干部的潜力,主要是提高工作效率。对仪器、工具要尽量节约,经常贯彻。⑤到工厂工作,要保护机密,一切图表要严加保密。⑥要达到下列目的:批判资产阶级思想,提高社会主义觉悟,总结经验和发明创造。

洛阳文物工作:①发现墓葬5100余座。②发现仰韶、龙山、商、战国四层文化的重叠。③目前只清理了墓葬200余座,灰坑40余个。

工作中的体会:①必须联系基建单位。②开展各种宣传。③随时总结。④忽视服务基建。⑤保密不够。⑥单纯技术观点,追求个人成名。⑦交流经验不够,把人民事业当成个人成名的资本,存在保守思想。有些人不重视政治理论学习。⑧存在批评与自我批评精神,不团结,过高估计个人的作用。⑨缺乏组织观念,不考虑整体。对个人崇拜,认为个人就代表组织。⑩计划不切合实际。⑪增产节约贯彻不够。

下午分别收集各组在昨日下午和今日上午讨论工作规则和工作方法的意见。

今日在队部联系事项:①会议制度,谭金昇同志答复俟明年开始编排。②送工地午饭问题,秘书组先考虑和当地食堂交涉。③福建同志补助事,已明确河南不能开支。④半月汇报,分工编写,田野工作部分由我写,分报中央和河南。思想汇报,由秘书组写报。经费、行政由安金槐队长写报。⑤辅导员分工:我担任第二、三组,韩维周担任五、六组,安金槐担任第一组兼调查联系组,裴明相担任田家庄和第四组。切实负责掌握。暂按工地区分。⑥突击组取消,各组均保持机动。⑦尹焕章、安金槐二队分工:尹焕章田野工作,安金槐行政联系。

接梁白泉同志来信谈部内工作,对我称"赵主任",引起了我不安,晚作复信。

作致尹焕章信,寄福建同志报销单据。

发掘地点:郑州

1954年12月26日　星期日　雪

内容提要:1.继续停工。
　　　　　2.研究各组讨论工作规则和工作方法的意见。

上午,休息。

下午,研究各组对工作方法和规则的意见,并对照两个文件深刻地进行了解,提出自己认为正确的看法。

和裴明相、吴震二同志研究业务学习的方法,决定采取交流经验座谈会,文件宣读会,报告会等形式。

吴震同志在考古训练班取得优等成绩,提出表扬。

接尹焕章信,说明院中对工作同志返原机构的旅费开支办法,请作参考,信并转蒯世全同志看过。

发掘地点:郑州

1954年12月27日　星期一　雪

工作提要:1. 继续研究各组对工作方法的意见。
　　　　　2. 召集组长会议,报告这些意见的归纳。

上午,各组进行室内工作。我继续归纳各组对工作方法提出的意见。

下午,各组进行业务学习,学习宣传队郑部长所写《建设中的文物工作》。召集各组组长开工作方法讨论会,在会议中达到组与组间认识的统一,待将来队委会同意后,再向全体同志作报告。

布置蒋祖安同志协助文物工作队改进人民公园的文物陈列。

晚,与蒋祖安同志交换工作意见,并谈了院内的情况,帮助他考虑今后工作。

今日一部分工人在工作地扫除积雪。

发掘地点:郑州

1954年12月28日　星期二　雪

工作提要:上午清除工地积雪,下午又下大雪,仍停工,各组进行时务学习——《基本建设中文物保护工作》。

上午,分别转告各组长至各工地检查清除积雪情况,部分同志作室内工作或阅读书籍。下午各组由时务学习小组掌握,讨论基本建设工程中的文物保护工作。

今日因昨晚失眠,头痛加剧,整日休息。

发掘地点:郑州

1954年12月29日　星期三　阴

上午,发现宿舍内有五个同志中了煤气,现象是头痛,呕吐;当即通知安金槐队长找医生诊断,并将较重的病人送医院检查。

至工地视察扫雪情况,并在粮食仓库工地详细看了挖掘夯土的遗址,这地方夯土层确实显著,中间又被近代墓打破,是古建筑或古墓葬还是问题。附近地面有灰土穴发现,嘱看守的工人予以保留。

下午,政治学习,讨论如何从政治上、思想上、组织上来巩固党。因事前无准备,发言较短。

蒋祖安、吕群二同志协助修改人民公园陈列。

发掘地点：郑州

  1954年12月30日 星期四 雪

  工作提要：1. 上午阴，开工。下午雪，因听报告停工。

      2. 蒋祖安、吕群二同志仍协助修改陈列。

  上午，虽天阴，但未下雪，故号召各组同志（除身体欠佳者外），一律到工地工作。自己也及时下工地视察。各工地的积雪，虽经昨日打扫，但地表结冻厚约1寸，挖掘颇困难，以较深的坑内情况稍好，用芦席加盖土面，亦很见效。C5.1.H113内出完整陶尊1件，C9.T104的西南角发现近代墓，出人骨二架，并有木棺迹。听说有一妇人曾来联系，但不知其住所。同志想代为迁葬，但我认为要谨慎，设法通知她来确认后再决定，以免惹出是非。

  C5区以南粮食仓库工地，赵霞光同志在清理灰坑，其他处新发现三个灰坑，等待清理。夯土墙处正在劈土，绝少遗物，无情况可言，夯土宽约5米，长约10米，为马路所切断。

  中午，晤河南文化局周秘书，他是来郑州开会的，顺便来慰问大家。

  下午，因秘书处布置传达"反对美蒋条约"的报告，未开工。15时起集中宋墓听葛治功同志传达，17时许散会。

  晚，小组总结经济建设第十章的学习。

  接尹焕章信，谈服装津贴的办法。

发掘地点：郑州

  1954年12月31日 星期五 雪

  工作提要：1. 上午各工地开工，后因秘书处布置时政学习，停工。下午讨论反对"美蒋条约"，支援解放台湾。

      2. 曾昭燏院长自北京到郑州视察工作。

  上午，因天气呈阴，但并未下雪，故各组工作同志仍至工地开工。不久秘书处送到通知，说是布置时政学习，因此又把工作同志自工地撤回。这件事说明布置工作不能及时，缺乏联系所造成的，据说有些同志很有意见。

  学习"反对美蒋条约"的报纸文件，分组轮流宣读，至12时止。

  下午，除将文件读完，并展开讨论，一般多集中在支援解放台湾问题上，其实该学习的范围很大，牵涉到国际局势和国内情况的分析方面，不应局限到一个问题上。

  3时许，请假至阜民里，和蒯世全、裴明相、安金槐、韩维周等同志同至车站迎候曾昭燏队长，5时10分车到，迎至招待所居住。

发掘地点：郑州

1955年1月1日　星期六　阴

工作提要：1. 元旦放假。

2. 陪曾昭燏队长访问工作同志。

元旦放假。早8时先至车站招待所，陪曾昭燏队长来阜民里访问。吃过了饭，又至文物仓库访问，参观各宿舍慰问不少同志，并进行个别谈话，核阅总结文件。

晚，由工作队招待看评剧。

发掘地点：郑州

1955年1月2日　星期日　晴

上午，与蒯世全、安金槐二同志至曾昭燏队长处谈工作问题，蒯世全提出了部分华东同志的意见：1）工作性质、时间、范围如何？明确后完成任务好回家。2）长期脱离原机关，福利、考绩、政治问题如何安排？安金槐说明了工作上所遇到的困难及和华东方面的团结问题。我提出了半月汇报不能及时的问题。据曾昭燏院长说，中央一直未收到，这问题就牵涉到直接领导与间接领导不明确，公文主送与抄送的问题。决定4日会上由曾昭燏队长作报告。

下午，代曾昭燏队长为作报告而收集意见，反映出许多思想问题，总起来看，仍然是华东文物队问题的重演。

晚，接吴有常来信。

发掘地点：郑州

1955年1月3日　星期一　阴

工作提要：1. 陪曾昭燏队长视察二里岗各工地。

2. 参加队委会，讨论布置总结工作。

上午，与曾昭燏队长商讨新宿舍的分配问题，决定由一组、二组、五组、六组、我和蒯世全迁去，第三组留宋墓。

陪曾昭燏队长视察二里岗各工地，见到冰冻情况确实严重，对清理遗址大有妨害，拟将不十分紧迫的地方暂时停止，改作墓葬。

下午，出席队委会，听曾昭燏队长布置总结的意见，目的是提高社会主义觉悟，批判资产阶级思想。日程是4日下午许、曾二队长报告，5日上午漫谈，下午由安金槐队长说话。6日个人作发言提纲，下午检查，7日继续检查，8日进行检查总结。工作同志全体参加，但重点是河南省。一般要求是检查思想，批判违背社会主义的资产阶级思想。

5时许，返文物仓库和曾昭燏队长谈华东同志的思想情况及回家、装备、伙食、工作等问题，同时也对院中情况作了简单的分析。

晚,安金槐、裴明相、蒯世全、谭金昇、赵青芳、韩维周等约曾队聚餐。

吴有常同志寄来资料数种。

同志们的津贴已寄到。

发掘地点:郑州

1955年1月4日　星期二　风

上午,政治学习,读解放台湾等文件,并结合自己工作漫谈讨论。我做了如何改进工作的发言。

省文化局赵科长去洛阳,道经该地,崔科长来郑参加这次第一队的思想检查。都和他们会晤了。

曾昭燏队长来找同志们个别谈话。

下午,二时开动员报告会,由许继秋、曾昭燏二队长分别作报告,对目前形势和文物工作者的思想情况都作了分析。曾昭燏院长对华东同志的问题作了答复,但部分同志认为不解决问题。

和院内同志商量作院中贺年信及南博旬刊通讯的问题。

发掘地点:郑州

1955年1月5日　星期三　晴

上午,工作同志全体去听"解放台湾、反对美蒋条约"的报告,我去车站会曾昭燏院长,谈昨日报告后的反应。10时许,送她和谢子源同志上车南下。

下午参加第五组学习,漫谈许局长报告,并结合讨论题做思想检查,大家谈的不热烈,河南和华东混合编组互相生疏,是有问题的。

晚,至"二七"电影院看《反对美蒋条约》。

发掘地点:郑州

1955年1月6日　星期四　晴

上午,开全体大会,首先由安金槐队长总结1954年的工作,计分工作情况、收获、缺点和今后努力的方向几个部分(另有笔记)。继由省文化局文物科崔科长致辞,说明文物工作引起党和群众的重视,过去取得了辉煌的成绩,但缺点也不少,并列举出来,希望今后克服。最后由我作简短的发言,就个人体会这次总结的重要意义,并强调了其中几个重点,指出河南与华东正确的团结方法,愿在1955年开始之际和大家并肩前进。

下午,参加第五组讨论,同时参加的有蒯、赵(河南文物科代表)二同志,着重在给领导提意见。这次会华东同志无法发言,是否有偏向待调查。

发掘地点：郑州

1955年1月7日　星期五　晴

上午，参加小组会，听河南同志给领导上提意见，并参加大组会，听安金槐队长检查领导思想，会后又和领导同志、组长等在一起讨论如何展开个别检查，决定下午先酝酿，达到联系个人，端正态度的要求。个人检查时要培养典型发言。

下午，向小组请假，作报告12月份工作的信一封，寄社管局张处长。作致子衡（郭宝钧）兄的信一封，请他指导郑州的工作。代表明相同志校稿，也提了一些意见。

发掘地点：郑州

1955年1月8日　星期六　晴

工作提要：1. 参加小组工作会。
　　　　　2. 迁移住宅至新楼下。

继续参加第五组的总结会，上午分两组进行互助，准备个人检查。决定华东同志也参加这次检查。今日已有个别同志发言。下午开大组会检查，河南同志首先发言，相互间批评分析得很热烈，华东同志也提了意见，这是打开冷场的开端，对今后加强团结和个人思想的提高很有好处。我个人也准备检查，虽然领导上并没有这种意图，但主动是应该争取的。5时许曾至阜民里见吴震，询问他们是否发言，并交代他们要自觉参加。

连日来同志们生病很多，炊事员两人都中了煤毒，王文林同志突发高烧，吕群同志也卧病。均请医生来诊疗。推测原因，主要是气候寒冷，大家精神受拘束的关系。

发掘地点：郑州

1955年1月9日　星期日　晴

上午休息，阅经济建设常识第九章财政金融页，颇觉有些专业性知识难懂。

下午，继续参加小组同志的检查会。

接尹焕章来信，附寄文物工作队总结，请大家提意见，并说徐观伯院长将于春节前来郑。

秘书组送到12月上半月汇报，校对后交出分送各处。

黄委会工地出土大批文物，有商代铜、玉器。

发掘地点：郑州

1955年1月10日　星期一　晴

工作提要：1. 参加大组总结会。
　　　　　2. 调查黄委会工地。

上午，参加总结的大组会议。

下午,继续开会。集中在分析批判和提意见方面,会议开得很成功,结束前由蒯世全同志代表党支部发言。

午后,一时许,我到二里岗及黄委会一带去调查。因为昨天见到那些出土不明的东西,心里总是觉得不放心。在黄委会工地看过后,知道那边工程已基本结束,临时铺上的轻便铁轨正在运输器材,只有极少量的工人在地面上挖沙土,这说明已无配合工作的必要了。证明所出的东西恐是清理以前的发现。

接尹焕章来信,说徐观伯院长将于13日到达郑州,主要他是为在春节期间安定大家的情绪的。

发掘地点:郑州

1955年1月11日　星期二　晴

工作提要:1. 参加小组会。

2. 学习经济建设第十章,准备考试。

上午,继续参加小组会。先听几位同志检查,河南同志检查完毕后,打算叫华东同志结合听报告的体会联系自己谈谈。为了带动大家,我自己首先开始,就参加工作以来,一个多月的情况和存在的缺点,均作了分析批判。并请大家提意见。后来其他同志也做了检查。但时间已到12点,未能进行完即散会。

下午,准备经济建设常识的考试。

发掘地点:郑州

1955年1月12日　星期三　晴

工作提要:1. 上午补假半天,复习经济建设常识。

2. 下午参加经济建设常识测验。

上午补上星期日的假半天,但是为了准备下午参加郑州市经济常识的统一考试,大家很少人外出游玩,多在室内阅读文件。我个人除把经建读本和提纲各读一遍外,还作了笔记,但记忆力是不健的。

下午,集体至中苏友协参加考试,出的题目是七个准备题中的四个:

1. 交通运输业在国民经济中都起哪些重大作用,以及怎样才能充分发挥它的作用。

2. 为什么必须有中国共产党的领导才能完成我国社会主义建设和社会主义改造的事业？中国共产党怎样实现它的领导？

3. 我们的国家在国民经济中都起哪些重大作用以及怎样才能充分发挥它的作用？

4. 通过经济建设常识读本的学习你都有哪些收获与提高？

晚,开大组会,由崔科长(省文化局文物科)和市文教局许局长分别作了总结。

发掘地点：郑州

1955年1月13日　星期四　晴

队务会议讨论事项：

1. 迁移办公地点：决定春节前全体集中南关外新建筑内。

2. 改组调查联系组：由游青汉、张德民、白洲义负责，任务是经常和负责建筑单位联系，了解工程施工计划，必要时进行实地调查、钻探等工作，随时随地地进行宣传工作。

3. 队的组织与分工：队委会—队长—组长

队委会——队长——{ 田野工作组—各分组 / 秘书组—财务、总务、文书 / 保管组—保管与整理 }

接尹焕章信，谈福建展览、装备费等问题，并询问半月汇报为何延迟至今未见。

接梁白泉信，提到南博陈列部1955年的工作计划，征求我的意见。

发掘地点：郑州

1955年1月14日　星期五　晴

工作提要：1. 视察各工地冻结地层的情况。

2. 参加队委会议，订制度，通过工作规划和方法。

上午全体队委至工地视察结冻情况，一般是灰层较严重，冻层厚约20厘米，灰坑较深些比较好，证明对科学发掘确有妨害，但以基建情况紧张，工人又不能随便解聘，故工作尚须继续，集中力量作灰坑，春节前不再开新坑，防御的办法先用碎土压盖，再加上草席，还是有效的。

C5.1区灰坑内有的商代遗物中混有龙山陶片，想是偶然带进去的。

下午，参加队委会，讨论订立工作和生活制度，并由我报告和小组长讨论工作方法的经过，大家同意作部分修改。

晚，和韩维周同拟上年12月下半月和今年1月上半月的工作汇报稿。

发掘地点：郑州

1955年1月15日　星期六　风

工作提要：1. 开工后，因大风后停工。

2. 各小组讨论工作、生活、请假制度。

3. 拟出上年12月下半月与今年1月上半月工作汇报稿。

上午，编写去年12月份下半月和今年1月上半月的工作汇报稿，并送交安金槐队长。

下午，把队部讨论稿的工作、生活、请假各项制度传达给各小组讨论，并接受各小组长的汇报，作成书面意见交谭同志带阜民里办公处研究。

因大风地冻，开工后根据组的意见又宣布停工。

吴震同志来报告国棉四厂工地情况，说 M101 到底出矮足陶鬲 1 件、陶罐 1 件，系战国墓，棺穴底有白灰痕迹，请前往指导，我因写报告未能去。

韩维周去省府工地看抽水情况，亦因冰冻工作困难，劝停工。

接张葱玉处长函，勉励工作做好，希望创造经验，报告早日寄到。

召集蒋赞初、罗宗真等同志商讨院中 1955 年陈列计划。

王步艺同志请假回皖省亲。

发掘地点：郑州

1955 年 1 月 16 日　星期日　风

今日因阜民里办公处移迁来此，伙食厨房需重新整顿，故停伙一天，大家均要出外买着吃。同志们多外出游玩，整日未归。我在室内作复尹焕章、梁白泉信各 1 封，并附 12 月上半月汇报表，南博旬刊稿等，交沈韵生寄出。

晚，邹衡同志来访，他是持北京大学介绍信，来此参加工作的。

发掘地点：郑州

1955 年 1 月 17 日　星期一　晴

上午，和安金槐、裴明相、韩维周在一起开会，商讨田野工作组组长的职责及小组长的任务等，略规定如下：

田野工作组组长（包括副组长）：

1. 布置各小组工作。

2. 检查各小组工作：抽查小组日记、绘画、照相、记录，分阅各小组的小结、总结。

3. 召集各小组组长会议。

4. 接受各小组的工作汇报。

5. 研究调查材料，制定工作计划。

各小组长的职责：

1. 负责全组的行政和业务领导工作。

2. 负责拟定本组的开坑计划并掌握计划的执行。

3. 检查每日工作（日记、记录、绘画、照相，分阅各小组的小结、总结等）。

4. 处理组内疑难问题。

5. 作本组的工作总结。

6. 召集全组会议。

7. 领导本组同志业务学习。

下午,与裴明相同志、吴震同志至碧沙岗视察工作,在 T103 坑发现墓葬打破灰层,圆穴又打破墓葬的情况,灰坑内出陶纺轮、残石刀、蚌锯、细把豆、矮足鬲等,以后又看了周围的环境,决定春节后,将整个地面划成三小区,大力地搞一下。

发寄张处长信,附去年 12 月上半月汇报。

发掘地点:郑州

1955 年 1 月 18 日　星期二　晴

工作提要:1. 视察二里岗和铁路工人宿舍工地。
　　　　　2. 准备作田野工作规则和方法的解释。

上午,先到铁路工人宿舍看调查组的发掘情况,这里工程建筑很紧急,主要发现是一个墓葬,就现有行迹看似为一有墓道的圆形墓室,墓室打破商代灰层葬下去的,嘱加工清理。

二里岗南在清理灰坑(117、118),118 灰坑为长方形,深 4.8 米,出土带翼骨镞、骨簪、骨锥、蚌制贝形装饰品、十字孔陶鬲、陶杯、陶斝、云雷纹陶簋片等,非常丰富。

交通厅工地 H49 和 H305、T301 和 303、H49 内发现席纹编织物的遗迹,其组织略为 ▦ 。这是说明商代手工业发展的具体材料,嘱妥善起出保存。

下午,准备晚上作关于工作规划和方法的解释,室内翻阅两个文件。

晚,作报告两小时。

解决吴震组搬移的问题。

发掘地点:郑州

1955 年 1 月 19 日　星期三　晴

工作提要:1. 解决第四组搬家问题。
　　　　　2. 参加经建常识测验后的评卷工作。
　　　　　3. 视察交通厅、铁路工人宿舍工地。

为解决第四组搬家问题,煞费周折,但终算达到了圆满的结果,大家搬过来了,分散到三个宿舍暂时居住。

下午,参加经济建设常识测验的评卷学习,两小时评完了第一题,一般的定分较宽。

至交通厅工地看起编织纹遗迹工作,采用的是先绘图照相,然后用木匣罩着,灌石膏浆起出的方法。

看铁路工人宿舍工地的清理墓葬工作,同意他们先掘中部松土,到底后再决定是否需要扩大,该墓的填土中出商代陶片不少。检查了其他房基的壕沟,见到不少灰层暴露,但无较大灰穴,只好罢了。

接曾昭燏院长函，嘱 20 日迎接徐观伯院长。

发掘地点：郑州

1955 年 1 月 20 日　星期四　晴

上午：

1. 寄发去年 12 月下半月的和今年 1 月上半月的田野工作汇报给社管局张处长和南博文物队，并改正了个别的错字，如"炉"、"渣"。

2. 拍摄 C5.1 区 H118 出土的陶器和 C9.T104 出土的骨饰、陶缸等，发现照相机有障碍。

下午：

1. 参加队部全体会议，听取葛治功同志转达关于逐步推行义务兵役制的报告，并讨论了义务兵役制的重要意义和优点。

2. 晚七时四十分在车站接到了徐观伯院长。他带来了尹焕章的和工会的信件。

发掘地点：郑州

1955 年 1 月 21 日　星期五　晴

上午，陪徐观伯院长参观二里岗工地。

下午，又陪他参观省府工地的建筑遗迹。这里一处主要发现的是灶的遗迹，烟囱尚完好。另一处发现了东西 4.8 米×南北 3.6 米的商代建筑。其结构为先从地面下挖成一方坑，在坑底填了 1.15 米的夯土，然后再加夯土一层（0.15 米），火烧过，涂白灰泥，在四周筑墙，地面用坏后再加上一层，现存的共计五层，最上层距地表 1.1 米。

裴明相、韩维周二同志视察铁路局宿舍工地和省府工地的附近的古墙址遗迹。

晤洛阳的文物工作队陆、蒋二队长。

发掘地点：郑州

1955 年 1 月 22 日　星期六　晴

郑州市第一季度基建计划，包括有八十余个建筑单位，最大的面积有一万余平方米，按地区分计有黄委会附近（南北两方），郑州烟厂以东、岗杜、碧沙岗、三官庙等，按人力分，主要力量需二十五个掌握全面工作的干部。

陪徐观伯院长参观文物库房。

拍摄二里岗南沿及黄委会墓葬的出土器物。同时也把交通厅 C5.H49 内出土的编织物遗迹。

发布明日停工的措施，要求各工作组作好暂时休工的准备，对正进行的坑妥加保护，对零星工具及标本均收检带回办公处。

徐观伯院长召集南博同志个别谈话。

发掘地点：郑州

  1955年1月23日 星期日 阴

  今日按上级布置并不休假，星期日移至27日，但以队部要开会宣布春节注意事项，并请徐观伯院长作报告，故田野停工了。

  上午，由蒯世全作春节加强保卫工作的报告。参加经建常识评卷，我共计得了74分。

  下午，由徐观伯院长作辩证唯物论四大特征的报告，约三个小时。

  部分同志参加了人民公园的文物陈列的改进工作。

发掘地点：郑州

  1955年1月24日 星期一 晴

  上午，代徐观伯院长召集南博同志个别谈话并至宿舍访问，和徐观伯院长至人民剧院看《志愿军的未婚妻》。

  下午，开联欢会，由省文化局获取经费四十万元作购备茶点，市文教局派刘秘书致慰问词，徐观伯院长、安金槐队长、蒯世全秘书和我都相继讲了话，多是加强团结、搞好今后工作、解放台湾等内容。

  晚，送徐观伯院长至车站招待处（看豫剧以后）。

发掘地点：郑州

  1955年1月25日 星期二 晴

  上午召开华东同志座谈会，邀安金槐队长、谭金昇秘书参加，由我作主席，先请同志们发表工作中的体会、意见，然后请徐观伯院长作原则指示，安金槐队长讲话。会上，由华东队略备糖果。

  下午，南博同志开座谈会，主要是对院内工作提意见，同志们发言的人很多。

  两个会议开的都相当好，解决一些思想问题，每个人表明了态度，收获很大。

  晚，陪徐观伯院长看电影《共青团城》，返队值班至22时。

发掘地点：郑州

  1955年1月26日 星期三 晴

  休假第三日，上午在室内读安阳发掘报告，了解殷墟的地层情况。

  罗宗真同志去招待所访徐观伯院长。

  下午，和安金槐、蒯世全、谭金昇等同志访徐观伯院长，交换了如何作好团结工作方面的意见，也讨论了南博旬刊的稿子问题，决定今后只报道工作动态和方法。

  晚，陪徐观伯院长看豫剧。

发掘地点:郑州

  1955年1月27日 星期四 晴

  休假的第四天。上午和安金槐研究本队第一季度工作计划,田野工作以地区分成六个小组(即陇海马路南、北交通厂、岗杜、省府工地、白家庄、国棉四厂),国棉四厂设作重点站,每组都列出了地点、范围、时间、步骤、人员、目的、要求等。

  徐观伯院长和南博同志去白家庄参观彩陶遗址,途中在三官庙附近发现了一处龙山遗址。

  拍摄了C5区的印纹陶片、陶鬲、陶鼎、将军盔、骨甲饰等器物。

  人民公园陈列室进行了总结。

发掘地点:郑州

  1955年1月28日 星期五 晴

  上午开会,由安金槐队长宣布第一季度工作计划,会后,各小组进行讨论,拟定小组工作计划。下午,接受各组汇报,研究配备工人数目,并向各组交代如何进行准备工作。

  写致尹焕章信,报告近况。

  晚,欢宴徐观伯院长。

发掘地点:郑州

  1955年1月29日 星期六 晴

  工作提要:1. 正式开工,至各工地视察工作。

      2. 拍摄器物像与田野像二打。

      3. 徐观伯院长与罗宗真同志返宁。

  今日全部田野工作恢复,计有二里岗马路南北沿、交通厅、铁路工人宿舍、碧沙岗、岗社、省府工地、白家庄等八个地方。但上午因工人不能及时配备,各组意见颇多,而同志们的精神是饱满的。马路南沿新开一方。北沿亦新开一方(原拟开两个方),旧有的H111坑发现3个人架(2个是小孩的)和1个猪架,在同一层位中。据说这坑的土色有灰有黄,都是凹陷成层,似冲积模样。出人架的土层是黄色细沙。一般的器物和陶片较少,曾出"麻龟版"样的装饰品。细沙层最易塌陷,拟掘大坑口向下清理。H112内出龙山陶钵和精细骨针(带细孔)各1件。它是上层商代灰坑打破了下层龙山袋穴,商代灰坑又被近代墓扰乱所造成的。

  C5.3.H307中深1.7米出1个猪架,合前出者已有2架了。H302东南角土墓决定放弃。

  岗杜商业厂工地,初钻探出六个墓葬,但发现地面下深1.5米,即出水了。

白家庄工地新开C8T21、22两坑。

下午,拍摄了黄委会工地商墓遗物及C5.1、H118出土的陶器。

发掘地点:郑州

1955年1月30日　星期日　晴

各工地停工休息,工人都临时调配基建工作,如抬土垫地、清理工程残余等。

铁路局工人宿舍工地仍开工,但因土质过松,易发生危险;而且该遗址扰乱情况严重,既非遗址,又难断其为墓葬,故决定放弃。

研究岗社一带工作情况,据说地面下1.5米即出水,和蒯世全联名写信致曾昭燏院长,要求派人来协助掌握抽水机。

研究陇海马路北沿H111的工作,决定扩大工作范围,保障安全,以便彻底解决坑下人兽合葬的情况。

阅读了韩维周写成的《内乡和南阳古城调查记》,并且提了些个人的意见。

阅《殷商陶器初论》和《六同别录》里小屯后五次发掘中的重要发现。

发掘地点:郑州

1955年1月31日　星期一　晴

工作提要:1. 视察岗社及二里岗工地。

　　　　　2. 阅赵青云及吴震二同志的总结。

上午至岗杜工地检查工作。该工地在商业厂油脂公司办公楼前,面积为南北15米,东西30米,钻探结果,可能有11个墓葬。

另一处位于这工地的南边约百余米,南北宽15米,东西长50米,尚未钻探。

碧沙岗国棉四厂工地C13H105结束。

陇海马路北T105和H111,H111已自坑上向外扩大,照台阶形下掘。

马路以南新开T107,续作T106、105,发现灰坑H120,出双孔石器1件。T105东发现一条长1.75米的烧土墙,系自然土挖成的墙面,可惜被四周的灰坑和墓葬破坏了。H120是个龙山坑,袋形,出陶片很纯粹。

交通厂工地续作H308,结束H307。

白家庄工地作T22,结束T20。

和安金槐、蒯世全开会,商讨参加郑州市建筑技术改新展览中的古建部分,决定请蒋祖安、吕群二同志参加。

修改吴震同志的黄委会总结,和葛治功、吴震二组长谈国棉四厂设站问题。

发掘地点:郑州

1955年2月1日　星期二　晴

工作提要：1. 视察二里岗工地。

2. 阅读十二月号文参。

3. 参加业务学习。

C9.1 区：续作 T104 的 H111 和 T105，发现近代墓 1 座，出土黑色精致的小石凿 1 件、釉陶片、卜骨等。

C5.1 区：续作 H110，结束 H120，新发现 M119、120、121；结束 M122。H120 内出大砺石 1 块、双孔石镰 1 件。

C5.3 区：新发现 H309，M26、27，续作 H308，结束 M26，出铜范、卜骨等。

C8 区：续作 T22 和 20，出土骨簪、骨矢、陶纺轮等，提出红硬土面难解决问题。

C16 区：M21 是空心砖铺底，没有壁龛的战国墓，出陶罐 1 件。

晚参加业务学习，听尹子瑜介绍建筑遗迹的清理经过。

铁路局文化宫一带又有工地，需要清理。

国棉四厂工作组已迁移，先去五个同志。

发掘地点：郑州

1955 年 2 月 2 日　星期三　阴

工作提要：上午：1. 草拟一月下半月工作汇报稿。

2. 和安金槐队长讨论保管登记方法。

3. 讨论古建展览的总说明稿。

下午：1. 听经济建设常识复习动员报告。

2. 阅二里岗发掘报告提纲。

田野工作半日情况：

交通厂：结束 H309 和 77（出锛、范多块）。新开 H310。

马路北：新开 T108、H113，续作 H111，在 T105 灰层中出骨镞、骨簪、石镰各 1 件。

马路南：续作 T105、106、107，H110，M115 已结束，无殉葬物。

岗社：新开 M125、126、127，续作 M122、123，结束 M121、124，出空心砖及陶瓷，墓底水和流沙，情况严重，交代办法，可采取部分清理法。

发掘地点：郑州

1955 年 2 月 3 日　星期四　晴

工作提要：视察二里岗、碧沙岗、岗社等工地并参观河南基建设计展览会。

上午，至二里岗和碧沙岗视察工作。

陇海马路北：H111 的台阶已做好，在接近骨架地方（上层）发现有红土层，中间包含龙山陶片，以形势看似为一龙山灰坑被商代灰坑所打破。今日共清理出来商代灰坑内有小孩骨骸架 1 个、成人架 1 个、兽架 1 个。在 T105 二层中出白石质器物 1 件，椭圆条形,每面各画线1条,一端有横线1周,一端有对称式的刃部。加工蛤蜊1件。T107,续作H111、113,T105。

马路南:续作T105、106、107,H110,M132,结束M123、123、125、126,新开M133,发现一定形状的烧土面。

交通厂:续作T301、302、77,H38,发现铜范1块,白灰面等(1米×2米)。

岗杜:M121、122为木盖空心砖墓(米字纹),面积约3.9米×2.8米,向北,头部放置带盖陶瓮1件,到砖底深4米。M123、124为土坑墓,南北长约5米,最宽约2.4米,一端为墓道(掏洞),但葬人、殉葬物也是1件陶瓮。偏南的工地上已探出墓葬6处,其中4处可能性大。此工地2米以下见水,困难颇大。

碧沙岗工地:沿路沟两边公开探坑9条(每条长10米,宽1米),路北自西至东3条(T104、105、106),自北至南3条(T107、108、109),路南自东至西3条(T120、121、122),今日在T104内发现马首1具,T108内出土陶器一批:豆、鬲、壶、簋等5件,似为周代物。

白家庄:续作T22,清了3个墓葬(宋、清)。

下午参观河南省基建设计展览,古建一室,正由我队筹备,展品有龙山灰坑模型,战国和汉代空心砖,汉代明器陶屋,陶楼房(三层,四隅各有裸体立像,人物有乳,但亦有男性生殖器,甚为奇特),闻系淮阳出土,红陶带绿釉,釉已化作白色。宋代的雕刻砖,亦很精致,砖面有壶、杯、盏、勺等纹饰。

各工地对工人数目不能按计划配备,很有意见,安金槐队长说限于经费,这事需好好商讨,不然会造成干部多工人少,进度迟缓,赶不上工程速度的损失。

接尹焕章信,言20日左右可来郑。

发掘地点:郑州

1955年2月4日　星期五　晴

工作提要:1. 视察二里岗各工地。
　　　　　2. 室内整理汇报文件。

交通厂工地:续作C5T301,T77,H38,新开H310;决定今后工作再向北发展一方,另将大门外马路边旧坑隔梁作完即告结束。

马路北沿:续作T105、107,H111,新开H114,结束H113,H105内出石器3件、骨镞1件、骨1件,T107内出陶鬲2件、豆1件、骨镞1件。

马路南沿:续作T106、107,结束T105,H110,M132、133、134、135、136,T106内商代灰层中出屈肢葬1具,腰部有石镰残件,商代灰层中出甗、鬲、大口器等。

岗社:续作M128、129。

白家庄:续作T19、21,发现遗迹的南边。

上午至二里岗工地视察,布置交通厂工作今后只向北再作1方结束。

决定C9.1，T107中近代战壕不向下作，H111的人架清出后由胡继高绘图。

下午，整理过去汇报表，分别归档。

室内油漆并装设电话，无法工作。

晚，讨论谭金昇去学习问题。

发掘地点：郑州

1955年2月5日 星期六 风

工作提要：视察二里岗各工地。

上午，至二里岗视察，交代C9.1.H111坑的绘图方法。这坑共葬埋了2个小孩、1个成人、3个兽架，情况复杂，测绘工作相当艰巨，拟在坑上搭席棚，预备长时间工作。

T107内商代灰层中出1印纹陶尊和1件完整的陶鬲，印纹是商代遗物中少有的。

下午，作寄尹焕章信一件，接罗宗真来信一件，说院内开展科学研究，很有朝气，谢子源和王兴嘉同来郑工作。

岗杜工地水情严重，即使将水抽出，亦有危险，这是一个需要作出决定的问题。

碧沙岗探铲不起作用，生熟土难认，今日在T108探坑内找出三个战国墓，出矮脚鬲、壶、豆、尊器。

C5.3H50内出内外范。

白家庄又请派人去解决南边问题。

发掘地点：郑州

1955年2月6日 星期日 雪

写南博旬刊稿一件，主要在报告春节后的工作动态，略提一些工作收获。

为同志们业务学习至今未能展开，颇感不安，明日如下雨，拟请邹衡同志介绍洛阳王城调查的工作经验。

浙江汪同志、福建谢同志到郑。

发掘地点：郑州

1955年2月7日 星期一 晴

上午，至二里岗工地了解工作情况。主要是督促绘制H111的兽骨人架图，但因坑内过度潮湿，未便开始工作。据说这坑内共清理出4个小孩骨、1个成人骨、2个兽架；都是错综叠压在一起的。

下午，出席队委会，讨论了向文教局汇报的内容。存在问题中提出工人数目要增加至180人。讨论的还有岗杜设站、墓中出水的问题。决定在不得已的情况下，把东西取出即可。国棉四厂工地共18万平方米，主要厂房面积有8万平方米，马上施工的有1万平方米，目前人力不敷，决定以清理高地文物为主，厂房墓地先用探工钻探。总务分工,谭秘书学习的代理人问题,推选领导学习的负责人员。

发掘地点:郑州

1955年2月8日　星期二　阴

上午,偕汪同志至碧沙岗了解情况,那里的C13.T104内出现了较大的灰坑,T108内出现战国墓三层:M103出圜底罐1件、豆1件、鬲1件、罐1件;M104出豆2件、鬲1件、盆1件、罐1件;最值得注意的是M105内有1腰坑,埋葬着1个小狗的骨架。

中午,返到岗杜工地,在那里看战国墓(空心砖)出水的情况(深2.3米),因过于危险,并未到底即停工。

C5.3区出铜鬲的陶范一件。

C5.1区出烧土似陶灶。

C9.1区H111进行绘图工作。H115出倒钩式骨矢、釉陶片、斝、甑、爵、大口器等,也有兽架发现。

发掘地点:郑州

1955年2月9日　星期三　阴

王兴嘉同志到郑,此来任务是修理抽水机和训练使用的人才,半月内完成任务。

上午,至二里岗工地看了交通厅T103第四层出土的白泥蓝底印痕遗迹,并拍了照片,这种现象在商代坑内发现的较多,还不知它的用意。马路南沿T107灰层中发现烧土灶形遗迹,已残破,就原地面作成似为烟囱或火道部分。拍了两张照片。马路北沿发现俯身葬在地面层下,未知是否商代的(无殉物)。H111正绘图,拍了六张照片。龙山灰坑已破除。

省府办公厅主任到工地参观。

下午,参加政治学习,读"经济建设常识"第一章。

岗杜工地清理了M126,出陶壶1件,还有漆器已破损,似为汉代。

C9.1T105出锥形骨器1件,甚别致。

葛治功来汇报工作,提出很多意见,主要的是认为后勤工作不能及时,探铲不起作用。

发掘地点:郑州

1955年2月10日　星期四　雪

上午,大风小雪,本不拟开工,但恐工人数目很大,工资必须开支,万一雪下得不大,就要造成损失,因此决定开工。我和王兴嘉同志到二里岗工地时,很多干部尚没有到,后来安金槐同志有通知给各小组长,嘱收工,这样全体干部和工人才返工作站。

秘书处布置了"马林科夫辞部长会议职务"学习,主要是要大家取得正确的认识,以免受谣言影响。

下午,13至15时学习义务兵役制,15至17时业务学习,听邹衡同志报告"洛阳古城调查报告",颇有收获。

牟、汪二同志搬到岗杜九中住宿,这里设立了第二个工作站。

葛治功同志反映探窝须填塞的意见,这事情安金槐同志没有答应,但确是一个问题,需要研究解决。

发掘地点:郑州

1955年2月11日　星期五　晴

上午,作书信两件(一寄南京江苏省文物管理委员会王志敏同志)。

阅《六同别录》。

下午,去岗杜及肉类加工厂调查,在肉类加工厂工地见到版筑土的遗迹,层次显然,上口南北长8.6米,下口长7.7米,断崖高2.1米,找寻了边缘,但向下不清楚了,拟明日开探沟试掘。另一处,高堆上正在起土,那里有灰土穴暴露,遗物有细把豆,推为战国时代。这里土堆很多,听说多为明墓。

岗杜工地:在M130的东北发现有汉代墓打破(M132,出绿釉壶、陶仓),据说汉墓上面还有一个小墓,层次相当复杂。

交通厅工地又出爵范1件。

马路南工地:T106龙山坑内出草拌泥烧土。

发掘地点:郑州

1955年2月12日　星期六　晴

上午,至二里岗工地,见C5.1区有一灰坑正在用探铲向下了解情况,深约1米,及水面,出木炭数块,似烧过的,再下探,土质非常松软,轻轻地就将探铲陷下去了,这情形表示下面虽未到底,但已不好作了。

C9.1区的H111仍在继续绘图,有一灰坑内现出了1个屈肢的人架,另一灰坑(T118)出1宋墓,有陪葬品,白瓷杯,颇精美。

C5.3区T302之北有一墓葬,门用砖封,掏土作券形墓室,惜已扰乱不堪了。

抽水机已修好,将运至岗杜使用。

和安金槐谈文教局汇报工作经过,据说局长允增加工人了。

发掘地点:郑州

1955年2月13日　星期日　晴

工作提要:至碧沙岗和岗杜视察工作。

碧沙岗工地今日不休工,临时由其他工地调派工人38人,合原有工人19人,共57

人,普遍在路沟以西开挖探沟,工人很紧张。拍摄墓葬群及灰坑集中地点照片两张,工作像一张。此地墓葬与灰坑的时代略相同,都出矮足红色绳纹陶鬲、细把豆、圜底尊,墓内出细铜棒,灰坑出带翅铜镞,蚌器均出在灰坑内,石器较少,战国时代生产力虽已出现了铁,照理说石器、蚌器已消灭,由于这些发现,说明铜铁的使用仍未能普遍。灰坑遗迹在我国历史上占据了很长时期,从仰韶、龙山、商周都一直流传着,它的用途至今尚难确定。

岗杜工地今日也未休工,工人12人集中在一大空心砖墓中的土阶,准备抽水后清理底部。

接尹焕章信言15日可来郑,南京的阴阳营要发掘,要我主持这一工作。

发掘地点:郑州

1955年2月14日　星期一　风

工作提要:1. 至二里岗照相。

　　　　　2. 召开组长汇报会。

上午,至二里岗视察,看了C5.3区原开坑灰层中出陶范的情况,照了全景相一张,在C9.1区看H115的柱迹并照了相。看了H116的屈肢葬亦拍了相片(共四张)。因风大返工作队。

下午,召开各小组长汇报会,前曾通知,有准备。故报告的一般都很详细,给我写半月汇报打下了基础。会后并当场研究各组提出的问题,以工人调动、设备等较多,有一组曾提出要队委下工地,实不知因工地分散,队委只2人能经常下工地,真有顾此失彼之感。

C9.1出鬶形陶器1件,形制很别致。地层关系尚未查出。

C16区今日因风未能抽水。

将华东文物队1954年总结寄还。

照相馆送来印出的照片,因照的和印的都有毛病,故成绩不好。

发掘地点:郑州

1955年2月15日　星期二　晴

工作提要:1. 至二里岗工地了解情况。

　　　　　2. 作致曾昭燏、徐观伯院长函。

二里岗马路北沿H115的柱迹发现后,引起了我的注意,今日特往仔细调查,经拨去灰土后,见洞穴呈上下弯曲状,忽粗忽细,不像柱迹,很可能是地鼠穴,这样就使我冷淡了许多。路边的H107和龙山坑正在清理H107部分,两个关系很明显,故拍了照片两张。

为文教局调蒯世全同志参加"审干"工作事,特写信报告曾昭燏、徐观伯二院长,请示办法。

岗杜抽水工作今天开始,据说水抽了后,挖下去1米多深仍未到底,只出残破空心砖,坑壁常有沙土塌陷,故决定停工。派毛宝亮同志调查肉类加工厂的灰坑情况,这一带的工程是较紧张的,但不是重点工作。

国棉四厂来人言,今日工人共16人,没有照要求配给,据云已派人就近雇用,约明日可到。

文化局文物科派来石科长和丁同志。

发掘地点:郑州

1955年2月16日　星期三　晴

上午,安金槐队长约我和韩维周参加向石科长汇报工作的会议,由安金槐队长发言,计分:1)干部调动与思想情况(现有河南同志26人,华东同志23人,共49人)。2)工作开展情况。新建扩建单位第一季度有64个,较大的53个,按人力分7个工作地点,国棉四厂占地18.7万平方米,砂轮厂占地300万平方米,水库的起土范围30万平方米。碧沙岗一带有19个建筑单位,郑州烟厂东酿酒厂3月份后要开工。3)室内工作。4)存在问题。

下午,经济建设常识学习,准备了第一章的发言提纲。

发掘地点:郑州

1955年2月17日　星期四　晴

上午,草拟了2月份上半月工作汇报稿。参加队委会议,讨论宿舍分配,肉类加工厂的工作及干部配备用品等问题。郮世全同志被文教局调去参加"审干"工作。

下午,集体到河南体育场参加郑州市全体干部反对使用原子武器签名运动大会。会上听市委作的目前国际形势的报告(传达周总理的报告)。

接王志敏同志信,说大烟墩铜器中有矢殷,上有铭文八九十字,是周初的重器。

发掘地点:郑州

1955年2月18日　星期五　阴雪

工作提要:1. 至二里岗工地视察。

2. 参加"反对使用原子武器签名运动"学习,全体工人也听报告。

上午,至二里岗工地视察工作,检查了马路北沿C9.1H117坑,2月24日深2.2米时出土的鬶形陶器的土层关系,因为周围的沙土无遗物共存,故确定它是商代灰坑(即H117)的产品。

器通高23厘米,足高12厘米,壁厚0.4厘米,灰色,细泥质,手制,表面打磨光亮,形象如龙山出土的陶鬶,但腹部有两道凸起的弦纹,柱状流设在顶上,位置相当两足之间,口部向后偏斜,呈钝角三角形,后足中间与上口连接一鋬,素面,似鬶,似盉,为过去发掘没有见过的器形。H115上部的圆穴直径是2.1米深至1.6米,下面发现了长方形的灰坑,南北长约1.7米,东西宽0.67米,距地面深3.7米,尚有1.4米未到底,西壁有脚窝4个,东壁有2个。圆坑的西北与东南各有竖形半圆的柱迹2个,这说明圆穴是居住的遗迹。

C5.1H124是个圆形灰坑,甚深,出战国陶片,口径1.1米,两壁有脚窝,H131口长2米,宽1米,深5.15米。

目前,已经作的灰坑、墓葬、探坑总数如下:

C5.1区:灰坑32个,墓葬50个,探坑9个;

C9.1区:灰坑18个,墓葬7个,探坑7个;

C5.3区:灰坑11个,墓葬12个,探坑4个;

C16区:墓葬33个;

C13区:灰坑27个,墓葬25个,探坑24个;

C1区:灰坑4个,墓葬3个。

发掘地点:郑州

1955年2月19日 星期六 风

上午,先至二里岗看同志们工作,在马路北沿见到又一个商代方形灰坑的口上有3个木柱的痕迹,和H115坑联系起来看,这发现就不是偶然的了。在说明灰坑用途上可靠性已经很大。这个坑上的柱痕共有3条,是横置在坑口上的(坑南北长,柱迹是东西横置的),与H115情况不同。

和韩维周、安金槐等向文化局石科长汇报工作,提出了增加工人、调整干部等问题。

下午,至文教局参加时政学习的测验。共出四题,计有反对使用原子武器的重大意义,解放浙江沿海的岛屿,解放台湾的重大意义,苏联部长会议主席等。

晚,至车站欢迎尹焕章。

发掘地点:郑州

1955年2月20日 星期日 风

和尹焕章到尹子瑜家内访问,并介绍了我在这一阶段工作的概况。

全体同志参观基建改新展览会。

发掘地点:郑州

1955年2月21日 星期一 晴

上午,全体队委听取省文化局石科长关于今后工作的指示。略为:

1. 国棉四厂和岗杜的同志们工作热情高。
2. 领导团结全体同志,团结有了进步。
3. 工作以发掘为主,人力和经费都是为了发掘的;其他工作应在不影响发掘的条件下进行。
4. 贯彻增产节约思想,今年经费只有4亿。
5. 工作要选重点,研究要解决哪些问题。大家也表示了统一的意见。

下午,整理照片,并向沈韵生交代领用工具参考书等。

和蒯世全、尹焕章二人开了会,互相报告了院内、队内的情况和存在的问题。

发掘地点:郑州

1955年2月22日　星期二　晴、风

工作提要:和尹焕章到工地进行实地交代情况。

蒙大家好意留我再停一天。

上午,和尹焕章至碧沙岗晤第四组工作同志,由我介绍了第一季度这地方的工作计划及发展方向。由葛治功同志说明主要发现及工厂的施工计划。

在岗杜访晤了第五组同志,我和尹焕章指示这一带的工作方法,应将现有的几个墓择重点作两个,其余不再挖了,原因是因水费工,挖开后既无殉葬器物,又与基建没有好处。

下午,整顿书物,预备起程返宁。田野工作停止,全体学习国务院为改发新人民币的通告。

和蒯世全、尹焕章二同志会商向院领导请示的两个问题:
1. 河南省郑州市调任其他工作问题;
2. 六月以后各省干部返原单位后的工作问题。

发掘地点:郑州

1955年2月23日　星期三　晴

上午8时许和王兴嘉同志由南关队部去车站,沈韵生送行,代办了运行李的手续。

乘10时42分东下车出发,离开了郑州。

车票费83100元。

发掘地点:郑州

1955年2月24日　星期四　晴

一夜车中生活,至晨7时许到达浦口,下车后询问行李未到,当即过江乘公共汽车至院中。

午睡片刻,至院中晤曾昭燏、徐观伯院长,梁白泉、凌竟亚诸同志,简略的谈了一些工作,他们劝我休息2日。

河南省文物工作队第一队分组名单

第一组:组长　葛治功　　副组长　赵世纲
　　　　组员　刘东亚　李树勋　陈福坤
第二组:组长　罗宗真　　副组长　赵青云
　　　　组员　毛宝亮　吕　群　张世全
第三组:组长　东　红　　副组长　王文林
　　　　组员　蒋祖安　廖永民　牟永抗
第四组:组长　吴　震　　副组长　尹子瑜
　　　　组员　刘笑春　袁　明　李克敏
第五组:组长　林　钊　　副组长　王步艺
　　　　组员　陈嘉祥　谢子源　陈仲光　杨宗祈
第六组:组长　东　红　　副组长　杨启成
　　　　组员　杨启成　张德明　徐国地
第七组(调查联系组):组长　游青汉
　　　　　　　　　组员　白周义　徐凤山　赵霞光　苗长运　张德明
秘书组:秘书　蒯世全　　助理秘书　谭金昇
　　　　文书　孟雅茹　　财　务　王槐堂
总务:陈广憨　助理:沈韵生
调配工人:王典章(并兼管理工具)
绘图室:李永清　高秋菊
保管组:组长　王润杰　韦文义　马克勤
　　　　　　王连元　张静安　陈广憨
工地辅导人员:安金槐　韩维周　裴明相　张建中
　　　　　　尹焕章　赵青芳
队务委员:成经堂　许寄秋　安金槐　韩维周
　　　　　裴明相　张建中　尹焕章　赵青芳

开坑工区符号记录:

C5 即第五文物分布区,指陇海马路以南地区,此处可分为三个小区。

1. 东自二里岗大道高地起,到军事仓库西墙为第一区。
2. 西墙外至交通厂工地东墙为第二小区。
3. 交通厂东墙边到文物仓库以北某建筑地为第三区。

其符号为 C5.1,2,3

生活制度

1. 按时上下办公,不得迟到早退。

2. 开会时集中精力,离开会场必须经过主持会场人的同意。

3. 上下午各做中间操一次,不能到操者,必须经组长同意。

4. 每天晚上 22 时必须熄灯(包括办公室和宿舍)。

5. 每晚 22 时关闭大门,遇有特殊情况者,先得办公室同意。每星期六晚关门时间延至 12 时。

6. 每一个月以部组为单位过一次政治生活,通过批评与自我批评检查工作、学习、生活、思想(偏重于工作态度,而不是总结),会的时间不能过长。

7. 每一季举行思想报告会一次。

南京北阴阳营第一次考古发掘

(1955年3月7日～3月25日)

发掘地点:北阴阳营

1955年3月7日 星期一 晴

工作提要:北 H4 记录。

一、位置:在探坑 13 范围内,距南边 1.2 米,距东边 2 米。

二、方向:N820E。

三、范围:东西长 1.47 米,南北宽 0.88 米,深度 0.15～0.17 米。

四、形制:很规则的长方形。

五、遗迹:四壁和底部均经烧过,红褐色,中部填土为黑灰色,质较软。有绿色土附着于坑壁周围,似谷类腐朽后的痕迹,西南隅有大沙石 1 块,似为砺石。

六、遗物:黑灰土内出陶片 10 余件,有沙质素面红陶和泥质印纹陶;砺石 1 块;绿色土 1 包。

七、初步推断:这个坑位于黄土层中(根据所发现的墓葬看,黄土即原来的地面),四壁和底部均留有火烧的痕迹,深度在 17 厘米,非窖藏所用,可能是烧煮食物的地方。

发掘地点:北阴阳营

1955年3月8日 星期二 雨

工作简报

2月28日开工,共 8 个工作日,平均每天 29 个工,共用 230 个工左右,工人的效率,平均每天 1.5 方,现在工作了 340 方左右,照已到底的坑内情况,平均深 0.5 米,约 50 方土,可□日完成,目前已完成了全面的三分之一工作。

共开了 10 个坑,其中 2 坑只开了一半,还需要开的只有 2 个坑了。

已清理了 4 个灰坑(一、六两坑未清理完),有方形的和圆形的,33 号坑内可能有 2 个灰坑。墓葬 6 个,有 1 个是俯身葬,2 个有纺轮,头向都是北偏西,殉葬品有陶器、石器、玉器等。

出土器物方面,有五类:石器、骨角蚌器、陶器(50 件)、铜器(5 件)、玉器(5 件),石器中有斧、锛、刀、凿、镞、网坠、砺石等;陶器中完整的有 20 件,鬲多鼎少,半空足的最多，有盆、碗、杯、鬶、壶、纺轮、豆、坠等；骨器中以锥较多，鹿角（5件）、鱼骨，骨料等，自然遗物有蚌、螺类。

出土器物共160件左右，陶片40包。

时代推测：从出土器物情况看，属新石器时代末期，但或许这时期已有铜器的萌芽了。这一文化是受其他文化影响的，如出土的彩陶片、龙山形制的陶器等，是这一地方的土著文化受了其他文化影响而融会成的。当时人类的经济生活有农业、手工业、畜牧业、渔业等。

下午，参加院内联合办公，梁白泉同志汇报检查第一季度陈列工作的情况，并提出南唐二陵报告要保证完稿，必须调北阴阳营工作的同志蒋赞初、李连春、黎忠义等回院，大会予以通过。我汇报的是北阴阳营的工作，情况如上。

发掘地点：北阴阳营

1955年3月9日　星期三　阴

工作提要：1. 室内登记出土遗物。

　　　　　2. 徐观伯院长来视察工作并讲话。

参加室内整理出土遗物工作，发现陶器中有不少的三足器。彩陶多是普遍涂色衣的，如白衣、红衣。纹饰中以篦纹较多，也有压印成动物头形的。有不少的玉制器，形制与花厅墓葬出土的相同。还有些极小的、制作粗笨的圈足陶壶，看样子不是实用东西，出土在墓葬内，可能这时候陪葬品已使用明器了。

下午，徐观伯院长到工地视察工作，同志们请他讲话，他就调动工作和院内个别同志思想问题加以说明。

传达了院内联合办公的决议，决定李连春同志10日晚返院，蒋赞初同志11日晚返院，张正祥同志本周内结束测绘工作，柴旺顺同志下周加入看坑工作。

晚，参加院内政治学习。

发掘地点：北阴阳营

1955年3月10日　星期四　晴

今日恢复工地起土工作。参加工作的人员计有干部9人（蒋赞初、李连春、张正祥、柴旺顺、黎忠义、刀慧容、黄先生、赵青芳），工人30人，到工地参观的有我院邵勃、刘亚九二同志。

工作的坑位计有探坑17、23、25、33、43共5处，另在探坑53与63间开一长8米，宽1米的探沟，目的在找寻遗址的范围，深0.7米，下面是自然土（黄色），地面至黄土间土层已扰乱，遗物包括宋瓷片，近代瓷砖片等。南端尚发现1近代墓，知非该遗址的范围，故停止下掘。H3和H6亦相继清理完毕。H3系长方形，南北长2.3米，东西宽1.62米，深0.64米。南端出现3个东西排列的烧土穴，穴是口大底渐尖的形式，大的口径约 0.3 米(2 个),小的口径约 0.2 米。西北部也同样出现一个大型的,很可能是当时放置尖底陶贮器的地方。

清理 M5、6、7(位置在第 23 号探坑内)。

33 号探坑东边灰坑中出玉玦 1 件。

43 号探坑内出土硬质薄釉印纹陶。

发掘地点:北阴阳营

1955 年 3 月 11 日　星期五　晴

工作提要:1. 干部 8 人,工人 29 名,工作坑位如昨,下午又开了 12 号探坑。

　　　　　2. 院内同志业务学习,全体来工地参观。

上午,清理 H3 内的小圆穴,先将靠北部的 1 个挖破,在底部发现实心三足器的残片,黏着在黄泥上,陶片里壁有黑色灰迹,显系经火灼的。南部中间有一个小圆穴,也经挖破,底部有 3 块自然石,外围的黄土,硬度很大,出 1 陶杵,证明这些黄泥是人工制造的。南部偏东的 1 个尖底穴附近有 1 条泥管,似为出烟的设备。

发现并清理 M8、9、10、11,M8 和 M10、M11 在ㄅ23 探坑内,M9 位于ㄅ22 坑内,均有陶器殉葬,人骨残缺不完整。以 M8 和 M9 出土器物较丰富。M9 内殉葬品有彩陶 1 件,玉饰多件,完整石斧及石锛各 1 件(带孔)。

新开ㄅ12 号坑,东部发现灰坑 2 个,互相连接,但无打破关系。1 长方形(8 号),1 不规则的圆形(9 号)。ㄅ33 内也有灰坑出现,但边缘不清,有白泥成层出现。

ㄅ43 仍未淡灰土,不分层,遗物亦不多,43 坑向南一带,经用探铲试探,深 1.2 米到底,一般的淡灰土,湿度很大。

ㄅ27 坑边黄土多,东南隅又出现陶片和 2 件石斧,但并非墓葬。

发掘地点:北阴阳营

1955 年 3 月 12 日　星期六　雨

工作提要:1. 上午照常开工,干部 8 人,工人 29 名。

　　　　　2. 招待省文管会全体同志来参观。

　　　　　3. 南大通知基建工程停止。

　　　　　4. 下午因雨停工,在室内登记出土遗物。

今日所作坑位为ㄅ12、15、22、23、33、43 六处。重点清理 H1、7、8、9 和 M9、10 等坑。ㄅ22 和 23 坑内发现丛葬现象,人骨多错乱不全,有的仅有头骨,但多半有陪葬品。陪葬的器物一般都是石制工具:斧、锛、凿;陶器:碗、杯、三足器、豆、罐、壶、纺轮等;玉器:环、珠、玛瑙、坠等。位置都在灰土层下黄土中。较为特别的是,这时期人类已知制造"明器"殉葬,因为在 9 号墓附近(11 号)出土有像儿童玩具式的陶器 1 套,显然非实用器物。

集体葬的习惯反映出当时以部族为单位的公社制的存在,这时期人类还是普遍参加劳动生产的(以工具陪葬)。"明器"又反映了当时宗教迷信和私有观念的萌芽。这些还说明遗址时代属原始社会末期的具体资料。

出土重要遗物已登记260号。

在ㄅ53东端开一南北长10米,宽2米探沟,试探地面下的情况。

下午,因雨未开工,作室内登记工作。发工资4天,但半天休工需以后补出。

发掘地点:北阴阳营

1955年3月13日　星期日　晴

工作提要:1. 全天工作,干部6人,工人28人。

　　　　　2. 徐观伯院长来工地指导工作。参观群众较多。

今天的工作区域包括T12内两个灰坑,T25的一半及半个灰坑,T22内的墓葬(9、10),T23内M13、14、15、16、17和T33内的几个墓葬(尚未定名),T43的灰层,T53等处。墓葬方面的发现,证明这时期有群葬的风气,头向多向北,但也有例外的,陪葬品有陶器(容器、炊器、纺轮),玉器(多是半环形的,互相可连接),小石子(也是装饰品),石器(斧、锛、纺轮),人骨有平身仰卧的,也有屈肢的,也有肢骨杂乱堆积的,也有上下重叠的。

发掘地点:北阴阳营

1955年3月14日　星期一　阴雨

工作提要:全天工作,干部7人,工人28人。

结束的坑:灰坑1、8、9;探坑(沟),位置在T53的东部;墓葬9至20(共12个)。

新发现的:M21、22、23、24、25、26,共6个。

重要出土物:陶器有灰色小平底罐、沙质三足罐、陶纺轮、陶钵等。石器有斧、锛(分方形的和扁平形的,扁平式中又有特别大的)。玉饰有玛瑙和玉质的,有璜形的。小石子(河卵石,利用它作装饰)。这些遗物多出自墓葬内,但在43坑的东南角,也出现了一堆(15件)石器的情况。

重要现象:墓葬多为乱葬,人骨互相叠压,有屈肢的,有俯身的,有头骨与肢骨错乱放置的,也有将骨块杂乱堆在一起的,但均有陪葬品。有纺轮的占多数,有玉饰的只限于M12至20(即ㄅ33的北部)。M22至25普通的有纺轮而无玉饰,石器几乎每墓都有。这些墓都存在于灰土堆积的下面,黄土中夹着红烧土的土层中。

M26出圆形扁平大石斧1件,中型的4件。人骨头顶向北。

发掘地点:北阴阳营

1955年3月15日　星期二　晴

工作提要：1. 干部6人，工人28人，下午宣布明日裁减为15人。

2. 刘子明部长、市委宣传部主任先后来工地参观。

3. 25号探坑结束，工作范围限于23、33、43。

清理M27、28、29、30、31、33号坑。这些墓的位置都在探坑23和33东部边界上，除M33外其他4个全是自西而东的排列，头顶向北。独31的人骨乱作一堆，有2个头骨。M28殉葬陶器豆、鼎、壶3件（鼎足作辫纹），M29头部出完整石器（平式带孔斧）5件。M30出残陶钵及白玉饰件2件。

M33位于M28西南约20厘米，其中还包含3架人骨，是东西排列的，只有中间一个人架的下肢骨不乱。西部1架，肢骨已乱，头骨分开两半，相距20厘米多。中部1架，腰部以上残缺，有陪葬品白彩陶钵1件，小件陶豆、鼎等，其更北约50厘米处亦有散骨，并出小件石器多件，角锥1件。大型石斧出在下肢骨附近，共计有石器15件，偏东的人骨只有下肢骨2节，无陪葬品。

M27号坑出石器4件，玉饰2件，玉玦1件（在头骨右侧），陶器多残破。

M34、35位于探坑33东南，都是头北脚南。H34是一个少年的骨骸，他的下肢骨被M35的成年人挤得向西偏斜，出陶豆、陶碗各1件（少年），石斧、石杵各1件（成人），这两个人骨，显系一次埋葬的。

探坑43内今日出卜骨1件，钻孔，有火灼痕迹，大石料1件，有制作的遗迹，东壁下亦出现墓葬，有玉饰、石斧等出土。坑西部出1铁丸。

发掘地点：北阴阳营

1955年3月16日　星期三　晴

工作提要：1. 干部5人看坑，2人室内整理，准备招待外宾；工人14人。工作区为T33、34。

2. 重要发现：M36至40出土物有玉璜、玉玦、玉管、陶鼎、彩陶钵、石斧等。

探坑33西北隅距西北标点下2.25米，见水面，水面上全为夹烧屑的黄土；西南隅距西南标点下2.15米见水，水面上为夹烧土屑的黄灰土。这说明遗址文化层已深及现在的水面以下了。

T33的东南墓葬区的填土中，出土带彩陶片二三件，以其较大一片观察，陶胎是黑色的，里外表皮土黄色，内表皮上绘渔网纹，色是鲜红的，器形似盘，彩绘在盘里。

新发掘的墓计有36、37、38、39、40。

M37位于探坑东壁下，距东壁破坏面1.3米，紧接着H7的南壁，包括2架人骨，1架已被灰坑打破肢骨平伸（西部），一架骨块杂乱堆积，下颚骨与颈骨已分散，显系经过移动（东部）。偏西的1架脚部有下颚骨1块，陶鼎、陶壶各1件。

M38位于M37以东0.5米地方，头南向，左臂附近放置着石纺轮4件，陶鼎、盖各

1件。

M39位于M38的西边，人骨1架，头顶向东北，头的侧面耳骨下放着2个玉玦，项间放着2个玉璜，头顶偏左放着红陶钵、陶鼎、陶罐各1件，左臂附近也放着红色的陶鼎和灰色的陶钵，腹部放着2个平孔石斧、1个石凿，脚部偏东放着1件彩陶鼎（足是鳖纹），绘弦纹黑彩。里面套放着1件灰色陶罐。

M40位于M39的西北，相距约10厘米，上体已缺，头北向，颈部放着2件陶鼎、1件彩陶罐、1件白玉璜，胸部出青玉璜、玉玦各1件，腹部出青玉管8件。这个墓的人骨只存2节下肢骨了。

M33的人骨下层又出玉管10枚。

ㄅ43内东壁下已出现人骨和器物。M41内有2个人架：一个头向东北，头部有白衣陶钵、红陶钵各1件，头左出石锛、石匕各1件，耳骨边出玉玦1件，颚骨下出石锛1件，项部出玉管、三角玉饰等4件，盆骨上出沙质陶鼎1件。人骨不清。

工人4名，临时参加招待外宾的修路工作，蒋赞初同志和南大联系布置招待室。

调郑维鸿同志来工地粘补陶器。

发掘地点：北阴阳营

1955年3月17日　星期四　风

工作提要：1. 干部7人，5人在工地，2人在室内。

2. 民主德国专家2人到工地参观。

3. 发工资。

M40:1)白玉璜1件；2)青玉璜1件；3)玉玦1件；4)玉管9件；5)灰陶鼎1件；6)彩陶钵1件；7)灰陶鼎1件；8)陶盖。

M41:1)灰陶鼎1件；2)彩陶钵1件；3)彩陶钵1件；4)石匕1件；5)青石锛1件；6)玉玦1件；7)石锛1件；8)玉饰3件；9)玉管1件；10)灰陶鼎1件；有人牙，肢骨不全。

M42:肢骨零乱，仅残纺轮1件，花石子2件。

M43:人骨尚全，但已成白粉，头向东北，平身仰卧，胸部及两腿间各置石斧、石锛1件。

M44:人骨已不全，留有牙骨，头向东北，头部放置石斧2件，小石锛2件，下肢骨散放石斧4件。

M45:人骨不全，在侧面放置灰陶罐1件。

M46:仅留有牙骨，大红陶钵、彩陶钵、彩陶豆各1件，纺轮2件，玉三角、绿松石、石三角坠、玉镯（两个合成一圆形）、玉管多件。

发掘地点：北阴阳营

1955年3月18日　星期五　风

工作提要：1. 干部 5 人在工地，1 人在室内，工人 14 人。
　　　　　2. 院内布置，星期日招待参观，工作结束后，在市中心区展览。

清理墓葬自 46 至 59 号。

M52：在弓33 东北部，人骨全，但成粉，头向北，头部附近陈列带流陶钵、陶盆、陶鼎、陶簋、陶豆等约 10 件，红白石纺轮 2 件，颚下环玉璜 3 件，右脸贴块 1 件，牙上压石子 3 枚，右腹横玉管 7 件，盆骨上置花石子 4 枚，盆骨右侧放置 4 个三角玉饰，1 个玉珠，下肢骨左侧放 1 灰陶瓮。这是一个陪葬最丰富的墓葬（黎清理）。

M58：人骨 2 架，东西横陈，头向北。东边的头下放一长石锛，腹部上置陶器 2 件；西边的头部已缺，右肩上置玉玦 2 件，玉珠 2 件，下肢上置大陶豆 1 件，小陶鼎 1 件（黎清理）。

M50：仅存 1 头骨，头骨的东边放着 1 件红色陶鼎，圜底，有三足。

M60：在 43 探坑内，出土圈足红陶尊、陶豆、陶钵、石锛、石斧（横长形带孔板斧）、玉玦等多件。

M59：在弓33 与 43 交界处，略偏东，存人牙床，但已分裂散置，出小圈足红陶碗、陶鼎、玉璜等。

自己也清理了 M54 和 56，M54 包括 2 架人骨，但偏西 1 架已只残留肢骨 1 节；东边 1 架头顶 N21°E，面向东，仰卧，颈间玉璜 1 件，胸上残石器 1 件，股右侧放石锛 1 件，石料 3 件（粗制石器）。

M56 的人骨已无，痕迹也不显了，只有几颗牙齿，有陶鼎、陶罐、玉璜 3 件（人牙下方有 2 件）、玉管 2 件、玉三角 1 件、玉条 1 件。

发掘地点：北阴阳营
　　1955 年 3 月 19 日　星期六　雨

工作提要：1. 上午开工后下雨，工人 11 人，干部 6 人工作半天。
　　　　　2. 院中来车将陶片运走。

上午，天气浓阴，但有微风。再三斟酌，终究宣布开工，工作约两小时后，因雨渐大，就停工了。并向工人宣布，下午即使雨停了，因泥泞也不便开工，明日如果不下雨，下午可复工。

蒋赞初和刀慧容同志在室内登记出土遗物，我因想会见院内领导并购备胶鞋，即于午饭后返院。

听蒋赞初说院内发通知，明日请文化局和南大师生来此参观，徐观伯院长并嘱咐工作结束后在市中心区作一次临时展览。

发掘地点：北阴阳营
　　1955 年 3 月 20 日　星期日　雨

工作提要：1. 干部休假半日，下午开工，工人13名。
　　　　　2. 蒋赞初同志上午招待参观工地陈列，我下午来工地主持开工。

上午，工地陈列，招待文化局领导及南大师生参观。由蒋赞初同志负责。提出的意见是：变质岩的原料紫金山就有，那块砾岩不一定是这个时代的遗物，因为本地不产此岩石。工地上的意见是陶片未处理干净。一般都认为遗址时代应为新石器时代末期。文化局并希望我们到苏南去参观一下仙蠡墩，以便作比较研究。

下午，天气仍阴，但宣布开工了，工作两小时后，天又下雨，即停工。向工作同志讲原始社会，联系目前的发掘任务，使他们了解这是一项重要的文化工作，并不是为的挖宝贝。

T43内出现新的情况（墓葬），出带孔白色圆珠，约为玉或玛瑙质。其圆度之精确，很容易叫人误认为近代产品。T33也有新墓葬发现，都待以后清理。

发掘地点：北阴阳营

1955年3月21日　星期一　雨

工作提要：发掘工作半日，干部3人（1人在室内工作），工人14人。

蒋赞初、黎忠义二同志返院参加南唐二陵发掘报告的编辑会议，柴旺顺为团支部工作也回院处理。刀慧容同志整理记录，我和王奎满同志在工地看坑。黄先生也到工地，但因腿痛没有做太多的事。

上午，天虽阴，但未落雨，故宣布开工。

探坑33和34号仍不断出现墓葬，人骨多已不见，仅显头部痕迹，也有些甚至连痕迹也不见了，不过从陶器等的陈列位置，略可分辨有人骨多少。下层墓的殉葬品，陶器中约为1红陶（或涂彩衣）大盆（圜底），1灰陶豆（镂空），1灰色沙质陶鼎，1彩色陶碗（圈足），玉璜、玉管、玉坠、玉三角、绿松石、玉玦、石斧、石锛、石凿等。陶器多集中头部，玉饰散置腹部以上，石器多置两腿间或以下，但也有将陶器压在身上的。总之，下层的殉葬器物较多，较丰富，较复杂。我清理了M61和62两个墓，但已露出的有四五个之多。探坑33的墓已不限于东部，其范围渐扩大到西部了。

下午，因雨停工，和王奎满、黄先生将上午出土的器物登记完。1件涂彩陶尊（M61），1件指甲纹陶丸，均属精品；两柄石锄，形制别致。

发掘地点：北阴阳营

1955年3月22日　星期二　阴

工作提要：1. 工人1名，清除工地积水；作半个工计算工资。
　　　　　2. 工作同志：王、柴旺顺同志在室内整理记录；刀慧容同志回院；黎忠义同志参加院内编辑会议。
　　　　　3. 出席办公会议，汇报工作。

这次发掘工作是自2月23日开始的,到今天为止,共计有19.5个工作日,用去经费约700多元,用工共493.5个。

　　出土重要文物:陶、石、玉、骨等器约800件(编号:1—796),发现墓葬约70个(现编号的有65个),灰坑共10个。

　　陶片、兽骨按包编号至260号,已装成99包运回院中。

　　布置了工地陈列室,招待外宾和南大教授专家等参观。工作在5个工作日完成。

结束工作:

1. 墓葬登记表,做好每坑小结。

2. 移交文物(请队指定人接收)。

3. 考虑临时展览,预备在4月底展出。

4. 月底前做好结束工作(包括以上几点及总结、补假)。

办公会议决议:

一、3月下旬全院工作安排:

1. 第一季度工作总结;

2. 政治生活日;

3. 思想汇报会。

　　25日下午政治生活日,要求在自觉的基础上进行自我检查,大家批判。

　　26日上午小组总结,29日进行大组总结(向全院同志汇报)。总结中提出下一季度工作计划。30日院长作总结报告。

　　总结要求:就第一季度工作要点,提出问题,着重表扬、批评。提出计划。

　　"个人准备,小组讨论,大组汇报,院长总结。"

　　总结内容:

1. 春季做了哪些主要工作,取得哪些成绩,原因何在?哪些工作没有做,原因何在?

2. 工作中有哪些主要经验?

3. 还有哪些需要解决的问题?如何解决?

4. 有哪些同志可以提出表扬或批评?

5. 下一季度预备做哪些主要工作?

二、北阴阳营工作限3月底结束,4月初举办出土文物展览。

　　主题结构为:

1. 生产工具。

2. 生活用具、明器、装饰品、共生动物。

发掘地点:北阴阳营

　　1955年3月23日　星期三　晴

工作提要：1. 干部 6 人，工人 14 人，工作 1 天。
　　　　　2. 黎下午去听政治报告，柴曾返院开会。

"约 55—100 万年前，南京附近是一片大海，南京的西南，有较高的丘陵，含有多种岩层，石英岩、火成岩、砂岩、页岩等，经风化成碎块，经暴雨或激流长期冲刷，变成圆形或扁平形，这就是雨花石在地质时代产生的环境。这些石子中含有少数玛瑙石，其他则是火成岩、石英岩，硬度很大，由于化学成分不同，颜色也不一样，光彩可爱。"——摘自 2 月 23 日《新华日报》

M70：位于丂33 的北边界上，头北足南，俯身葬，头顶西侧，放置 1 件白彩陶碗，沙质灰陶鼎 1 件，口均向下。右耳骨下放置 1 块玉玦，颚骨下放置玉璜 4 件，右肩下放置石斧 1 件，腹部有圆形石饰 1 件，腰右有石锛 1 件，腿下右侧放带流壶 1 件，左侧放陶豆、陶鼎各 1 件。

本日共清理了 M63 至 70 号共 8 个墓。

蒋赞初同志做室内工作，挑选展览文物。

发掘地点：北阴阳营

1955 年 3 月 24 日　星期四　晴

工作提要：1. 工作范围：丂33、43 及部分丂23。
　　　　　2. 郑维鸿同志来工地修补文物。
　　　　　3. 干部 7 人，工人 14 人。

M71：人骨仅显头部，骨质已化成粉末，牙齿尚存，陪葬品只有陶器，分红陶（泥质，涂彩）：碗形器 4 件、壶形器 1 件、圜底钵 2 件；沙质灰陶：罐、鼎类约 5 件，陶器均散置在头顶、左右两侧及腿骨右边（右侧的可能又是一墓，但无人骨可查考了）。人骨顶向北，面向偏东。（柴旺顺同志看坑）

M73：位于丂33 的东边中段，人骨已不可见，仅存牙 1 颗，按器物排列顺序，似为头向东北，陪葬器物计有玉璜 1 件、玉饰 12 件（小三角 8 件、小管 4 件）、红陶钵 1 件、灰陶鼎 1 件。此坑可能被西部灰坑部分打破。

M72：位于丂43 中部，人骨仅存牙齿，头顶向正北，陪葬品计有雨花石（牙齿下面）、石斧、石锛、陶豆、鼎、灰色陶盘等。

下午，清理了 M74、75、76。

返院参加批判反动的资产阶级唯心论的学习，阅读郭沫若的三点建议和周扬的报告，并讨论了如何进行学习的问题。初步决定先读文件，分清敌我界限，取得唯物主义的基本认识，然后联系陈列工作和考古工作，进行检查、批判和纠正，写出心得。

与劳动科交涉，裁减工人 4 名，并发工资。

发掘地点:北阴阳营

1955年3月25日　星期五　阴

工作提要:1. 干部7人,工人10名。工作范围为弓43、33。

2. 师范学校教师来参观。

早上,同志们开阴阳营工作总结会。由蒋赞初同志主持,检查了计划执行情况、工作收获、工作方法和培养干部方面的缺点。

上午,清理了M77(弓33,王奎满同志负责),M78(弓78,黄先生负责),室内工作由蒋赞初同志领导从事洗刷登记工作,基本上将过去的出土物清理完了。

发现2件画彩的陶钵,经粗暴的清理后,花纹已脱很多,这真是不可原谅的损失。

下午,蒋赞初、黎忠义、柴旺顺、王奎满等四同志返院过政治生活,得到院领导同意我和郑维鸿留工地工作。

弓43西北处又出人骨约3架,有陪葬品,将清理。

师范学校教师来参观,由我作了介绍。

选照片9张,交李连春同志放大。

安徽寿县考古发掘

(1955年5月29日～7月4日)

发掘地点：南京—蚌埠

1955年5月29日　星期日　阴

工作提要：赴寿县考古调查。

上午，接蚌埠治淮陈列馆刘秘书长途电话言寿县治淮工地发现大规模战国墓，嘱速派人前往勘察。

和曾昭燏院长商量结果，由我先去了解情况，并发一封电报至郑州，调两人来院工作。

在财务组领差旅费60元。

托方家彬同志预购今晚11时30分火车票1张，在文书室写了两张介绍信，收拾了必用的工具1套。

晚8时自院动身至中山码头，渡江至浦口乘132次车（票价3.92元，座号A0193），车程：浦口—蚌埠—八公山。

发掘地点：蚌埠—寿县

1955年5月30日　星期一　晴

工作提要：1. 乘淮南车至寿县。

2. 参观已出土的大批铜器。

火车5时许到蚌埠，当即至治淮陈列馆访严科长和刘秘书，并同他们一道至政治部宣教处访杨主任，请示了工作，开写了介绍至寿县总队部政治处的信，杨主任要刘秘书与我一道前往，这对工作就有很大的便利。

乘早上7时30分的淮南车离开蚌埠，约10时30分到达水家湖，下来换乘去八公山的车，11时开出，1时许到蔡家岗，雇挑力步行18里到寿县城。在政治部访问了沈主任和宣教科的翁科长，参观了已出土的大批铜器，如鼎、鉴、壶、簠、敦、甗、罍、钟、錞钌、尊、车马饰等，铜器上铭文很多；材料的价值是肯定的，时代属于战国也是肯定的。另外，还看了些化石（象化石和牛角化石）。

在政治处会见了安徽文管会的吴同志，他是代表文管会来处理这批文物的，按他的意见,这批文物是不能运往别处的,而且,最好我们也不必清理。因此工作上就产生了地方、淮委和华东保存这批文物的问题。

发掘地点:寿县

  1955年5月31日 星期二 晴

  工作提要:1. 干部2人,工人21名,正式开工。

       2. 墓葬边缘只找出西壁,发现方形铜壶。

  上午,安徽文管会吴同志回合肥汇报工作。

  发给曾昭燏院长电报:"南京博物院曾院长:大批楚器出土,多铭文,文管会有意见,待商。请速汇200元至寿六安治淮政治处。赵。"

  至县政府文教科传达室,留下住址,准备郑州来人询问。

  至大队部访问政治指导员,谈发掘用民工的事。

  至工地视察,时已11时,发现工人已在此开掘,与刚才在大队部联系的情况似不相符。遇许多女学生在捡铜片,经过宣传,她们都把捡到的交出了,后又在工棚附近地面上捡到很多,一块手帕几乎包不完。对这批出土的文物很觉可惜。

  下午,1时到工地视察,指导工人找边缘,因为上层曾经后代扰乱,土的界限非常模糊,勉强只找出了西边;偏坑西有鼎耳和方壶出现,器上饰有薄圆金叶,因边缘未找清,故未敢让工人取出。此墓东西约6米,坑外是黄胶土,坑内填物为浅灰色,较松软。

  今日参观群众特多,照顾非常费力。

发掘地点:寿县

  1955年6月1日 星期三 晴

  工作提要:1. 干部2人,工人10名,工作8小时。

       2. 郑州王文林、张世全二同志赶到。

       3. 晚上看坑工人2名。

  今天工作集中力量清理坑西发现的铜器。另在坑的南部和东南隅发现了一批编钟,排列相当整齐。

  坑西的铜器中偏南放置着6个大鼎,都是口部向上;自西向东分3列,第一列中间夹着2件方壶,也是直立的放置着;第二列的中间放着1个鼎,左右各陈列着盘、盆、尊1套(相互重叠);第三列是3个鼎,其中偏北的1个中套着1件方形带盖的铜器。

  西北部放着6个铜簋,上圆下方,有盖,盖上装饰着莲瓣;分两列,每列3件,其间夹着铜戈2件,陶鬲1件(残)。这些铜器的上面,似乎原来都笼罩着一层饰有圆形薄金叶的装饰物(金叶上有蛇形纹)。

  坑的南边和东南隅,陈列着15件编钟。约分两种,第一种是方钮的,从大到小自西而东的排列在外边。第二种是曲钮的,从大到小自东而西的排列在内边。夹在这些铜器间的还有镶着松绿石的铜泡 10 个。

发掘地点：寿县

1955 年 6 月 2 日　星期四　晴

工作提要：1. 干部 4 人，看坑 2 人；工人 5 名，下午临时调 5 人协助挑选器物工作，工作时间 2 小时。

　　　　　2. 为发生破坏文物事，指挥部召集县文教科、公安局开会。

今日工作主要是通过妥善办法，把文物自坑内取出分批运到指挥部来。再取出器物时，因互相叠压和锈块关系，非常困难，曾经费尽了气力，但也终免不了损坏，其中 2 个方壶保存较好，第一个在上午送回政治处，第二个在中午时候，被参观群众中混入的坏分子打为两段了。这是一件十分遗憾的事，已引起治淮指挥部政治处方面的注意。

共费了一天时间，才算把全部的大件铜器运送完毕了。

绘图第一、第二共 2 张。

拍照共 20 张。

晚，参加政治处召开的保卫工作会议，出席的代表有文教科、公安局，提出要发掘资料和李副局长（省文化局）将来寿布置工作的问题。沈主任谈了目前工作应在清理和保护问题上，至于文物的分配，政治处并无意见，听候上级决定。

铜器出土范围：东西长 4 米，南北宽 3 米，最初发现铜器的深度是 2.5 米，坑底距地面深 3 米。

发掘地点：寿县

1955 年 6 月 3 日　星期五　晴

工作提要：1. 干部 3 人，工人 10 名，找寻墓边。清理第一批文物出土时残留土内的铜片。

　　　　　2. 招待安徽省文化局长、人民代表会的负责人及县委书记等参观。

上午，发至郑州尹焕章一信。并顺便买了消炎片，医治自己的扁桃腺炎症。

今天的主要工作是找寻墓葬的边缘，并就过去第一批文物出土地方，检查土内残余的铜片，结果找出两篮。包括鼎、壶、车马饰等。边缘方面，首先是从西边向南北追索，企图找出南北两边，结果北边已被初步发现。

招待安徽省文化局李副局长和人民代表会的负责人，寿县的党政首长们参观出土铜器，并向他们汇报了发掘经过。

下午，在工地晤殷（殷涤非）、吴（吴兴汉）二同志，他们是随李局长自安博筹备处来的，谈了些工作上的问题。

晚，得沈主任同意，去县政府访李副局长，请他指示此地工作。他提出了清理应先找边，注意漆器和保管方面的问题，我都接受了。关于约请殷、吴二同志参加工作，他也同意了。我们没有谈文物的处理问题。会谈中,他对铜壶被毁的经过和毁坏人是民工或城市居民颇为注意。

发掘地点:寿县

1955年6月4日　星期六　晴

工作提要:1. 干部3人(下午5人),工人5名。

　　　　　2. 队部汇到经费2万元,存宣教科。

　　　　　3. 找边,清理漆器。

北壁下坑深3.2米,发现漆皮,上下成层,黑、红夹杂,部分漆皮上有绘细线条云沟纹的(黑底红色纹饰),也有几何形纹饰,目前只清理出南北1米、东西0.13米的面积,器物上还有铜附件,有像夹子样的,有像花朵形的,有像铜环形的,表面不平均,有南北向凹槽,同时也有南北向的凸梗。整个器形待清理后才能知道。(见当日的照片和绘图)

东壁的边线也找出来了,现在剩下的就是南边了,南边的困难在于土色难辨,无显著的分限,疑是经过后代遗址扰乱了。眼前的办法是顺着东边向南追。

县政府文教科高科长来谈,提出清理到古墓应成立一临时组织,行政领导为沈主任和寿县县长(即治淮的队长),下设清理小组,组长由我和殷涤非同志中担任(殷、吴二同志均在场),为了工作的便利,我完全同意了,并请他二人下午即参加工作。

队部汇到200元,托金同志取出,得沈主任同意,暂存宣教科支用。

坑口距坑底深度为3.45米,坑口距西城根39米。

发掘地点:寿县

1955年6月5日　星期日　晴

工作提要:1. 干部5人(下午1人请假),工人10名。

　　　　　2. 主要工作是找东壁和南壁。

　　　　　3. 发致梁白泉同志信。

坑的东边和南边均已先后找出,南边因绝大部分被工程所挖的深沟冲破,仅在两端找出一些形迹,这些形迹互相对照,土色分界也很明显,应该是无问题的。东边找出也费尽了气力,主要是距北边向东追寻的结果。

在坑内四隅的生熟土分界都不太清楚,这也是找边按线追寻所遇到的困难原因。

坑的范围:北壁7.5米,南壁6.75米,西壁8.8米,东壁8.95米,略显不规则,坑内自上而下的填土是黄灰相间的花土,偶然有绳纹陶片发现,绳纹陶中有较厚的带有附加堆纹的,想是该墓曾打破一较早的遗址而埋葬的。坑外的自然土都是红褐色或瓣状胶质土,这个坑的底部距地面深度为3.45米。

为了清理坑的东边,所以清理漆皮的工作今日暂停了。

本日是星期天,参观群众很多,趁机和殷涤非同志向群众进行了宣传工作。

吴(吴兴汉)同志绘出一张墓葬和工程的关系图。

发致曾昭燏院长信一封,报告工作。

张世全自宣教科取出 10 元另用。

发掘地点:寿县

1955 年 6 月 6 日　星期一　阴

工作提要:1. 干部 5 人;工人 9 名,集中坑南部起土。
　　　　　2. 工作范围为坑南半部。
　　　　　3. 发致梁白泉同志信。

坑内四边边缘均已明确现出,唯不是太规则的,有些地方凸凹不平整,但一般说来都是生土了,而且壁面相当光泽。南壁中段原为工程的沟底,破坏较深,但今日也出现了真实的边壁。

坑内所填的灰黄土中,时有绳纹陶片出现,还发现 1 件半实心的鬲足。

上午,坑的西南隅出现戈 1 件,銮 1 件,当即绘图,照相(2 张),编号,起出。

看情形坑南不是扰乱过的,陈列的应是小件的器物,目前应该是这些器物出土的时候了。

坑内四周陈列器范围约离开墓壁 1 米,疑当时椁板隔离。

坑底已较南北的沟底渐低,南北沟底的积水将浸到沟内,这是需要预防的一件事。

发掘地点:寿县

1955 年 6 月 7 日　星期二　晴

工作提要:1. 干部 5 人;工人 10 名,下午 6 人。
　　　　　2. 招待指挥部各位首长参观。
　　　　　3. 向群众做宣传。
　　　　　4. 接院中电报,发函致凌竞亚主任。

坑东南角出现铜器一批,包括戈、铃、軎、衔勒(附鹿角制的镳)、贝、銮、圆铜片、方铜片(似方镝)。顺东壁向北也断续地排列着铜铃、衔勒、銮、小铜管、贝、镞等;在连接漆器处分布了十数个扁圆形的包金饰件,漆器的东边有 2 件铜矛,各附有镦,其长度一为 0.28 米,一为 0.34 米。再向北又有 1 件附着镳的衔勒。漆器有黑红二色,亦有黑底上绘红色图案的,包括云钩纹和几何纹两种。

南边分布的主要器物是 3 把铜剑。

中央发现漆棺痕迹,腐朽了的棺板上排列整齐的佩饰,其形状如下:

棺木已不见盖,其宽度为0.7米,长为2.4米,方向顶向北偏东100度,金圆泡面向下,仅西边上面一个是向上的,南壁排列着马衔和铜制的镳,还有许多十字形的节约、小管,想是马身上装配的零件。兵器中有戈、斧、矛、剑(3柄并列)等,矛和戈并出,但不像装配成戟的样子。

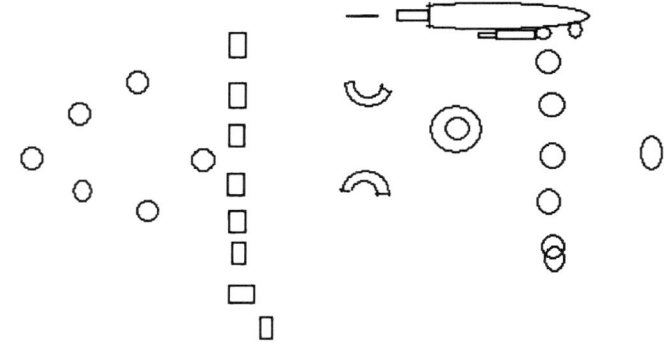

发掘地点:寿县

  发掘日期:1955年6月8日 星期三 晴

  工作提要:1. 干部5人;工人6名,公安部队2人。

      2. 群众参观人数最多,赵专员亦到工地视察。

      3. 起出一部分文物,请照相馆拍全坑像。

  坑中央棺木的西边,又发现漆皮痕迹1块,其范围大小与东边的一块相同,表面分布着云纹和饕餮纹两种金饰,共四层,自南向北第一排是云纹(2件),第二排是饕餮纹,第三、第四排是云纹,第五排是饕餮纹,第六、第七排是云纹,第八排是饕餮纹,按它的位置和形象看,似乎是一个棺盖上的镶饰或代表陈列金银财富的意思。

  这块漆皮的西北角,出戈2件(1件内部有错金),中间部分有1件铜制的长方形饰件。

  这块漆皮向西渐凹陷下去,成一条南北凹槽,宽约20厘米,西面又是一块漆板,北端有贴金装饰,形同东边,有圆形金片分布,中心地方有2件軎,靠西边有2件矛,1件长方形饰件,漆皮东边靠凹槽的边缘,有小米大小的松绿石珠子和一件方形的玉牌,小珠多至无法可数,西南角陈列着衔、1件白玉饰、1件圆形铜壶,戈、镞、軎、辖、节约、成系统的铜管等。

  坑西第一排漆皮按凸凹痕迹区别,共有12陇,长约4米,宽约1.2米;第二排不显陇,长4米,宽0.6米。

  中部棺木南端朱土下现出白色龙形佩2件(1残),头部东西相对。

发掘地点:寿县

  发掘日期:1955年6月9日 星期四 晴

  工作提要:1. 干部5人;工人6名,工作7小时。

      2. 发生遗失玉饰事件,西壁塌陷,幸未出事故。

  今日开始起出显露出来的文物,从东南角下手。按绘图编号顺序自东向西,自南向北发展。东南角和西南角陈列的器物较多。南边放置的多是些车马饰,如軎、辖、环、錬、衔、镳、管等,兵器如戈、矛、剑、镞等;其他东西两边也大体是同类的器物。

　　坑的东南角发现人骨,唯肢骨较细,按佩玉出土位置来说,坑的中心似乎埋葬着两个人,偏东的是主人,偏西的是个女性(因佩玉多系细小的玉珠),和东南角的人骨(陪葬)共约3人。

　　下午,上班后发现坑壁的土倒塌下来,因为不在工作时间,幸未出事故。

　　上午发现偏西的玉饰少了5颗珠子和2件玉牌,推测时间应由守卫的士兵负责,收工时我和殷涤非同志分别向县府和政治处汇报。

发掘地点:寿县
　　发掘日期:1955年6月10日　　星期五　　晴
　　工作提要:1. 干部5人;工人6名,士兵加岗为3人,工作7小时。
　　　　　　　2. 主要工作是起出漆皮标本3块,清理漆皮上的金饰。
　　今天的中心工作是选定有代表性的漆皮数块,起出保存,雇木工2人,就地制成木箱,共取出3块。并将其他放弃的漆皮上的金饰,取下保存,偏西的漆皮金饰上下共分四层,种类计有圆形的、云形的和饕餮形的3种。
　　在漆皮的下层并发现有小件铜器,为车马饰等。
　　曾昭燏、徐观伯院长和蒋赞初同到寿县。

发掘地点:寿县
　　发掘日期:1955年6月11日　　星期六　　晴
　　工作提要:1. 干部5人;工人6名。
　　　　　　　2. 继续起漆器标本和漆皮下层文物。
　　　　　　　3. 陪曾昭燏、徐观伯院长视察工地。
　　同志们的今天工作是清理坑内的最后余留下来的文物,一面起出来第四块漆器标本,东南角下人骨,继续清理出人牙,这样就确切证明是一个人架了。
　　上午,陪曾昭燏、徐观伯二院长视察工作。
　　下午,约同李则刚副局长和曾昭燏、徐观伯二院长晤谈。陪同新华社记者参观文物,并为他写成通讯的稿子。
　　晚,出席徐副县长召集的会议,共有公安部门、文教部门、宣教科、政治处等单位代表出席,沈主任、殷涤非同志、新华社记者也到会。会上,徐县长首先发言,谈过去对文物工作重视不够,保卫有问题,今后应加强各方面的工作。我的发言,也就各方面联系不够,文物工作宣传不够等加以检查,并指出清理工作结束后,第二步转入室内整理,第三步做展览,希望各方面协助。会上推定徐县长为主任,我和沈主任为副主任,下设保卫、展览(文教科)、保管(宣教科)、整理等四个组。总的组织名称为寿县出土文物整理委员会。

发掘地点：寿县

发掘日期：1955年6月12日　星期日　晴

工作提要：1. 与曾昭燏、徐观伯二院长报告工作，鉴定文物。

2. 干部2人；工人6名，在工地做最后检查。

请曾昭燏院长鉴定出土文物，特别在编钟铭文方面作研究，得释为：

惟正五月初吉孟庚辰庚日余唯枭之子余非敢寧忘（妄）□□

夫建□郱國璧□庸帝□

龢鍾元鳴無萁（期）

尚有为土锈所掩蔽者，无法可辨。推其大意，约为楚国当时对中原诸国如蔡如郱征战，俘获所得之战利品，用作陪葬，故此批器物或非楚国所造。再按这批器物的形制、纹饰与"李三孤堆"所出作比较，亦有差别，而文字方面，刻工各有不同；反之，与汲县所出之器，无论在葬制方面、器物种类方面，均颇近似，故暂记之。

今日田野工作，仍继续清理坑底，据说在坑南壁下偏西处，出现一东西长的小方坑（东西1.8米，南北1.2米，深0.26米）中填浅灰色土，出鬲足、豆把等陶片，虽与此大墓有关，但毫无陪葬的遗迹。绘制大墓的剖面图。

王文林同志请假休息。

撤除了公安部队，但手续上略有缺点。

发掘地点：寿县

发掘日期：1955年6月13日　星期一　晴

工作提要：1. 曾昭燏、徐观伯二院长离寿去合肥。

2. 工人8名，工作一上午，主要工作是调查附近可疑的遗迹，取出工地的汉井瓦圈1件。

3. 做室内工作，记录出土铜器。

4. 清算工资、木箱费和照相费。

5. 迁移至三民公寓居住。

一、乐器

1. 镈钟：

一组共12件，有长柄，一面耳，乳钉较长；大者全高0.8米，小者全高0.48米，厚0.02米，另有残片很多。

2. 编钟：

一组为盘曲形钮，乳钉较短，为四个旋涡纹组成；大者全高0.38米，小者全高0.28米，壁厚0.15米，共计8件。

一组为方形钮，共出9件，最大的全高0.29米，次小的全高0.27米。

这三组钟中以镈钟形体较大,曲钮的次之,方钮的较小。并且每组都是由大到小顺序排列的。

3. 錞钎1件,椭圆形如钟,上大下渐敛,顶上有鼻可穿系,素面,下半段已残缺。

二、礼器

1. 鉴:2件,均高0.36米,口径0.6米,壁厚0.03米,通体有谷纹。

2. 圆壶:2件,出土时横置在鉴中,全高0.5米,口径0.2米,口缘部分以紫色铜镶嵌,各有盖,盖上附钮四枚。

3. 寿罍:2件,全高0.5米,腹部有8个圆饼;盖上有6个圆饼作装饰,并有铜链可提携;另一件残。

4. 夔龙纹罍:1件,形制如上,唯较小,全高0.43米,其特点是肩部有一种夔龙纹,盖顶有穀纹。

5. 壶:

(1)有盖方壶:2件,高约0.38米,素面,仅盖的周缘有谷纹,肩部左右有两耳,盖顶有四鼻,中心有小环。

(2)镂空花瓣方壶:2件,口部有花瓣形装饰九枚,长颈,颈部附两兽形耳,下底以四兽作足,高约0.24米。

6. 鼎:共有三式。

(1)式鼎:大者高约0.7米,口径0.6米,腹部夔龙纹,足跟有饕餮纹,耳旁生外侈,足下有蹄,底作球形,有烟迹,这类鼎可辨出形态者只1件。

(2)式鼎:长颈有肩,腹部较浅,耳直生在口缘上,向外侈出颇远,平底,耳上有谷纹,足下有蹄,共出6件,大小相等;高0.32米,口径0.46米;均破碎。

(3)式鼎:可辨者共7件,大小不同,均残破。其特点是直耳旁生,腹部有弦纹一条,腿细而高,腿根作饕餮纹,足作蹄形。

7. 尊:共出3件;2件相同,高0.3米,口径0.25米,喇叭口,鼓腹,圈足,素面无纹饰,微残。1件形体较小,高0.2米,口径0.18米。

8. 方斗形器:共2件,大小相同,高0.3米,口径0.38米,腹部左右有圆环,口缘有谷纹,已残。

9. 豆:2件均残,素面,高0.32米,口径0.18米,盘盖合并起来时为球形,盖上有四个龙头形钮,腹围附四枚环形耳,柄部有环节,下有圈足。

10. 敦:2件,大者高0.33米,口径0.23米,形态为圆球体,上下各半,下半腹部左右有两个环形耳,底附三足,足跟和腿根各作饕餮纹,合口处用四个兽面作标记;小者形态与大者相同,已残缺上盖。

11. 小钵1件:圜底如半球形,素面,无装饰,高0.08米,口径0.15米。

12. 簠:上圆下方,全高0.24米,方径0.3米,盖顶作莲瓣装饰,腹部左右两耳,均残,共出8件。

13. 簠：长方形，残存可辨形制者约3件，长度约0.12米，宽约0.23米。

14. 匜：仅见1小件，高0.05米，长0.1米，素面。

15. 鬲：共3件，高0.1米，口径0.16米，三足，足尖作蹄形，素面。

16. 盘：共出5件，形状相同，大小不一，均为素面，出土时互相压叠。

17. 素钟：1件，高0.15米，宽0.13米，缺钮。

18. 车饰：辖，两种样式，均附有辖、杠头。

19. 马饰：衔（附角质镳，面有纹饰），铃。

20. 纶组节约、铜环、兽面、圆泡。

21. 贝饰：经磨制，可穿系。

22. 兵器：戈（有错金的），矛（附镦），三棱矛、剑、镞（三种，有翅、三棱、圆头）。

23. 玉饰：共出2组，可分为璧、环、璜、管、珠等。

24. 工具：铜削、砺石。

25. 骨器：有小件雕刻品。

26. 漆器：发现层次很多的漆皮（厚0.02米），有绘着朱色云纹或几何纹图案的，也有制作成方形或圆形图案的。

27. 人骨、兽骨：人骨只发现1具，放置在东南角，兽骨则与铜器出土，想为鼎内之物。

28. 铭文：在两个带方鼻的编钟上各发现铭文60字，篆体刻工甚浅；两钟大小不同，大者通高0.3米，宽0.175米；小者通高0.28米，宽0.16米，铜质均相当坚固。

29. 金饰：漆皮上多有金叶饰，分圆形的、兽面形的、蝌蚪形的（云形）和双齿状的四种，平设有序，多至四层，厚至0.02米，金叶上有压印着蛇形纹的。

戈：长0.215米，二穿，内端有云钩纹，胡铭6字。

铃：2种。

斧：长0.135米，宽0.04米，有蟠螭纹和蝉纹，2件（小者长0.12米，宽0.03米）；下刃锐利。

矛：

（1）长0.13米，鐏长0.035米，径0.03米，有一小孔。

（2）三棱刃，长0.135米（柄长0.035米），鐏长0.035米，径0.03米，孔均作八角形，有云纹。

发掘地点：寿县

发掘日期：1955年6月14日　星期二　晴

补假一日，与殷涤非同志谈展览问题，为答复文教科询问，决定一周内不进行此项工作。

购备修理铜器的工具。

发掘地点：寿县

　　发掘日期：1955年6月15日　　星期三　　晴

　　研究出土文物并对持介绍信的参观群众作讲解。

　　发致刘子善同志一信，询问照片冲洗的事。

　　开小组会，商讨进行第二步工作，明确方法和分工，并决定请临时工作人员2名。

发掘地点：寿县

　　发掘日期：1955年6月16日　　星期四　　晴

　　工作提要：1. 雇佣临时工3人，清理铜器上的土锈和抄写清册，发现编钟上有铭文的很多。

　　　　　　　2. 和殷涤非同志看展览会场（文化馆）。

　　　　　　　3. 收曾昭燏院长合肥来信，收南京寄来的书，发致梁白泉信。

临时展览计划提纲

一、主题："寿县治淮工程中出土战国文物展览会

　　——寿县出土文物整理委员会举办"

【注解】此项主题用红色布标，剪贴黄纸美术字（分上下两行，举办单位的字要小），布置在展览会会场的门首。

另用绘图纸一张墨书仿宋体字（也分两行），布置在陈列室入口处。

二、序言：1. 节录毛主席新民主主义论一段（另详）。

　　　　　2. 总说明——寿县在我国历史地理上的重要性及这批文物发现和清理的经过。

　　　　　【规格】全用白色绘图纸，毛笔横写仿宋体字。

　　　　　3. 安徽省地形图一幅，显示寿县的位置。

　　　　　【规格】借用红笔标出寿县的位置。

　　　　　4. 寿县城市图一幅，显示工程所在及古墓的位置。

　　　　　【规格】商借总队部的蓝图。

三、陈列品

第一部分：生活用具

1. 分题用白色绘图纸一张，写宋体字。

2. 陈列品：鼎、壶、鉴、簠、簋、豆、匜、盘、尊、敦等，各用小卡片写明名称和用途。

第二部分：乐器

陈列品：缚钟、编钟、镎钎；各用一张卡片写明名称和用途，并说明钟上的文字是研究时代和墓主的好材料。

第三部分：车马饰

陈列品：曹、辖、衔勒、镳、纶组节约；各用一张卡片写明名称和用途。

第四部分：兵器

陈列品：戈、矛、剑、镞等；各用一张卡片写明名称和用途。

第五部分：装饰品及其他

陈列品：金饰、玉饰、贝，选有代表性的陈列，各用一张卡片写明名称和用途。

结束语：节录政务院保护文物的法令。

指出蒋匪盗劫文物的罪恶行为。

发掘地点：寿县

发掘日期：1955年6月17日　星期五　晴

工作提要：工人2名，雇员1人，继续清刷文物及编号登记工作。

乐器中的缚钟和编钟已登记完毕，缚钟上都无铭文，编钟上有铭文很多，已发现的有14件，文字数量多至每钟73字，而且有许多是相同的。

发现有一大型尊上有铭文（口缘上起直连接到腹腔内，但字浅锈重，模糊不清）。

发现一个戈上有铭文，释为"矦無期用戈"，共6字。

拍照编钟、壶、尊、方器等。

草拟展览会的陈列计划。

发掘地点：寿县

发掘日期：1955年6月18日　星期六　晴

继续进行洗刷、登记、拓字等项工作，因洗刷工作较慢，故登记工作改从小件器物着手。

将陈列计划稿请殷涤非同志提意见，他表示又有顾虑，我当即加以解释。

胡悦谦同志过此，欲留他参加工作，但他未表示同意。

向宣教科召集的宣教干部会议作保护文物重要意义的报告，并招待参观实物。

发掘地点：寿县

发掘日期：1955年6月19日　星期日　晴

工作同志均休假一日，我个人因急着交出《文参》的稿子，所以足足坐下写了一天。

发掘地点：寿县

发掘日期：1955年6月20日　星期一　晴

工作照常进行,增加临时工2人(共4人)。

发致蒋赞初同志一信,寄拓片(铭文),要经费。

下午接到南京汇来115元。

送照片胶卷1卷至万隆照相馆冲洗,今日又照了一卷,都没有做记录,未免有些乱。

发掘地点:寿县

  发掘日期:1955年6月21日 星期二 晴

  临时工作人员5人(抄写1人,洗刷2人),继续洗刷、登记、照相、拓片等工作。向艺光照相馆续送胶片4卷。

  戈上发现铭文6字,为"蔡侯无期用戈",时代和物主已很明确了。

  簠底也发现铭文6字,证明是蔡侯的。

  晚,出席徐县长召集的会议,参加的代表有文教科的包同志、文化馆的李馆长、政治处沈主任及公安局、治淮宣教科的代表。讨论了展览的问题。决定明日开始筹备,24日(端午节)展出,展览工作有李馆长总负责。

发掘地点:寿县

  发掘日期:1955年6月22日 星期三 晴

  临时工作人员3人(抄写1人,洗刷2人)。

  上午,在展览馆开了一次展览工作会议,明确分工及日程,决定聘说明员12人,服务员6人,每天津贴0.7元。我和殷涤非同志负责陈列和训练说明员。当天即写通告(展期自24日起至26日止共3天),下午运送陈列品,经费由"安博"支付。

  下午收到蒋赞初信和寄来的参考书。

  基本上把陈列用品运到文化馆了。

发掘地点:寿县

  发掘日期:1955年6月23日 星期四 晴

  上午,由说明员协助把陈列品都按室分类放置好了。

  下午,把说明员集中起来,先讲明中国历史的发展概况,然后,联系寿县古墓发现、清理及文物类别,展览的教育意义等加以解释,最后又在各陈列室作示范。

  晚,文教科招待看戏,我因太疲劳未去。

发掘地点:寿县

  发掘日期:1955年6月24日 星期五 大雨

  今日端午节,下了大雨。展览会如期开幕,观众非常拥挤,排队至市中心街口。

接蒋赞初信,说铭文确为蔡侯。

发掘地点:寿县

  发掘日期:1955 年 6 月 25 日 星期六 大雨

  展览会的观众冒雨参观,平均每日都有 4000 多人,我没去文化馆工作,因为我的任务是协助陈列,协助训练说明员已经完成了。

  室内写简报,感觉文字不够生动,总脱不了文言文的老套子,真是气人。在写到第三段(即最后一段)时,觉得更为难了,因为文字学的知识差,不推断年代吧,目前已有铭文发现,推断吧,又恐怕铭文释错了。

  接蒋赞初信,言"钅"字确为"蔡"字,根据郭沫若金文大系的解释。

发掘地点:寿县

  发掘日期:1955 年 6 月 26 日 星期日 雨

  展览的最后一日,殷涤非和张世全的喉咙都弄哑了,知道消息后,不好意思不去一趟,下午到文化馆,看到他们工作很起劲,唯会场的广播器实在噪人,总说明和结束语等也不知何处去了。因为是最后一天,只好马虎过去。听说近几日有坏分子在晚上捣乱,决定展览不延期了。

  接曾昭燏院长信,指示应到合肥去开会,但合肥不约也不一定要去。

发掘地点:寿县

  发掘日期:1955 年 6 月 27 日 星期一 晴

  工作提要:进行第三阶段工作。

  恢复室内整理工作,由我和王文林、朱同志负责,主要在补登未登记完的文物,把第一批出土的破碎铜片一大箱分了类,发现一破碎的缚钟片上有很多文字,也发现了些新的器物,如圜底镐(2 件)、扁方壶等。另有铁棺钉数件,据说也是一起的,始终可疑。

  发掘简报抄写完毕,合照片数张、拓片两份共封入信袋内,结语中仍指出这批文物是"蔡侯"的,希望引起大家讨论。

  殷涤非同志参加文化馆的展览总结会,据说说明员给公安部队提意见不负责任,给文化馆提意见是不遵守制度。

发掘地点:寿县

  发掘日期:1955 年 6 月 28 日 星期二 阴

  今天的工作人员有:王文林、张世全、殷涤非、朱同志和 2 名临时工,殷涤非和张世全购买装箱用品,朱同志核对文物册子,临时工捡金叶、做杂活儿。错金戈已查出除了内有金文外,楥上似有鸟篆,但铜锈太重,已模糊不清了。

简报寄出,未付邮资。作致刘子善同志一信,询问照片;致蒋赞初一信,说明工作日程。

发掘地点:寿县

发掘日期:1955年6月29日　星期三　阴

工作提要:进行包扎装箱工作。

今日临时工作人员计有誊写1人,粗工2人,木工2人,由殷涤非、王文林二同志指导进行包扎、装箱工作,一天内基本上将指挥部所存文物装完了。我乘装箱前又将一部分大件铜器拍了照,合前存的共2卷,交照相馆冲洗。

接蒋赞初一信,说明总结在何处做,主要看安徽省文化局的意见,而此处和杨局长又无联系,叫我实在为难。

发掘地点:寿县

发掘日期:1955年6月30日　星期四　晴

继续装文化馆存放的东西,一天完成。和翁科长谈运东西到合肥问题,他没有意见,希望能与淮委联系一下,同时提出总结问题。

发致文参函一件提出修正简报的几点意见,并补充释文和时代的推断。

晚,与殷涤非谈如何总结,他主张总结由参加工作的5个人作,另谈到对这次工作的不同看法及意见不能一致的原因。

接刘秘书函一件,说明照片冲洗的经过并说明将照片晒印2份寄来了。

收到文化馆展览总结一份。

发掘地点:寿县

发掘日期:1955年7月1日　星期五　晴

上午总结:

1. 清理、发掘用工118个,室内用零工32个,木工4个。

2. 出土文物1281件,共装38箱。

3. 照相约14打,绘图5张。

4. 工作日程:5月31日开工,6月13日田野清理结束。14、15日补假,16日开始室内整理,22日筹备展览,24日展览会开幕,26日结束,参观群众13252人。27日补办未完的登记手续,28日包扎装箱,30日结束全部工作。

5. 收获:见古墓概况。

6. 优点:(1)结合实际工作宣传保护文物的重要性(展览);

　　　　(2)大家工作热情高;

(3) 工作按步骤进行，有条不紊。

7. 缺点：(1) 边未找清前即向下挖掘；

(2) 正副组长联系不够，工作中产生误会；

(3) 看坑工作有依赖思想，造成个别文物失而复得。

8、经验教训：(1) 大墓发掘应建立组织，配备人力；

(2) 与地方有关各部门加强联系；

(3) 就地展览是宣传保护文物政策使群众正确认识文物的好办法。

9、建议：华东文物工作队与地方文物工作机关如何进行分工，希望考虑。

下午，抄总结稿，感觉这样总结很不能令人满意，但又不能具体。

图书装箱寄回院中，收到刘秘书寄来的照片，取出在"艺光"冲晒的相片（比上次较好）。

三中教员来抄走铭文拓片作研究。

白冠西同志自合肥来，晚上与他谈话很久。

发掘地点：寿县

发掘日期：1955年7月2日　星期六　晴

工作提要：在寿县结束工作。

将文物清册、工作小结分别装订，送六安专区治淮指挥部政治处宣教科。

与殷涤非同志至宣教科告别，并带白冠西同志晤翁科长，谈霍邱出土化石和金饰的问题，使他们得到圆满的结果。

晚，由"安博"同志招待聚餐并听戏。

发掘地点：寿县—蔡家岗

发掘日期：1955年7月3日　星期六　晴

工作提要：全体同志押运文物至蔡家岗车站。

晨起，和旅馆结账，住此共11天，宿费合12元余。

翁科长来访问，当面告别。

10时许出城步行至蔡家岗，下午1时许到达。住新民旅馆，在矿工食堂就餐。晚上，又和大家看电影，片名:《淮上人家》，印象很好。

发掘地点：蔡家岗—蚌埠

发掘日期：1955年7月4日　星期日　阴

工作提要："安博"同志返合肥，"南博"同志返宁。

早晨，大家忙着买车票、文物起运等事。

9时许上车（票价至南京5元多）。12时许，车到水家湖，和殷、吴二同志分别，他们未出站即上车至合肥,我们则吃了午饭,约 1 时许换车去蚌埠,在蚌埠住金山旅社,访晤了刘秘书,晚上又见到了严科长,送交文物清册和照片。

接蒋赞初同志信。

借给张世全经费 10 元。

发《文参》信,内附照片 10 张。

苏北地区考古调查

(1956年3月28日～4月20日)

1956年3月28日　星期三　雨

南京—扬州

工作提要：视察二道桥凤凰河拓宽工地的文物工作。

上午8时30分乘由南京至常州的681次普通客车出发；12时许到镇江下车，因买的是联运票，故渡江、乘汽车都很顺利，下午2时许到达扬州。住绿杨旅社23号房间。因雨未能及时赶赴工地。

本日新华日报载："利用放射性碳钟，精确的判定古生物年代。莫斯科26日电：过去考古学家得到考古标本，往往提出许多理论来判断它的年代，这些判断有一个通病是不准确。最近苏联科学家利用放射性碳钟精确地判定了从古埃及一座粮仓里发现的麦粒是6095年以前的东西，断定美洲印第安人精巧的编织的草鞋是9053年以前的东西。"这是最近"莫斯科新闻"发表的一篇文章中说的。

1956年3月29日　星期四　雨

扬州

在绿杨旅社停留一日，原因是阴雨未止，到工地去不能展开工作，住室又狭小漏雨。

旅馆内读原始文化史纲和论党两书，这都是这次外出工作必读的书籍。

1956年3月30日　星期五　雨

扬州市—二道桥凤凰河工地靖江总队部

上午10时许雇人力车一辆装载行李，出发到凤凰河工地去，途程约19余里，半路上又下起雨来。至二道桥之工地入口处，车已不能再前进，但泥泞载道寸步难行，即雇一民工代拿行李，手持一木棍，一步一滑，如溜冰一般的前进。直至大李庄靖江总队，才问到文物工作组，会见了蒋赞初、屠思华、王文林、张世全4同志。

他们一共清理了10个古墓，有汉代的、隋代的、明代的三种。汉墓出带釉陶罐、石磨、铜镜、铁剑、五铢钱等，棺木多是整块料做成的。隋墓出青釉瓷碗、盖碗、较薄的五铢币。明墓出全套五供瓷器,如蜡烛台、瓶、杯、盘、碗等,但都是小件的明器。明墓内也出开元通宝币,这是较特别的。

1956年3月31日　星期六　雨

大李庄工地

至工地视察。凤凰河的拓宽工程已近结束,本季有民工7万人(内劳改约2万人),分泰县、泰兴、靖江等总队,河床由北向南迁回,目前工程正在河的东北边缘进行,文物出土的重点在中段。

工作上的困难是民工好奇心大,一遇墓葬发现,多停工参观,这样不但影响清理,而且工程方面也有意见,故一般都不能较精细的进行工作。绘草图、拍照片、作简报、记录了事。

1956年4月1日　星期日　阴

大李庄工地

上午,与王文林同志巡视工地北段,这边工人较少,又不是拓宽的地点,有些在修岸,有些在挖掘河中的埝土,发现有个别已被破坏的墓葬,也都是些近代墓,据王文林同志说,去年曾在这一带出过漆器墓,但本季已不是工程重点了。

1956年4月2日　星期一　晴

大李庄工地

上午,到工地去视察,在泰县工段清理一木椁墓,系双人合葬,棺椁均朽,出土带釉陶瓿及陶壶6件,漆耳杯已朽烂,不能保存,五铢币,铁剑等,陶器、漆器均放在足箱内,钱、剑置于棺中,棺内外均有白膏泥。

下午,泰兴总队通知有文物发现,派人去了解后,取回宋宣和铁质地券1件,珠字尚存;陶俑头1件,惜此墓早已破坏。

发出致曾昭燏、徐观伯二院长信一件。

为准备去淮阴调查,借张世全经费40元。

1956年4月3日　星期二　晴

大李庄工地—扬州

经过几天考虑,我决定先离开此处工段,到淮阴专区、徐州专区一带,做其他治淮工程的了解,并顺便做些普查工作。

上午,和屠思华同志出发至扬州。由大李庄至二道桥一段,雇一民工挑行李,二道桥至扬州一段乘汽车,11时许到达。住一支香公寓(宿费每日0.8元)。12时许参观江苏省治淮指挥部水利展览会,2时许至江苏省治淮指挥部,请开到淮阴、沭阳、徐州等地的介绍信3件。

照原计划,我打算只到淮阴、沭阳二地,然后折返扬州和工作组会晤后返南京,但今天听指挥部宣教科李望苏科长谈沭阳是新开河,徐州的本季工程又非常多,邳县可能是文物重点,因此我不能不把原计划修改,将取道徐州,经安徽返南京。

晚,屠思华同志执笔给宣教科写本季凤凰河文物工作的报告,由我参加了一部分意见。

1956年4月4日　星期三　晴
扬州—淮阴

早晨6时,和屠思华同志至汽车站购赴淮阴的车票(4.52元),但头班车的票已售完,买到的是三班车,开车时间为12时35分,这样就使我折返旅馆等待了6个小时。

下午4时出发,至晚8时30分抵达淮阴,这段路长约300华里。

寓四宜旅社。

1956年4月5日　星期四　晴
淮阴

上午持江苏省治淮指挥部政治处的介绍信,访问淮阴专区治淮指挥部,晤钱苏民秘书,他说本季专区的主要工程为峰山切岭、沭阳岔流新开河、沂河堤加固、六塘河和安河的疏浚等,并借给我一份峰山切岭计划。

录峰山切岭工程初步设计第一部分概要:"要求在骆马湖水位到达23米时峰山口门能排水1500公方/秒,保障淮阴区不受洪水危害。工程性质是改建,施工范围:位于宿迁峰山镇西北,全长6.2公里,包括3.7公里的切岭工程,3.5公里的南岸搬堆(清江除流水障碍)工程,0.7公里北岸剖堤开口工程。本期工程计需开挖土方941007公方,其中包括切岭353048公方,南岸搬堤476259公方,北岸剖堤开口111700公方,全部于1956年春季完成,计划于3月1日开工,5月10日竣工,实做64个晴天,需动员民工9825人,成立一总队部负责。工程管理将来移交地方。"[①]

下午2时许,继续去指挥部访问,由钱苏民秘书介绍一位工程科的科长谈话,大体上谈的工程情况与上午相符,不过因为工程科长接触实际经验较多,谈得比较深入而已。

1. 沂河修堤,起土较浅,不必作重点。
2. 峰山切岭有加宽部分,在南岸。
3. 岔流新开河长约40里,东边高,西南低,应注意东北部分;丈八寺在沭阳城西,有古遗址,距城约20里。

---

① 此处引文未作改动,其中"公尺"即米,"公方"即立方米。

1956年4月6日　星期五　阴雨
淮阴

原拟今日预购车票,明日出发到沭阳,奈何从早到晚,倾盆大雨,只好留下来了。据说清沭公路,雨后须停三四日始能通车,这样在清江做客的时间就不是三两天的事情了。记得过去至三河闸调查时,也曾在清江遇雨,真是气候给人以巧妙地安排。

读《原始文化史纲》解闷。

1956年4月7日　星期六　阴雨
淮阴

大雨未住,不能定行期,终日闷坐旅馆内,阅读《原始文化史纲》以消遣。

1956年4月8日　星期日　晴
淮阴

上午,先至车站探寻汽车消息,据说明天才能决定何日行车。

下午,购邮票8角,写给蒋赞初等人信一件,说明淮阴专区治淮工程的情况,举出峰山切岭和沭阳新开河工程值得注意,信中强调峰山镇三里墩的石器时代遗址必须清理。此信发出后,恐扬州指挥部不明情况,把信转到凤凰河工地去,这就误事了,因此接着又写一信,致黄宜方同志,请他把信留下,面交蒋赞初同志。

1956年4月9日　星期一　晴
淮阴

上午,又至汽车站询问车的消息,说下午可预售明天至沭阳车票。

12时又去排队,至下午2时将车票购到手了。

读政治经济学前言、导言及原始社会生产方式等。

1956年4月10日　星期二　晴
淮阴—沭阳

晨5时,离开了清江市驻留5天和6个晚上的四宜旅社,乘人力车赶赴汽车站,搭6时50分车至沭阳,在车站遇着李望苏科长,据说他是前日到达清江的,这次去沭阳指挥部工作。

由清江至沭阳公路70公里,票价1.88元,12时许到达(公路正修建中)。雇人力车到交通旅社(东关75号)住宿。

下午,持介绍函至西关淮阴专区治淮指挥部访问,恰好李望苏科长也到了,晤见的负责同志计有政治处徐主任、郑秘书等,他们说峰山切岭、沭阳新开河、新沂河加固三项工程中,以前两项较为重要,可能有文物发现,目前正在开工,13日有一个大会,希望我参加。并写了一封介绍信,请我去阴平南的戴庄总队部了解具体情况。阴平距沭阳22公里,新开河工程长21公里,深70米。

1956年4月11日　星期三　晴

沭阳

工作提要:调查丈八寺遗址。

我考虑阴平位于去新沂县的中途(沭阳至新沂50公里),因新沭公路尚未通车,去阴平交通不便,需两天来回,还不能误13日的会期,这样就不如开会后离沭赴新沂时顺便解决了。因此,改变计划,今日调查丈八寺古迹。

晨6时,雇一脚踏车(此地称为二等车),言明每华里3分,去丈八寺约35里,往返共2.1元。离城后沿新沂河堤西行,直至河堤尽头,远望河心有高岗隆起,灰土颜色清晰可辨,至则见有村户十数家,即向老农访问,据说过去曾挖出鹿角、陶罐很多,并有铜镜、铜箭头、铁剑、大泉五十□、陶圈、水井的发现。他们把实物拿出来看,确信无疑。从实物了解,这些东西都是汉代的,一部分是墓葬出土。后来我和驾车人就地勘察,见遗址位于岗坡下,已辟为农田,面积东西长约1里,宽约半里,灰土暴露地面。遗物方面如砖屑、筒子瓦、甗口、鬲足、豆片、绳纹陶片等,遍地堆积,惜未见略成器形者。

根据这些情况,可确定该处曾在汉代中叶有人居住,有较大建筑;再据已发现的水井70余口的情形推断,可能人烟相当稠密。附近并有当时的葬地。

记得贾兰坡先生曾发表过此项消息,仅言有鹿角发现。当时我以为可能为新石器时代的,故有这次调查。现已真相大白,已知是汉代的遗迹,大体上和青莲岗土城子所发现的类似。

该遗址位于新沂河中心,以后难免被洪水冲毁,宜提早清理。

采集标本豆片、鬲足2件。

1956年4月12日　星期四　晴

沭阳

工作提要:1. 发致蒋赞初等同志信一件,托靖江指挥部转交。

　　　　　2. 发致葛治功同志信一件,寄蚌埠陈列馆。

本日上、下午各写信一件:一致蒋赞初同志,详细说明沭阳的工程情况。一致葛治功同志,说明我20日左右由徐州去蚌埠访晤他们。

阅读政治经济学资本主义前的生产方式,但思想很难集中。

街上遇李科长,他说到附近新沂河工地视察过,没有发现文物情况,希望很少。并告诉我说,明日指挥部决定开会,邀我参加。

1956年4月13日　星期五　晴

沭阳

工作提要：参加指挥部会议。

上午8时前至指挥部参加会议。

会议由政治处徐主任主持，先报告说，此次会议原计划有总队长出席，可是都没赶到，目前到会的只是各总队、大队的政工同志，只好作为政工会议了，要求先汇报各县的民工思想情况、工作效率及工作进度，然后讨论，会期暂定4天。上午由淮阴、淮安、沭阳、宿迁4个单位汇报，下午由宿迁和泗阳2个单位汇报。并由青年团支部作组织青年突击队的经验介绍。我也被指定作文物工作的宣传，大概讲述过去治淮文物的发现和目前情况，什么是文物，保护文物的意义和如何保护文物等事项。大家都很有兴趣，我在沭阳的工作至此告一段落。

1956年4月14日　星期六　晴

沭阳—新沂

上午8时，我辞别了沭阳交通旅社赴汽车站，因为是昨日就把票预订了，所以并不匆忙，但沭阳开往新沂的车须从清江开来，故直等到10时左右。一路路基很坏，车上颠簸让人难以忍受，可喜的是不过110里路程，至12时左右便到达了。

一路上通过很多河流，这些河的桥梁都是临时的，雨水大了就不能通过。

地势渐走渐高，至阴平以北，似乎入了山区，地面上再不见那种冲积的黄沙了，红黄的砂石、礓土露在地表，但并不见突出的山岗，村子也比较大了。

车曾经在新开河的工地穿过，看见很多民工在挖土，深度已到2米左右。

总的来说，地面上无古建筑，土层虽古老，但既不临城市，又无起伏，按地理环境条件，不是文物出土的重点。

至新沂后，住华东旅社，这是个非常简陋的小店，很不方便。

1956年4月15日　星期日　晴

新沂—徐州

一早就整理行李，迁移至车站去。购7时50分的火车票(1.88元)，出发徐州，中途在草桥站以东，望见沂河建桥工程正在施工，并有土方，但不知有文物发现否。

11时许到达徐州，下车后找旅馆吃尽了苦头，坐三轮车走遍了大街，家家客满，最后在南关找到一家京昇客店安身了，这家客店比新沂还不如。

因为今日是星期天，故不便访问此地指挥部了，只好休息一晌，夜看豫剧《秦香莲》。

徐州到底是大城市，市容相当繁华，吃饭应有尽有，不像新沂、沭阳那样困难了。

1956年4月16日　星期一　晴

徐州

工作提要：访问徐州专区治淮指挥部宣教科。

一夜没睡好，早晨又被旅馆的服务人员惊醒了，昏昏沉沉的起了床，吃些早点，即去访问徐州专区指挥部，晤宣教科一位郑学光同志，他们正在开政工会议，很忙，把一张名单交给我看，说文物工作已经布置下去了，但无消息，今年施工的共有十多项，其中以排涝的较多，只有郑集河工程（铜山县治淮工程总队部驻铜山郑集）和复兴河工程（徐州专区复兴河工程处，驻丰县羉口区刘大楼乡刘单楼村，共10万民工）两项较为重要。

最后我请他在政工会议上收集一些情况，他答应明日午后答复。

上午又顺便在街上找较好的旅馆，还是家家客满，最后在汽车站附近找到一家双合兴客店，较好，即时迁入居住。

下午，想看看云龙山，便中访问山上的文物管理组织，恰好遇到省文管会的张寄庵同志，他是到睢宁工作的，路过徐州看看汉代石刻的拓片工作。这个机会难得，使我非常高兴，因为我正想问问徐州附近发现石器时代遗物的详细地点，苦想地名记不得了，这样困难就解决了。据他说就在茅村附近的蔡丘，文管会有人捡到过石器，但并不知遗址的真正所在。

我打算明日到那里走一趟。

1956年4月17日　星期二　风

徐州

工作提要：至铜山县茅村东蔡丘调查。

今日冒大风去铜山县蔡丘调查。

7时至火车站，购好8时30分的去茅村车票（0.27元），这次车在徐州是终点站，故不拥挤，约20分钟到达。因为茅村我曾来过一次，故道路并不生疏，到茅村后就询问蔡丘所在，徒步前往，越铁路东行4里许，在一个山圈子里找到了。

蔡丘是因为村前有一土丘而得名，我因为想了解一下出土石器的地点，所以访问了当地的小学，教员们似乎对这件事很陌生，不得已，我由一位王老师带着去晤晨业合作社（红星社）的干部，见到一位担任会计工作的孙景华同志，他说出石器的情况不知道，听说蔡丘过去出过箭头、带柄的钱（刀币）、瓦钵子等东西，耕顶上的田时，牛蹄曾下陷，大家恐有神灵，不敢掘开看，至今那地方瓦片很多，不久前有位文化部长曾坐汽车来看过。其他地方的山坡上也发现过刻花的石板。说后他就停止了工作，主动提出陪我去看一下，我很高兴地随他前往，我们先绕过蔡丘，到出刻花石板的所在（就在蔡丘的东南）。在红色砂礓土的山脚下发现了，原来这是一个画像石的汉墓，一块石板已裸露出地面，石板上有浮雕人物，但久经风吹雨蚀，已模糊不清了，据说发现后并未打开。

临走时我提议为了保护这块石头,希望能暂时用土封起来。以后我们返回蔡丘勘察,丘高约15米,圆形,平顶,周围面积约5000平方米,附近散布瓦片很多,都是绳纹的,较厚,里面有布纹,也有少数箍纹的。有筒子瓦等,但无砖块、鼎、鬲、豆等器形。邱上新植树苗很多,挖开了很多土洞,因此看出土丘的下半部有很厚的烧土层,就捡到的烧土块看,一面是草拌泥,一面是光滑的,厚约10厘米。根据这些情况看,首先肯定这是较晚期的遗址,与丈八寺古迹部分相似,约为汉代。至于如何会有石器发现,我想石器是否是"器"?或是否是石器时代的是一个问题。即使真在附近拾到石器,那也是另外一件事,决不能与蔡丘遗址混为一谈。至于对蔡丘本身如何理解呢?我想根据现况,只能说它是汉代的瓦窑遗址比较恰当些。因为汉代人能生产砖瓦,决不至于再住烧土穴,墓葬用烧土作塘也是很少见的。附近瓦片很多,不像墓内的陪葬品;砖类缺乏,不像建筑。所以只有说它是瓦窑比较合适。

采集了敛口陶罐片和筒子瓦数件。

在茅村吃了午饭,至车站候车,搭下午6时30分的北来火车,约7时返回徐州。

1956年4月18日　星期三　风

徐州

工作提要:向治淮指挥部了解工程出土文物情况。

上午8时前赶到专区治淮指挥部,晤宣传科郑学光秘书,他说情况收集过了,只有复兴河工程中有墓葬发现,出很完整的漆棺和玉镯、金条等。详细情况可介绍来开会的同志面谈,并约定12时30分见面。

我准时的再去访问,见到丰县工地上的民运科同志,他说复兴河是拓宽工程(宽320米),包括丰县和鱼台两县,直入运粮河,在十字河以东发现墓葬最多,是沙土掩盖了坟墓,重点有鱼台湖和丰县澈庄一带,出土过没头人骨、漆棺、玉镯一对、金条,还有大铜钱等,都为地方干部拿走了。我便向他宣传文物应该保护,不应为私有。他说这个工作也布置过。后来至宣教科晤郑秘书,恰好遇到省指挥部李科长也到了(从沭阳来),特别谈了点保护文物的意见,就看出他们面有难色,因此我没有继续多谈而告辞了。

购至蚌埠车票一张(票价3.01元,含手续费5分)。

1956年4月19日　星期四　晴

徐州—蚌埠

乘上午9时10分由天津直达上海的117次普通客车去蚌埠,下午1时许到达。

下车后先至治淮陈列馆访问,晤白侠同志,谈老葛同志等在蚌候安徽同志多天,后胡悦谦同志到了,安徽方面同意在一起工作,暂不成立组织,文物存放陈列馆也无意见,他们目前去宿县工作,通讯处是宿县时村治淮第二施工总队转交。这样,总算达成了协议,虽然不成立组织,也不至于妨碍工作进行,我们的愿望总算实现了。

我考虑去宿县还得转回头路,经费也不足了,时间也匆促了,他们只要能开展工作,也不必再去过问太多的事,因此就决定南返。

购110次蚌至宁车票一张(价3.18元)。

1956年4月20日　星期五　晴

蚌埠—南京

工作提要:致葛治功同志信一件。

发给葛治功同志一信,告诉他我不再去工地了。

整理行装,乘下午1时40分110次车返南京,6时30分到达浦口,9时许到院,结束了这次调查工作。

南京市北阴阳营第二次考古发掘

（1956年5月2日～6月23日）

  南京博物院将南京市北阴阳营新石器遗址第一次发掘之结果，提到1956年2月北京召开的全国考古会议上讨论，除引起各方面重视外，还有许多遗存问题有待解决，如地层问题，石器、铜器共存问题，有些遗迹的解释问题等。因此，会议决定要南京博物院做第二次发掘，对第一次发掘之论文稿做适当修正补充，然后提交1957年4月全国考古会议。经费由中央拨给2000元，限6月前提出论文摘要，8月前将全稿及照片、绘图等寄科学院审查。这就是此次发掘的缘起。

  4月底开始筹备，先和南京大学联系，提出发掘原因、时间、住宿、水电、工地青苗等问题，并邀请学校图书馆派代表参加工作。

  继续勘察工地，决定搭临时工棚，以便工作人员住宿；和鼓楼区人民委员会联系，请代雇工人8名，5月2日到工地工作。

  开工时干部3人，即黄先生（南京大学）、沈韵生和我。此一阶段工作暂定1个月。

  坑位和标点的测绘工作，由张正祥和柴旺顺二同志担任。

发掘地点：北阴阳营

  1956年5月2日 星期三 晴

  工作提要：北阴阳营遗址第二次发掘正式开工。

  参加工作人员及分工：赵青芳、沈韵生、黄先生（南京大学）共3人。赵青芳负责看T34坑，黄先生负责看T44坑，沈韵生负责总务兼看坑实习。

  今日开工，工作人员并迁移到工棚居住。

  工人名额及工资工时：托劳动科代雇临时工8人，开会决定每日工作8小时，上午7时30分起至11时30分止；下午1时30分起至5时30分止。每2周休息1天，不发工资，下雨停工发工资50%，保障工人生活。

  工作情况：因上次测绘之坑位标点被种菜人拔去，故由张正祥、柴旺顺二同志重新测绘，并将标点复原。

  T34坑：为了学习苏联先进经验，做到"全面揭露，部分细掘，反复观察，详细记录"，故决定分两半发掘，即将此10米×10米之大方，南北部分成两半，先做西半部。

此西半部表面曲折极大,大部分是破坏面,较土墩原表面凹下约2.5米,只有南部偏东一个角落是原土墩面。为了施行平掘,所以先从东南角高处着手。耕土层厚约0.2米,南壁东向西3米处发现人头骨及铁棺钉,是一个近代墓,墓身似压在隔邻的T44坑下。向下是黄灰土层,深距东南角地面0.6米时,发现烧土层一段,长约1米,最厚0.2米,无定型。

深至1米时,南壁上普遍出现一层黄土,厚约0.02米。

出土遗物以陶片较多(绳纹),器形有罐、豆、鼎、甗、鬲等,但还包含有豆绿瓷片、龙泉瓷片、宋代硬红陶瓶片等,其中有一件红砂石的圭形器,是较有意义的。

今日该坑用工人4名。

发掘地点:北阴阳营

1956年5月3日　星期四　晴

工作提要:1. 测绘工作完成。

　　　　　2. 工棚装电灯。

T34坑:工人4名,接续昨日发现的黄土层下掘,又出现薄层黄土数段,但没有先出现的规则,每层厚度约0.01~0.02米不等,再向下即为黄灰混合土层,厚度直达1.9米左右。包含遗物仍以早期陶片较多(绳纹多,红陶多),还有些黑皮陶,近似龙山期的陶瓷。有1件残石锛和1件残石磨盘,是值得注意的,几何印纹红陶2件,表皮打磨过的泥质红陶2件(似仰韶期的钵类),都是比较有价值的。烧土块是常见的,鬲足出3件。

东壁的土是黄灰色,不分层。

2片布纹理的陶片出现,说明有后代遗物混入,故土色虽有层次之分,但遗物很混乱,很难分辨时代的先后。

发掘地点:北阴阳营

1956年5月4日　星期五　晴

工作提要:新补充工人4名。

葛治功、蒋赞初二同志来工地参观。

今日T34坑继续下掘,1.9米以下由黄灰土转变为黑灰土(仍作东南角)。质松,遗物逐渐减少。这层黑灰土在坑内普遍存在,直达2.5米深时(距东南地面),尚无变化。2.5米以下东南角已与大部分破坏面齐平,因此停下来去挖东北角较高的地方。这边的土层是黄灰色。

出土器物以陶片为多,计分红砂陶、红泥陶、灰砂陶、灰泥陶、硬陶5种。以红陶较多。纹饰方面以绳纹最多,其他有篦纹、云雷纹、三角纹的。除绳纹的包括砂、泥质外,篦纹、云雷纹、三角纹的都是红色泥质的。器形中发现鬲、鼎足部和甗颈、豆、盘之类,有47片,绳纹陶可对成一个陶罐。制法以轮制占多数。

成形的器物出有石磨盘、小石锛2件。

较特别的是出土2件薄透明釉的红色硬陶,上面并有几何纹。

值得注意的是近代遗物龙泉窑瓷片和画彩的厚缸片的出现,说明仍为近代扰乱层。虽然深度已到2.5米了。

发掘地点:北阴阳营

1956年5月5日　星期六　晴

T34坑除将北部高出破坏面的掘平外,全坑普遍下掘,但土质方面以北端土较硬,南部较松;土色方面北端是黄灰的,南部仍是黑灰色。深距地面2.8米时,黑灰土层中出现一段黄绿色土,以其质松而轻的情况看似为植物的腐朽结果。黄绿土下又出现白灰土,层次均薄,约有0.01米。

出土较重要的遗物,计有残石纺轮1件,龟版1件。

发掘地点:北阴阳营

1956年5月6日　星期日　阴

工作提要:1. 本日T34和T44两坑工人共12名,请假者1名。

2. T34工人5名。

3. 全体工人发工资。

4. 曾昭燏院长和凌竞亚主任来工地视察。

今日T34坑的西部普遍下掘。

昨日在坑内探见的黄绿土,今日见到的范围很大,从距南壁2米起,向北拖延6.2米,中部形成了深0.36米的下陷弧度,和白灰土构成互相交错的层次,其间并夹有黑土。

深3米时,坑内又普遍呈现出黄灰土,土中并包含着烧土层。

根据出土遗物来看,近代遗物已逐渐绝迹,彩陶出现,几何印纹硬陶还存在,不过为数极少。红陶占的比例最大,按纹饰以绳纹居多,云雷纹、箅纹均有。烧土块和石英岩的自然石仍不少。

发掘地点:北阴阳营

1956年5月7日　星期一　雨

工作提要:因雨停工。

上午,组织工人读报。

下午登记常见遗物和重要遗物。

工人工资仍需按百分之五十发给。

发掘地点：北阴阳营

1956年5月8日　星期二　阴

工作提要：1. 本日上午到工人13名，下午实到10名，2人请假。

2. T44因积水未作。

3. T34作东半部。

T34：作坑东半部之5米×10米，即50平方米。这是因为预防倒塌出危险的缘故。

0至0.3米是耕土层，土色黄灰，包含遗物并不丰富，有早期的陶片和少量的近代瓷片。深0.33米出残石镰1件。

耕土层下仍为黄灰土，深0.55米，在偏东北处，发现陶罐、陶盆各1件，小铜镜（似有文字）1件，出土时铜镜位于陶罐下面，但不见墓边。深0.7米时发现人骨1具，已朽，头向东北，仰身平卧式，附近并有铁棺钉，但仍不见墓边和棺迹。而所出的陶罐和铜镜的位置又恰在人骨的头部，只是上下有距离，想是置在原来棺上的。人骨附近有青花瓷片，时代上限不能过明。另在这层扰土中还出了陶纺轮和残石刀各1件。

【注】陶罐肩部有印纹，似花草图案。另在耕土层中发现鼎耳1件，似西周形制。很可能有铜器时代墓葬的存在。

有布纹陶片、云雷纹陶片、龙泉瓷等伴出。鬲足共出40件。

发掘地点：北阴阳营

1956年5月9日　星期三　雨

工作提要：1. 今日实到工人12名，因雨约做工5小时。

2. T44仍未作，黄先生绘坑层图。

今日在细雨中进行工作。

所见土色仍是黄灰相混合的。坑南端显出烧土层，与西部南壁断面烧土层平行，但并不规则，只是些烧土层中夹含着灰土的堆积。坑北端仍有破碎的人牙等出土，并伴随着一种青花瓷片，显然是近代的遗存。下午雨大停工，在室内进行陶片等标本的整理工作。

本日所掘的深度是1.3米。

本日出土遗物，陶片中以红砂陶占绝对多数；装饰以绳纹居多；器形有罐、盘、钵、甗、鬲、豆。鼎足绝少。砺石出4件。较重要的遗物有残石刀、陶豆、残陶纺轮、陶圆饼等。六朝青瓷片和宋龙泉瓷片也伴出，说明该土层仍被后代扰乱过。

发掘地点：北阴阳营

1956年5月10日　星期四　晴

工作提要：1. 工人 12 名参加工作。
　　　　　2. 上午集中作 T34 坑，下午 T44 恢复发掘。
　　　　　3. 徐观伯院长来工地视察工作，罗宗真同志来谈淮河发现文物的处理问题。

上午工人 11 名，集中作 T34 坑东部，仍是黄灰土层，深至 1.3 米，出残石刀、石钵等 3 件，多是打制的。南端出土大石块 3 件，均为硬度很大的岩石。深至距地表 1.4 米停工。

下午，工人 5 名作 T44 坑西部的黑灰土层，东南角出现烧土一片，但形状既不规则，烧土又不互相连接，尚不能说明问题。

工人 6 名作 T34 坑西部，一般的土层已转向最下层的夹烧土层的黄灰土了，只有东北角有黑灰土，看去又不像灰坑，没有规则的边缘，出有鱼骨之类。陶片中彩陶片的比例较多，鼎足增加，鬲足少见。初步推断，这是又一层文化了。

作至深 3.15 米。

发掘地点：北阴阳营

　　1956 年 5 月 11 日　星期五　晴

　　工作提要：1. 工人 12 名。发工资。
　　　　　　　2. 院中通知，明日有人参观。

T34 及 44 同时续作。

T34 坑的西半部，一般都是黄灰土，唯偏北头处，即东北角和西北角出现两个灰坑，上口为黄灰土堆积，带显明分界，坑内是黑灰土，坑外是黄灰土。两坑之间出现一段红烧土。中部黄灰土中出残碎的人骨、人牙和碎陶片，似乎都经扰乱过。偏西北的灰坑中出鱼骨、鱼牙、石锛、骨箭头、麻龟版制的箭头、网坠（2 件）等。陶片中见极厚的缸片和极大的尖足，还有炼渣块，似为冶炼遗物。镂孔的陶豆、彩陶常见，硬胎印纹陶、篦纹陶继续出现，绳纹陶逐渐减少。上午深至 3.26 米。

今日所发现的重要现象，在于灰坑打破葬地方面。以现象看，灰坑时间应较晚，但以遗物看，似又无太大的差别，问题仍然模糊不清。布纹瓦已绝迹，瓷片已不见。这是肯定的。

T44 西部东南角出现烧土，堆积较密厚，面虽不平整，但留有圆形洞穴，似窑、灶之类的遗迹。

晚，返院参加会议，听同志们提意见。

发掘地点：北阴阳营

　　1956 年 5 月 12 日　星期六　晴

　　工作提要：1. 工人 13 名（增加 1 人）

2. 招待复旦大学李泛等参观。

T34坑：西半部的东壁下黄灰土中出土石斧、石锛、玉珠等，是一个墓葬所在，但墓边仍不清楚。土较坚硬，似人工夯过，一部分还压在东半部土中。

西北角的灰坑定名为H12。坑边已现出，略成圆形，但其他一半跨在T24部分，还有一部分已在去年作T33时掘破了，故不完整，初步观察，坑南壁是打破黄灰土的，北壁则为出黄土。出土制作粗劣的石锛、网坠、龟版、鹿角、龟骨、陶片很多。

另在T23坑南边偶尔发现一个残墓，大概是去年作时遗漏的，仅存人骨的上部，出玛瑙璜、石锛共3件，墓号M83。

T44坑续清烧土面及灰层。

发掘地点：北阴阳营

1956年5月13日　星期日　阴雨

工作提要：1. 工人13名，T34和T44各6名，长工1名。

2. 徐观伯院长和蒋祖安同志来参观。

T34坑掘至深3.5米，已普遍发现葬埋人骨的情况。考察其埋葬方法，仍不见墓穴，周围土色黄灰，夹含着同时代的陶片和烧土层，质较硬，似经加夯。人骨与泥土相结合，清理极不便。人骨的分布，有的是两三具互相排列或叠压，有的是乱骨一堆，无一具完整的。葬式也极难分辨，平伸仰卧的较多。随葬品中有石锛、石斧、石纺轮、玉玦、玉珠、玛瑙璜、陶纺轮、陶鼎、陶钵等。但不是平均都有的，有的只有石器而无陶器，有的只有纺轮而无其他，也有的无任何器物。头部均向北。似为集体性的埋葬方法。

西北和东北角的两个灰坑都有显著的打破墓地迹象。西北角灰坑（H12）是大小两坑连套的，中间的黄土隔埂上，留着两个人头骨，似为一成人，一孩童，成人头骨口内尚口含一灰石子。头向北，显然是作灰坑时把他们的身体挖去了。东北角灰坑的南边和西边都有人骨，西边的是乱骨一堆，似经作灰坑时把他迁葬了，但尚有一件石锛随葬。南边的人骨模糊不清，有玉玦、玉坠等遗物。

两处灰坑内的遗物，经检查后，陶器部分和葬地的相同。因此虽有打破关系，但时间上相距并不太远，故无时代的差别之说，然能成立。

T44坑西部发现的烧土，经清理后，发现这块面积约2米×3米的烧土堆积的表面虽不平整，但是互相密结在一起，而且有三四个圆洞（大小不等），因此，不像经过后人翻动。这现象究竟是遗址，灶穴，居住地面？尚无法肯定。

北边发现一烧土圆穴，底部是凹的，向西有开口。周围和里面都是灰土。可惜发现较晚，上口是否破坏就不可知了。这现象似为灶穴遗迹。

发掘地点：北阴阳营

1956年5月14日　星期一　阴

工作提要：1. 工人 12 名，杂工 1 名。T34 与 T44 同时发掘。
　　　　　2. 阴雨中工作一整天。

T34 坑：西半部所发现的人骨按平面全部清理出来了。由于该层土特别坚硬（似夯过），致使人骨难以保持完整，故无一具能现全形者。以头骨来辨认，应有十七具之多，但肢体破碎，即使头骨一枚，也往往分裂成数片，相互分离，这种现象的出现，一部分是由于迁葬扰乱的缘故，另一部分是由于夯土挤压所至。总的看来，是一种集体葬，三个人互相叠压的情况已存在。为什么这一地区同时埋葬这么多的人？其原因实在难以推断。填土中的遗物多是红砂陶片、灰泥陶片、细红泥陶片，均为素面，与上层堆积物有显著的差别。

随葬陶器有砂陶鼎、灰陶盆、陶豆等，和填土中所见的相同。

T44 坑：西半部发现烧土面一块，面积有 2.5 平方米，向东压在东半部的土中。人骨也出现了两具，同样也是散乱不完整，有石器随葬。坑中部的灰土层中出铜锈一小块。

为便于工作，两坑工人都调至东半部发掘。

发掘地点：北阴阳营
　　1956 年 5 月 15 日　星期二　雨
　　大雨，工地积水。内部整理。

发掘地点：北阴阳营
　　1956 年 5 月 16 日　星期三　雨
　　工作提要：1. 工人实到 12 人，1 人请假。发五天工资。
　　　　　　　2. 曾昭燏院长来工地视察。
　　　　　　　3. 吕群同志来工地参观。

T34 坑：继续清理东半部，深至 1.5 米，土色黄灰，偶尔有黑灰土出现，但不成层。出土遗物较少，除一件石料外，都是陶片，有布纹瓦、厚缸片等。

T44 坑：作东部，深 0.55 米，北端出一近代墓，掘出小陶罐 2 件，道光和乾隆钱各 1 件，铁棺钉很多，纸张尚完好。

坑西部出现 2 具人骨，都是迁葬过的，肢骨已乱，随葬品有石锛、纺轮等。该两具人体附近也有灰坑，似乎其迁葬原因与灰坑打破有关。

T34 坑：西部南端相继清理出 3 具较完整的人骨，其一为屈肢葬，另两具都是平身葬，都有石锛随葬，陶器很少。今日从事这部分葬地的测绘工作。

和曾昭燏院长研究遗址的堆积层次，一致认为可分为前后两期，以葬地和灰层之间为界。对于陶片的分类处理，曾昭燏院长指示新办法：以后决定全部收回，以免分散看坑精力。

发掘地点：北阴阳营

1956年5月17日　星期四　雨

工作提要：1. 工人13名，因雨实际工作半天。

2. 蒋祖安同志来工地传达院中近来情况。

3. 收黎忠义同志的陕县来信。

T34坑：工人4人发掘坑东部，所见土色黄灰，出土陶片等遗物甚少。坑深至1.7米，这半部土层决定按自然分层处理，陶片亦全部收存。西半部工人2名，清理南部人骨，共有4具，从形态看，一具是屈肢葬，遗物有小石锛、陶纺轮、红陶罐各1件。两具是仰身葬，头向东北，东西并列，中间夹着一堆乱骨，这堆乱骨的上下嘴骨是分离放置的，无随葬物。另外一具位于东边，骨骸已不全。因东南角有一灰土穴，这两具乱骨，想是受灰穴打破影响而经过迁移了。半圆形的玉璜放置在耳际，这在其中一具人骨上表现得很清楚。

按此坑西部东壁剖面土层观察，在深3米（从南壁中上地面计算），普遍出现夹烧土层的黄土层。东南角东壁下有灰土穴三个，均凹入黄土下约0.8米，圆形，上口大，下口小，上面连接灰土层。深3.4米开始在黄土中出现人骨，在0.2米的厚度中，共发现19个头骨，有不少乱骨，显然是受灰土穴打破的影响。掩土中的遗物碎片与随葬品同时代，上层所有的绳纹陶、几何纹陶、硬陶、鬲足等都不存在，这说明葬地是该遗址的另一层文化，较早于上层（灰土层）。

T44坑：西部发现人骨3具，都是经过迁葬，有纺轮、石锛等随葬品，但无完整陶器，也有灰土穴打破的现象，同样是迁葬的原因。

为了清理西部，工人亦调到东部工作。

今日继续测绘遗址及出土遗物，并照相。

下午。因雨停工。

T44坑所发现的烧灶遗迹，情况如下：上口圆形，南北直径1.4米，东西4米，深1.4米，壁厚0.1米。烧灶火道向西开口，宽2.6米，长3.1米，上火道口距下火道口1米，灶穴外围为灰土，底成平面，底下仍为灰土。可以说是位于灰土层中。

发掘地点：北阴阳营

1956年5月18日　星期五　晴

工作提要：1. 工人13名。

2. T34、T44同时发掘东半部。

T34坑：掘东半部，已达灰土层，遗物仍稀少，但时代不太乱杂。坑掘至距地表2.05米处。

西半部的遗物今已编号取出，陶器中皆为粗砂陶和泥质灰陶，素面、无纹饰，种类有鼎、罐、钵、豆等。纺轮多为陶质,玉饰多为半圆形的环和璜,玦则并不见。类以锛的石器较多,石斧有平扁带孔的和椭圆形的。

T44 坑:3 具人骨和遗物亦编号取出。东部仍是黄灰土层,早期陶片中仍混杂着布纹瓦和宋、明、清的瓷片。

发掘地点:北阴阳营

  1956 年 5 月 19 日 星期六 晴

  工作提要:1. 工人 13 名。工作整日。

      2. 王奎满同志来工地,报告照片有问题。

      3. 李小缘先生偕四川客人来参观。

      4. 下午在文化局听政治经济学讲课。

今日继续作 T34 和 T44 两坑的东部。

T34 坑东部偏西出现灰土层,偏东出现黄土夹烧土层,遗物稀少,多为大片的陶片,鬲足和厚绳纹陶常见。泥质陶圆饼出现一件,素面、无纹饰;黄土和烧土混合层与下层葬地土近似。今后应该注意两者所包含的遗物是否有共同之处,进而分辨是否为同一文化层。开始绘制东壁剖面图。

T44 坑东部仍为灰土层,颜色较淡,呈乌色,似人工翻动次数较多原因所致。该坑出土遗物虽较 T34 坑丰富,但还包含着一些宋代瓷片等,显然在时代上是混乱的。

下午因政治学习,只有沈韵生同志一人看坑。

蒋赞初等同志返院。

发掘地点:北阴阳营

  1956 年 5 月 20 日 星期日 晴

  工作提要:工地休息一日

上午,在院办公,修改本部门的 1956 年工作计划,并向蒋赞初等同志了解苏北的工作情况。

下午,来工地换沈韵生返院休息。

发掘地点:北阴阳营

  1956 年 5 月 21 日 星期一 雨

  因雨停工,留工棚内学习。

发掘地点:北阴阳营

  1956 年 5 月 22 日 星期二 阴转多云

雨后初霁,但泥泞太大,各坑积水甚深,召集工人排水,仍不能开工。

工人被劳动科调走一名,写信请其另补,劳动科又反向我院要预算。

返院交涉修建工棚一事,并向图书馆借书。

发掘地点:北阴阳营

1956年5月23日　星期三　阴

工作提要:1. 工人12名:T34坑6人,T44坑6人。

　　　　　2. 院凌竞亚、蒯世全二主任及蒋、王、张三同志来参观。

　　　　　3. 南大学生分两批来参观。

　　　　　4. 在西隔壁楼上摄遗址全景三张。

T34坑:因坑内西半部土壤过分潮湿,今天只有继续作东半部。坑深2.4米,所见土质土色,东边为较硬的黄色土,夹烧土层,并在东北部发现大片烧土堆积,但杂乱不成形。南边和东边是黑灰土,和黄土并无明显的分界。出土遗物尚单纯,计有鹿角、残陶豆等。有一小片薄铜片,发现在灰土层,这是值得引起注意的。

T44坑:作东半部,深达1.9米,北端发现黑灰土,南部仍为黄灰土。黄灰中仍有近代瓷片,并发现铜镞1件,残石镰出土了3件。

写黑板报稿一份,报道近来发掘消息。初步认为该遗址有三层堆积:第一层为凌乱层,第二层为几何印纹陶文化,第三层为彩陶和黑陶混合型文化。

发掘地点:北阴阳营

1956年5月24日　星期四　晴

工作提要:1. 工人12名。今日发7天工资。

　　　　　2. 南大学生分三批来参观。我均作讲解。

T34坑西部:今日清理第二层人骨,又发现很多个体,但均不完整:有头肢分离的,也有只存肢骨的,还有头骨与肢骨乱堆在一处的。从面部朝向看,有头向东北的或正北的,也有头向正南的,有侧面的,也有正面的。从分布来看,有两个或三个并葬一起的,也有单独葬埋的。随葬品比第一层丰富,石器有多至四五件的,也有只有一件的,甚至一件也没有的;随葬品种类可分为斧、锛、纺轮、凿等;有石球一件,较为特别。纺轮的石料特别精致。玉饰有璜、玦、珠等,但也有玛瑙质的。璜仍出在颚骨下,玦仍出在耳际,珠则出在胸间。两件大孔平板斧很是精致。陶器有泥质的、砂质的,均素面。砂质的有罐、鼎;泥质的有豆、罐、钵;常常是鼎、钵、豆成为一组,放置在胸际或下肢骨间;彩陶迄今尚未发现。人骨大量葬在一处,牙齿多完整(似为壮年),埋葬次序凌乱,而又有随葬品,究竟是什么原因?很难猜想。

近H12的东南边又发现人骨的右半边臂,被灰坑破坏。

今日绘图、照相,并清理了108、109两具人骨。剔除91号人骨时,在头骨下面的耳际发现玛瑙玦一件,甚是精美。

T44 坑：作南部，南端三分之一仍为灰黄土凌乱层，北端三分之二现黑灰土。

发掘地点：北阴阳营

1956 年 5 月 25 日　星期五　晴

工作提要：1. 工人 13 名（一人复职）

　　　　　2. 中午有南大学生参观。下午有南大教员参观。

　　　　　3. T34 西部三具人骨经绘图、照相后取出文物。

T34：西部第二层埋葬的人骨清理完毕。第二层距坑东南角地表 3.6 米，共出现 14 具人骨，编号 108~121 号。骨骸人凌乱不堪：有头无肢骨者有之，有肢骨而无头者有之，且有头骨与肢骨乱堆在一起的。估计埋葬者均有随葬品，但由于人骨杂乱，所以随葬品属于哪一个体很难分辨。

随葬品中陶器不多，出土时往往以鼎、豆、罐为一组，但有时无罐而有钵。石器中有斧、锛、凿、纺轮等，有单个以一锛为一体，有数锛、一斧为一组，或数锛、一斧、一凿为一组，其中以斧、锛为组合的较多。从陶器与石器的组合情况看，有石器而不放陶器者有之，但有陶器而无石器者绝少。纺轮分陶质与石质两种，似乎男女骨骸旁均有放置的情况。装饰品中以璜居多，玦甚少。

T34 坑东部发掘至深 2.5 米处为黑灰土层。

T44 坑：东部掘破黄土层后均出现黑灰土层。黄土层中出影青瓷片，仍是扰乱过的。黑灰土层中发现有铜锈小块及硬陶片。西坑南部的烧土面向东延展甚大，烧土块是堆积成的，其中夹杂红泥陶片。

发掘地点：北阴阳营

1956 年 5 月 26 日　星期六　小雨

工作提要：1. 工人 13 名（其中 1 人请人替代）。

　　　　　2. 下午黄先生、赵青芳二人参加理论学习。

　　　　　3. 带四打胶卷回院冲洗。

T34 坑：东部与西部的发掘工作同时进行。

西部继续补绘人骨和遗物图，编号至 124 号。M108 号人骨头部取作标本。第二层有个别人骨发生重叠现象，也有个别陶器和石器脱离人骨成为无主之物。

H12 的东边又出现人骨二具。一具骨骸尚完整，一具人骨只存胸部及以下部分（估计被 H13 打破，推测肩部以上已被挖去）。随葬品中，前者有石锛 1 件，后者有石器凿、锛 3 件。东部继续挖至距地表 2.8 米深处，已接近黑灰土层。

T44 坑：东部偏南继续出现烧土层，与西部发现的部分相连。烧土间含有红泥陶片，是烧土块经混乱后夹进去的，并不像未使用过的。其他部分为黑灰土，出土箭头 1 件。

为确保发掘层面安全,下午拆除隔梁的上部,并在坑外扩展1米。

发掘地点:北阴阳营

1956年5月27日　星期日　阴

工作要点:1. 工人13名。

2. 参观群众约百余人。省文管会同志4人来工地参观。

3. 南大刘玉璜先生来商谈学生实习问题。

T34坑:工人六名,东部二人作H13,今日发掘到底层。距地表深3米,抵黑灰层。南壁较明显,北、东、西均不甚清楚。坑外仍是文化层,土色略淡。坑内土呈黑灰色,质松,含水分较大。该文化层中出土遗物有绳纹陶片、鱼骨、竹皮等,石器甚少,仅出土石箭头1件。整个坑形不规则,近椭圆形,底下有一层黄沙土,厚约0.8米,底部渐收缩成锅底状,上口南北3.5米,东西1.9米,打破葬地深1.3米。

西部工人四人清理人骨。先在H12附近发现125、126、127、128四具,继向南又发现很多,而且向南地区的随葬品很丰富。126有鱼骨陪葬,127有大彩陶钵随葬。向南的未编号的人骨附近发现有两件六孔大石刀陪葬,玉坠亦有发现。但今日出现的情况均分布在西坑之西,东部则已掘至生土层,原地面向西呈坡状。

T44坑:下午工人六名清理西部,一开始就出现人骨3具,相当完整。

梅晓春刷洗陶片时发现91号屈肢葬内的陶罐中藏有玉璜和玛瑙玦共3件。

发掘地点:北阴阳营

1956年5月28日　星期一　雨

工作提要:1. 工人13名,因雨工作6小时。

2. 电话通知张世全来工地工作,并通知总务组派木工做木箱,准备起烧灶。

3. 下午返院办公。

T34坑:派工人两名在坑东边以外拓宽1米,掘深1米,发现宋代(?)遗物:小陶罐(带盖)1件,小铜镜1件(素面),这与以前发现的"天下太平"铜镜属同一时期物,深距地面1米,土色灰,无墓边,似为扰乱后的遗存。西部坑继续清理第三层人骨。在西半边的南端发现大批随葬物:一批石器聚集在一起,多至8件。M131的陶豆内放着野猪两对,一对上有刻痕,似为一种工具,可惜不知其为何用。坑东北发现1铁斧放置在人骨的下肢骨的右肢骨上,形状如平扁石斧(有孔),目前还不能推断它是天然矿石制成,还是经冶炼过的铁质制成。该材料的发现至为重要,因为它关系着探讨遗址的具体年代和当时社会生产力的发展情况。

T44坑:西部亦出现人骨多架,伴有石器、陶器随葬,但大部分地区仍为灰土,无边缘可寻,灰土处无人骨。

发掘地点：北阴阳营

  1956年5月29日 星期二 雨

  工作提要：1. 与蒋赞初同志谈南大学生实习计划。

      2. 工棚内整理出土遗物，选鉴定资料。

      3. 工人停工一日。吴有仁来看烧灶，研究取法。

发掘地点：北阴阳营

  1956年5月30日 星期三 晴

  上午恢复工作，工人实到13名。先取坑内表面泥泞，然后进行发掘。

  T34坑：四个工人做东坑，两个工人继续清理西坑人古遗物。编号自133至136，以135号较完全，这具人架头向东北，项间有玉璜二节相接连，头顶放一陶尊，胸前放3件有孔石斧，左腰侧放陶鼎、陶罐、陶碗（不全），左下肢侧放石锛4件。136号人骨腰身以上已残缺，只有铁（?）斧一件放在右下肢骨上。坑东半部现生黄土，而西半部仍陆续出现人骨，地面呈现出东高西低的斜坡状。

  绘H13坑图。该坑上口不规则，南北略呈椭圆状，下底渐收缩成小圆坑。

  东坑继续发掘深至距地表3米。北端第一次出现石器，计有孔石斧1件。西部有灰坑两处。其他地方的黄灰土中普遍出现人骨及遗物。今日已编号137、138、139、140，并发现大量石器和陶器。

发掘地点：北阴阳营

  1956年5月31日 星期四 晴

  工作提要：1. 工人13名，工作一整天。

      2. T34西部到底，东部初见人骨；T44坑发现大批石器和似铁质的石斧。

  34坑：深2.6米（距东南角地面），东坑发现烧土层，其厚度平均在0.1米左右，以下就变为黄土层，成为葬地文化。深3米，南端出现一灰土穴，口面为不规则的圆形，直径约2米，穴内土松软，含水分较多，呈浓黑色。东西长2.1米，南北宽1.7米，下底层东西长1.6米，南北长1.3米，深1.75米。

  东坑北端距地面3.2米，出现人骨1具，头骨已缺，肢骨亦不全，顶向东北，胸上置有孔石斧2件，足边置陶壶1件，陶罐2件，石锛4件（编号143）。

  西坑今日全部清理到底。偏西相继出3具人骨（147、148、149号）。头均向东北。147号头骨及肢骨均不全，头侧仅有一陶壶随葬，下颚骨附近放玉璜1件。148号人骨较完整，是一侧身葬，面向下，左耳边放1石玦，左胸前亦有1件，胸上放石锛1件，有孔石斧1件，头顶有陶器豆、罐共3件，但与149号随葬品混淆不清；149号人骨已残缺,仅存头骨数片,肢骨2节,头前放三足带柄、带流壶1件。

西坑坑底的地势是东北高,西南低,东北约4.2米见生黄土,西南则至4.7米左右始见底土。

T44坑:西坑陆续出土141、142、144、145、146五具人骨,均不完整,头东北向,玉玦出于左耳附近,玉璜出于项间,已成规律。第145号出大批石器,供26件,是从未见过的。其中有孔斧、锛、凿、无孔扁斧等。其中有1件两面钻孔而均未弄通,可作研究钻孔技术参考。另1件条状刀形器,形态十分别致。

即将收工时又发现烧灶附近的地面下出一人骨,肢骨上放一似铁质的扁平有孔斧,这情况与M136所见相似,但锈色间夹有白色粉末,又不像纯铁的成分,我很怀疑这是种含铁的矿石石料做成的。

发掘地点:北阴阳营

1956年6月1日　星期五　晴

工作提要:1. 工人实到13名,职员到6名。

2. 省、市文管会二同志来参观,南大学生与教员来参观。

3. 南大历史系学生实习计划送院中。

T34坑:集中力量作东部。将H14补绘在总图上。北端新发现H15号烧土坑,均呈长方形,东西长1.3米,南北宽1.1米,深0.3米。四壁及底部均经烈火烧过,上口与下底均等,边壁整齐,内填黑灰土,出6件陶片,与中层陶片同。

北部及中部均出现人骨及遗物,人骨破碎零乱,北部有3件陶器而无人骨。

确定T34的自然分层为三层,

(一)西坑:第一层0～2.2米,第二层2.2～3.7米,第三层3.7～4.7米。

(二)东坑:第一层0～1.9米,第二层1.9～2.6米,第三层2.6米～底部。

T44坑:今日第二层已经清理完毕。第152号人骨照相时错放成149号号码,应纠正(这是一堆乱骨)。此层共清理4个人架,即150、151、152。昨日发现的含铁质的石斧,今天出土后已碎成粉末,中含白色粉状物,证明非纯铁质。

东部灰土中出有白陶片1件。

发掘地点:北阴阳营

1956年6月2日　星期六　晴

工作提要:1. 职员3人(沈韵生回院,下午黄先生、赵青芳参加学习)。工人13名,工作整日。

2. 清理153、154、155、156号4个人骨和H16号灰坑。

T34坑:今日清理了153、154、155、156号4架人骨及遗物。153号位于北端,仅存一头骨。154、155、156位于南部,肢骨零乱,只能按头骨区别为3个,头骨亦残破不堪,既难分辨其方向,又难分别遗物应属于何人,这是工作中最大的困难。究其零乱的原因,亦应为附近灰坑打破后,经后人迁葬所致。该坑深达3.5米左右,第二层已结束。

T44坑:东部北端出现一小灰土穴,圆形,四周边缘为黄灰土,中填黑灰土(H16)。

下午:(1)听政治经济学小结报告。

(2)晤蒋赞初同志,谈部内最近工作情况。

(3)沈韵生回院参加政治经济学习考试。带来南大学生的实习计划。

发掘地点:北阴阳营

1956年6月3日　星期日　晴

工作提要:职员4人,工人13名。工作八小时。

T34坑:北部深3米,已见生黄土,不含任何遗物,决定停止下掘。向南4米范围内清理出第二层人骨,编号:160、161、162、163、164、165及168:160号不见头骨,只剩残余凌乱肢骨数节,出玉璜2节,石孔斧2件,石锛、石凿8件,无陶器。161、162、163号,从头骨的情况看,似乎为3个人并葬,大概顶向都是东北。161号出1件陶球,3件陶纺轮,肢骨不见。162号出1件陶纺轮,2件陶鼎,1件陶罐。163号肢骨较全,仰身平卧,出1件陶纺轮,1件石锛,其他陶器5件,散置在头脚附近。164号出土玉璜3件,无头骨。此外,坑内还出现一些个别器物,如纺轮、石锛、陶罐等,但找不到人骨的痕迹。

T44坑:东坑清出159号,西坑清出157、158、166、167号。西坑中间出现东西向灰沟,打破葬地;东坑至纯粹葬埋层,出现灰坑2个,两层文化的分界已渐明确。

发掘地点:北阴阳营

1956年6月4日　星期一　雨

工作提要:因大雨及地表泥泞停工一天。

上午返院中了解情况,知明、后两日有外宾(捷克)和博物馆会议的代表来工地参观。

下午,雨停。回工地排水,并对出土文物进行登记编号。

发掘地点:北阴阳营

1956年6月5日　星期二　晴

工作提要:1. 起运烧灶遗迹。

　　　　　2. 接待捷克专家。

起出T44坑内的烧灶遗迹,运回南京博物院。

捷克两摄影专家来工地参观。

南博工作同志来工地参观。

T34号东坑清出人骨和遗物数处,但仍是零乱的,虽有1件石斧,但断裂为两半,且相距较远。人骨只存下半段,陶豆又缺失了豆盘。

T44坑:东坑出现的人骨,有两架较完整,但陪葬品甚少。西坑南端出现一批陶器,其中有带嘴的三足壶等,但无遗骨。中部出玉璜四五件,亦无人骨。

今日因招待参观和起运烧灶关系,发掘工作进度不大。

发掘地点:北阴阳营

1956年6月6日　星期三　阴

工作提要:1. 实到职员4人,工人13名,工作整日。

2. 全国博物馆会议召开,南方各省代表来工地参观。

3. 中午T44坑发生丢失玉饰2件,疑是三小学生取去,已与校方联系。

T34坑东部:今日掘至距地表3.9米深处,共出现两层人骨架,即第三层和第四层,两层相隔约0.1米。第三层编号172、173、174、175、176、177、178、180、181共9个人架,均出现在偏南6米范围内,除175、176号外,其余都分布在偏西部分。180号出石锛一批,共7件,陶制带流三足壶制作甚是精美。173号出小石凿一批,共9件;177号共出石锛、石凿13件;181号出陶碗5件,纺轮3件;175、176号与上两层人架相重叠。第四层为179、182号,分布西部;182与164号相重叠,出土的陶器有圈足碗和陶鼎相套。179号出花石子一批,共15枚。可惜的是这两层共10个人架都不完整,甚至于没有骨骸痕迹。东南角出现一具人架(未编号)是T34东、西两坑自发掘以来保存最为完整的:头壳扁破,牙床分离,平身仰卧,头向东北,左上肢屈折到头顶上。随葬品缺陶器,有特大号石锛3件,大孔石斧1件,小孔石斧2件,左足下置一陶器,右足下置一大石环,这种大石环是稀见之物。

距地表3.9米以下见生黄土。T34坑全部已到底。

发掘地点:北阴阳营

1956年6月7日　星期四　雨

工作提要:阴雨停工。室内整理。

大雨终日未停,沈韵生同志进行室内登记工作。我冒雨返院,拟与二院长谈南大实习一事,但由于院长招待外宾,未能晤谈,只在考古部看了蒋赞初等同志关于凤凰河工作的两个简报稿。下午返工地。

发掘地点:北阴阳营

1956年6月8日　星期五　阴雨

上午冒雨返院,晤曾昭燏院长和尹焕章等,开会商讨南大学生实习一事,决定由尹焕章负责领导,由葛治功、蒋赞初、王文林等同志任辅导员,并及时召集有关同志排定日程,选择发掘地点,进行勘探后作计划进行工作。

下午至南大听埃及古代史学专家费克里教授的讲演。会后返工地和沈韵生、梅晓春等掘沟排工地的积水。

发掘地点:北阴阳营

1956年6月9日　星期六　雨

上午沈韵生等刷洗出土陶罐并登记编号。我填写墓葬登记表,感觉这项表格对于此地清理情况已不适宜,有很多项目必须空白(如墓制、人骨葬式和葬具等),但作为资料来说,填写也有好处。

下午指定工人老高、老梅排水。由于雨大,T34、T44坑内积水已深达0.5米,况坑深入地面以下,全部排出亦不容易。

发掘地点:北阴阳营

1956年6月10日　星期日　阴

上午先发动工人排余水,然后除淤泥。

T34东坑继续下掘,已是第四层,周围全露出生黄土,唯中部与西坑交界处尚出露人骨和器物。编号:M183、184、185。183号位于坑东南隅,头向北偏东35度,此一人骨似为男性。骨架尚全,头扁裂,牙床散乱,左手曲向头顶,右手和下肢平伸,头端置钵、豆、鼎、罐4件,头顶1石斧,左胸2石斧,右肩1石锛,右腰1石斧,右臂2大号石锛,右膝1大手斧,右脚1石环(?),左脚1陶罐。该墓石器最大,环状器很新奇。

184号人骨位于坑中段,头骨已朽残,上肢缺,下肢不全,以牙细、骨小的情况看,可能属于女性。左耳1块,项间2磺,另1块出在右胸际,玉珠、玉管3件散在腰腹间,其他还有3件小石凿和3件纺轮,1件残陶器。以此情况看,亦具有女性的特征。

以上二人骨均头向东北方。

188号只存肢骨三、四节,非常散乱,出小石凿5件。

184号出石凿两件,带孔,是罕见之物。

此外,在中段与西坑的交界处新发现一人骨,出一件半球形的玉饰和玦、璜等,还有1件彩陶碗。尚未编号。

T44坑:清理了185、186、187三个人骨架。

(1)裁减工人3人(11日起)。

(2)张世全同志的协作工作告一段落。

发掘地点:北阴阳营

1956年6月11日　星期一　雨

职员3人,工人9名。

T34坑:东边继续清理191号人骨,出大批玉饰和项间玉璜4件,另外还有玉玦、玉牌、玉珠等散置在胸间。石斧、石锛、陶器方置在身体周围。陶器中有一件双流三足壶,形态别致。人骨头向东北,头骨不全,四肢完整,头壁薄,形体短小,似为一女性。北偏东18度,深距地面4.4米,下为生黄土。

下午绘制T34南壁和东壁的全图。

T44坑东部起泥土,并清理北端的人骨。该处人骨很乱,大多数似经过迁葬的,原葬的很少,八九架集中在一起,随葬遗物较少。

发掘地点:北阴阳营

1956年6月12日　星期二　阴雨转晴

职员2人,工人9名。掘沟排水后停工。

上午返院,与徐观伯院长乘车至林学院谈锁金村古遗址的保护问题。约定工程单位换地方起土,工程损失由两机关平均弥补。

下午返阴阳营工地,接待南大一年级同学参观。

发掘地点:北阴阳营

1956年6月13日　星期三　晴

工人9名,职员3名。全日工作。

集中作T44东西两坑,并破除隔梁(T34与T44之间)

T44东西坑之间所发现的烧土面残迹,今日已破除,该面距地面3.1米深,距坑边约3.9米,与前所发现的烧土层和烧灶遗迹略在同一平面上。它们的总位置是在灰土层以下,葬地地面之上。这又是上下堆积分层的绝好证据。

坑东北部深3.6米处发现人骨一批。除了有三具埋葬的式样比较整齐外(仰身式),其余为乱骨一堆。编号为195至203号,共九具,其中也夹有小孩的骨骸(照相第12打,第8张)。

发掘地点:北阴阳营

1956年6月14日　星期四　晴

工作提要:1. 职员3名,工人实到9名。全日工作。

2. 接待南大三年级学生参观。

3. 接待南京历史教员80余人。

参加T44坑的发掘工作。

今日共清理T44西坑人骨二具(204、204号)。204号位于西坑北部,人骨不全,头向东北,共出土随葬品12件,有石锛二件,石环1件,余为陶器,其中有明器1件,残玉环1件,出于牙骨下。被一小孩拿去的1件圆形玉饰即出于此人骨附近。206号无遗物。T44东坑清理人骨二具(205、207号),205号人骨不全,出陶罐3件,石凿1件。207号只有人牙数枚,出陶纺轮2件,石纺轮1件,陶罐、陶豆、陶钵等6件。

T44西坑的西南部有一椭圆形灰坑,大半部压在T43坑范围内,出1件石斧,扁平有二孔,上孔未通。T44西坑的南部已到生黄土底。

今日破除T34与T44坑的隔梁。

晚。返院,准备出席15日的全省文化工作者代表会议。

发掘地点:北阴阳营

1956年6月15日　星期五　阴

工作提要:1. 出席江苏省文化工作代表会议。

　　　　2. 工地职员2人,工人9人,作T44坑。

今日在T44坑内共清理了208~216号九个人骨,其中四个位于隔梁下面,即T44东西坑的北端,骨骸均残缺不整,有缺头的、缺上半身的、缺肢骨的,但附近都有遗物。211号出石(?)一件,较前出土的三件略大。213号出土石制工具7件,陶纺轮一件,无陶容器。209号出土彩色陶器。215号有兽类牙床随葬。216号肢骨堆积很乱,系迁葬者。

东坑南部已见底。

210号出土孔雀石(绿色)残器3件,或是装饰品。

上午在人民剧场听俞铭璜部长的文化工作方针政策(百花齐放,百家争鸣)的报告;下午听省文化局李局长的"为社会主义的文化工作而奋斗"的报告(总结党对知识分子的政策)。晚,返工地住宿。

发掘地点:北阴阳营

1956年6月16日　星期六　雨转晴

工作提要:1. 上午下小雨,下午晴。工地职员3人,工人9人,工作全天。

　　　　2. 上午出席江苏省文化工作者代表会议。

今日的发掘工作集中在T44东西坑的隔梁方面。计在西坑隔梁清理出218、219、220三具人骨和遗物(第二层)。第三层清理出217号人骨一具(位于西北角)。这些人骨都不完整,但有随葬品。217号有大量石环、石锛、陶鼎、玉玦各1件。218号出陶碗、陶鼎、石锛外,还有兽牙一对。

东坑隔梁下(第一层)发现221、222、223、224、225、226号共六具人骨,均不完整,虽然有几具显然是未经迁葬的,但头部或上体已被附近灰坑打破。随葬品较稀少。

约在烧灶位置的下层深4.6米始见生黄土,出有大型兽骨,或为马类。陶片少,多为红色素面砂陶。

上午在人民剧场听了朱副局长关于江苏省文化工作十二年规划的报告,下午和工人开会,裁减工人5人。

发掘地点:北阴阳营
  1956年6月17日 星期日 晴
  工作提要:1. 职员3人,工人4人,工作全日。
      2. 胜利的结束了这次发掘工作。
  上午检查并发掘T44坑文化层和隔梁部分,明确了该坑的工作已全部结束。最深处至4.6米到底。
  在T34东坑的东南角发现人骨一具,腰部已被T34坑发掘时打破,仅在隔梁上保存着两脚骨,在T34的东壁外保存有头骨,并出土石斧(两种样式),石锛、石凿、石子、陶钵、陶鼎、陶盖等10件。
  今日对遗址东北边的塌陷洞穴进行了清理。发现这种洞穴位于生土的下面,呈不规则的圆形,周壁有挖凿痕迹,看来确为近代人所挖的防空洞。这类洞穴共三处,但我们只掘了两处即停工了。
  下午。下工前后与四名工人开会,宣布发掘工作全部结束,发劳动科的介绍信,发放工资,收回工作时佩戴的符号标记,并将两位组长介绍到锁金村发掘工地工作。

发掘地点:北阴阳营
  1956年6月18日 星期一 晴
  在工棚内与沈韵生同志讨论工作总结的内容,统计一些资料,其中包括出土文物件数、工作日数、用工数、工资开支情况等。
  工人老梅刷陶片和清理工具。
  晚。出席省文化工作者代表会议的招待晚会,至人民剧场观看锡剧"十五贯"。

发掘地点:北阴阳营
  1956年6月19日 星期二 雨
  昨日午夜后,突起暴风骤雨,工棚剧烈摇撼,发出吱吱的声响,情况颇觉可怕。
  今日在工棚内草拟总结报告,大致从工作经过、工作收获、经验与教训三方面撰写。沈韵生同志则在旁边将出土文物按墓葬位置进行分类统计。
  黄瑜玉先生来访,携墓葬登记表而去。
  晚。至照相馆看冲洗的最后一卷照片,清晰度较好,嘱各晒一份。

发掘地点:北阴阳营
  1956年6月20日 星期三 雨

沈韵生同志的按墓葬统计文物的工作业已完成。

我开始编写两次发掘报告的提纲稿。因此次发掘过程中发现了一些铁器,引起对这一遗址时代断定的疑惑,下笔感到困难。

下午返院,与曾昭燏院长略加讨论,但仍得不到明确的结论。曾昭燏院长说,科学院对阴阳营发掘十分重视,曾有信询问发掘工作有无困难,若有可向他们提出。

发掘地点:北阴阳营

  1956年6月21日 星期四 雨

上午返阴阳营工地。写了一封致夏鼐所长的信,报告工作动态,并提出铁器发现所引起的断代及其有关问题,请他指导。

沈韵生同志开始装箱工作。

下午赶到人民剧场参加文化工作会议的总结会。听李进局长的报告,报告主要谈到党对知识分子的政策(团结、教育、改造),党的文化工作的政策(百花齐放,百家争鸣),江苏省十二年规划等问题。晚,在人民大会堂观看江苏昆剧团演出的"十五贯"。夜宿院内。

发掘地点:北阴阳营

  1956年6月22日 星期五 晴

今日全天在工棚内撰写提纲稿。初步分为发掘经过、堆积层次、上层遗址和遗物、下层人骨和随葬品、结束语等数节,仍是以新时期时代作标题,结语中将上层定为战国,下层定位春秋时代(相对年代)。

下午苏州市文管会沈主任来访,坐谈甚多。请他参观了部分出土文物,并看了分层堆积。

发掘地点:北阴阳营

  1956年6月23日 星期六 阴有小雨

与院中电话联系,决定25日将出土文物全部搬回院内。

上午黄瑜玉先生来,交出全部发掘资料。计有T44坑的绘图十张、日记一本、总结纪录一册、陶片统计表等。

处理积存的陶片,全部包装。沈韵生进行陶器的包扎装箱。

我与南大管理菜园人员商谈保管工棚问题,托他们代管粗笨家具。

下午。沈韵生去听报告。我看工棚,自学《垄断前期的资本主义》,写小结提纲。

苏州地区考古调查

(1956年11月1日～11月4日)

发掘地点:苏州

  1956年11月1日 星期四 晴

  工作提要:由南京至苏州调查虎丘西金鸡墩新时期时代遗址。

  早晨5时半自博物院出发至下关车站,乘7时27分南下快车前往苏州。

  火车到达苏州已中午11时30分,雇三轮车进城。住观前街远东饭店110号房间,房价每宿1.3元。

  下午,持省文化局介绍信访苏州市文化局(人民路宜多宾巷),晤省博曹剑鸣秘书,他介绍我去省博访王德乾主任(王主任是昨晚由宁返苏的)。在察院场口上三路车至拙政园,见到了王主任。他带我先参观他从金鸡墩收集来的文物:计有带肩石斧2件,三角形带把石刀1件,新月形石刀1件,陶纺轮1件,石锛1件。陶片中有红砂质的圆锥形和羊角形的鼎足和几何印纹陶片,但也有很多不成器形的石片,这些石器都是灰质页岩制成。此外还有许多带釉的陶瓶,是汉代或六朝的墓葬所出。可见金鸡墩的情况是复杂的。此外,还参观了吴江所出龙山陶器,这种龙山陶器和浙江良渚所出完全相同,但与真正的龙山有区别,特点是黑色涂在器的外边,有的发出亮晶晶的银光,器形多为长颈壶(口边有对称的耳),瓿、钵之类都是完整的,似为墓葬所出,可惜没有见到石器。有一种竹节式的陶豆,和良渚、北阴阳营等地所出完全相同,这说明江苏境内也有和良渚相同的文化,而更值得注意的是这种文化和龙山不是完全相同的,不能混称"龙山文化"。

  在文物陈列室内见到了无锡仙蠡墩出土的大件几何印纹陶和装饰品,那些装饰品都是石质的,有璜、环等。

发掘地点:苏州

  1956年11月2日 星期五 晴

  早8时,江苏省博物馆王主任派李顺宝同志来,作去虎丘调查出土文物情况的向导。李顺宝同志已代雇了三轮车一辆,当即出发。出阊门西北行,约六七里至虎丘山,即步行向西,沿途多小河,农户多散居,家家有花房,盖此地盛产各种茶花也。田垄之间晚稻新熟，黄穗累累，可知今年收成尚好。行一二里许，至一农户家中，据云，此即黄泥生产合作社社员之办公所在地，询问陆友新社长，答外出办公，乃由一社员招待，李顺宝同志交介绍信，社员即将近掘土所出文物拿出来供我们参观。见汉代釉陶壶三四件，铁剑一段，另红陶茶壶一件，为宜兴陶壶式样，扁圆光泽，惜盖已破，与一青花酒杯同出，想为明清物。继由该社员带我们至工地（此村为新五村），见一高大土墩，已被掘去三分之一，河岸堆土成丘，不少船只正在装土待运。据说黄泥是用作煤球的原料，这是一项有关社会福利的生产。每一工人掘土一天，可获人民币二元。1955年10月该土墩已被发掘，那时遇到的文物多被打破抛弃，因社长参观过苏州的博物馆，所以后来引起了主意。今年曾送到博物馆汉代铜洗一件，王主任问他出土文物的地点，并派人去调查，因此才发现了石器和印纹硬陶。该土墩位于一小河汉间，东、南、北三面都临河，现在已剖去的是东、南两面，出露断面高10米，黄土和灰泥相混杂，层次不分，地表面满是近代坟，还有骨灰葬。表层下有明清墓，砖券和白灰有很多暴露在外面。汉代釉陶器多出自中层以下，几何印纹硬陶片混杂在中、下层土内，石器与硬陶片同出。10米以下虽不再挖黄土了，但部分地区仍为熟土，有些地方还会见黑灰层，掘之可见印几何纹硬陶与铜片。该遗址的总面积约为8100平方米，据推断，遗址已非原来面目，可能在汉以后已被扰乱，遗物亦不丰富。汉代墓可能是在土墩造成后埋进去的，因为陶器都很完整。因此，这一遗址并无保护的必要。但为了汉代墓的完整，可嘱生产合作社掘地时见到石器即捡出，见到墓葬即保留，以便详细发掘。今天在大墩附近和下层捡得灰色几何纹硬陶5件，石刀（？）1件。汉陶壶上兽头形耳1件，铜片1块，釉印纹陶1件。

12时返回虎丘山，小吃了午饭，游虎丘寺。这是苏州的著名风景区，传春秋晚期，吴王夫差葬其父阖闾于此。虎丘寺的二山门和虎丘塔都是宋代古建筑，还有试剑石、憨憨泉、点头石、真娘墓、千手观音、冷香阁等名胜，都一一看过了，并在此摄虎丘塔照片两张，冷香阁远眺金鸡墩两张。归途中经西园参观了大佛像，观音殿。至留园，参观了曲廊、假山、"留园法帖"。这是个十足的园林式建筑，园内布局独具匠心，层层院落，道道回廊令人百走不厌。

抵城内，在观前街购买了明日去唯亭调查的火车票（0.26元）。至省博访王主任，谈了调查经过，及处理意见。

发掘地点：吴县唯亭

1956年11月3日　星期六　晴

工作要点：由苏州至吴县唯亭夷陵乡调查新石器时代遗址。

上午至车站，乘9时许的101次常沪普通列车出发，前往唯亭。经官渎里、外垮塘二站约10时许到达。询问了夷陵乡所在地之后，即徒步前往。东北行约3里到了目的地。先到村后一庙中（重元寺、城隍庙、土地庙）访问了人民委员会，晤合作社一干部

（系代看守门户者），称乡长和支书均至区公所开会，欲联系工作需先至区公所开介绍信，否则任何人不接待。我虽把工作证和省文化局的信件取出作证，但亦无效。最后说明只是到夷陵山看看，既不留食，又不留宿，始得勉强许可。

夷陵山在庙后，相对高度约20米，圆形，总面积不到5000平方米，上尖下大，顶上堆着许多石头，架设着一个庙内的铁钟，大概是召集会议要敲的。还有一个大石头砌成的壕沟，可能是守卫的工事。整个山由黄土构成，石头是搬移上去的。在西面的山坡上可见到许多红色陶片，以泥质红陶，外表加红彩衣的较多，石器绝少。这座山相传是夷王的墓。早年有洞穴出现过，但无人敢下去，现在山坡还有许多洞穴，说是獾、狐类住穴。

在夷陵山的西北，仅隔一条小路，又有一个土墩，相传为草鞋山。这是我来调查前所不知道的。草鞋山的面积较大，约10000平方米，北半部稍高，南边低平，最高处约15米。顶上是明、清和近代墓的集中地，有很多砖券已露出地表，北面和东、西两面都是断崖，可见到红烧土层与黑灰层，包含陶片很丰富。曾捡到不少带红衣的红色细泥陶，还有印着方格纹和〰形的陶片，石器亦不见一件。看情况，山上下都有遗物，全是文化层。因此，可以推断两山均不是山，原来是相连在一起的一个遗址。夷陵山之高也是后来堆成的，山下的文化层可能未动过。

这处遗址的文化性质和青莲岗以及北阴阳营的下层完全相同，但见到一件〰形的印纹陶颇使人惑疑。难道北阴阳营遗址的上下层不是代表两种文化性质吗？

遗址的周围环境是这样：北面有陵北村，村北紧临着阳澄湖，显出一片汪洋。西北有陵中村，南面有陵南村，村南有沪宁铁路，两处遗址就位于这三村之间，附近都是肥沃的农田。

午后1时30分，告辞乡人民委员会，转唯亭镇去吃午饭。唯亭镇是临河的一条街道，在车站南，约1里，距夷陵乡约4里许。镇上商店林立，相当繁华。

4时许至车站，乘5时59分的北上列车返苏州市，晚7时到达。

一人去乡下调查，因语言不通，且所做的事又不能为人了解，由此带来的麻烦很多。看来今后到这一带工作还是要请一位翻译了，以免吃苦头。

发掘地点：苏州市

1956年11月4日　星期日　阴

工作要点：参观省博的文物陈列。参观怡园、狮子林和拙政园。今日在市内参观。

上午略将收集的标本加以整理，并做好登记表，结好开支账目。然后到人民路怡园参观。沿途遇到反对英、法侵略埃及领土的游行队伍，高呼口号，声势十分壮观。

怡园建于清代同治、光绪年间，里面以回廊隔成两个院落，据说该园是在吸收了留园、拙政园和狮子林的精华而建成的。园中廊壁漏窗，图样各异，做工奇巧。

狮子林在东北街，距拙政园很近，园中东南多山，西北多水。假山奇特，洞穴宛转。长廊萦绕，楼台隐现。它的特点是房舍建筑奇巧，石山也好。

拙政园始建于明正德年间，是一个极具江南特色的典型园林。其中以西花园为最好。园以水为中心，建筑群多临水，但有聚有分。看来此园吸收了中国传统的绘画艺术特点，风格清新秀雅、朴素自然。与其他园相比，置身园中有一种自然、疏朗、高远的感觉。

这里园林的构成条件一般可分为下列几个部分：即曲廊、亭阁、假山、水塘、花卉及古老的室内陈设等。

下午参观了省博的陈列。整个陈列可分为三个部分，即手工业品（包括近代和现代的）、捐赠品和出土文物。出土文物包括了新石器时代、西周、春秋战国、汉、六朝、唐、宋、元、明、清各代遗物。新石器时代陈列品中有北阴阳营上层出土的红陶钵（外表绳纹，内鱼刺纹、扁流）1件，红陶鬲1件（绳纹、厚壁、单口沿），红陶豆1件（矮圆足式），还有几件石斧、石锛等。三里墩出土器物有红绳纹鬲足、橄榄形网坠等。吴县出土陶器有：

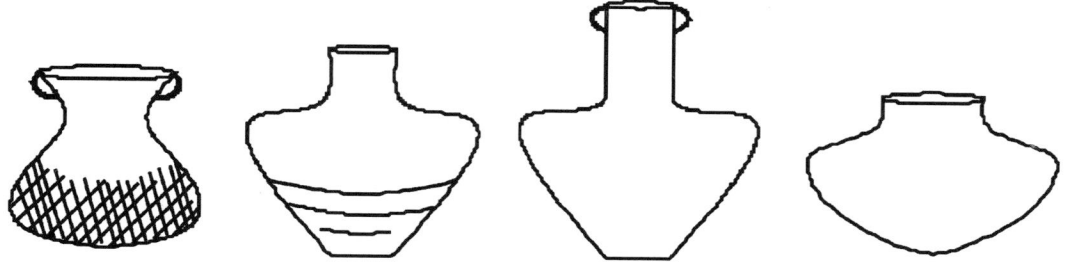

均是灰陶泥质，外表加黑色衣，和良渚所出完全相同；另有陶纺轮1件，周边刻着斜线纹。

宜兴高塍出土的石钺。吴县五峰山出土的半打制有肩石斧、石锛。铜山县出土的绳纹陶片、罐、甗片和1件石锛。仙蠡墩（无锡）出土的扁足灰砂陶鼎（甚大）、半打制有肩石斧、凿和磨制精致的方形有孔扁斧及石环、璜、坠、管、珠、刻槽陶网坠等。

西周部分有仪征出土的铜（花纹为云雷纹和◇纹，似印纹陶上的纹饰）。盘2件（云雷纹），饕餮纹甗1件、素面通耳鼎1件、尊1件、铲1件、素面铜鬲2件（其一有直耳），四凤盘1件。

战国出土器物有吴县五峰山烽燧墩出土的带釉豆2件、盂3件、几何印纹硬陶瓿3件（完整）。

吴县荣巷出土的几何印纹硬陶罐3件，瓿5件，尊2件，釉瓷豆5件。

这些文物除仪征的铜器外，都是我过去不曾见过的。

南京安怀村考古发掘

(1956年11月11日~11月12日)

发掘地点:安怀村

  1956年11月11日 星期四日 阴

    工作提要:1. 第一日开工,担任八个考古及民俗人员训练班的辅导工作。

        2. 开第三大方,共100平方米。

  一、遗址发现经过:1956年9月间省文管会通过省文化局通知我院,中央门外小市附近电线器材厂工地的一个土墩上发现了新石器时代遗址和明朝墓葬,嘱派人勘察。我院派人与文管会调查后,决定明墓由文管会负责清理,遗址先请建筑单位保护,俟着考古训练班实习时进行发掘。

  二、遗址的位置和周边的环境:遗址位于南京中央门外燕子矶区迈皋桥乡安怀村(东经118度47分15秒,北纬32度5分55秒)。遗址的东边有东井亭村,北边距幕府山约3公里(幕府山以北即是长江),南距玄武湖约1公里,距和燕公路约200米。遗址是一个突出附近地面约7~8米的土墩子,现存面积约1782平方米(南北长81米,东西宽22米)。土墩顶是平的,长满了荒草。

  三、发掘情况:有工人四人,第二辅导组学员八人,分配开第三大方(100平方米)。为便于细作,开坑之前,又将该大方划成四个对称的小方,每小方的面积为4.5×4.5平方米(中央留隔梁宽1米),分别编号为79、10、13、14。今日仅开第10和14两小方,每小方配工人2人,学员4人。

  开工后先铲除地面的荒草,然后掘地表层。两坑所见土色均为黄灰色,包含遗物有近代的砖、瓦、瓷片等,还有新石器时代的石锛、石矛、石箭头及各种印纹陶片(包括几何印纹陶),另外还发现不少明、清时期的铁炮弹。这说明这里是一个新石器时代和近代的混合文化层。

  早晨8时开工,中午在工地吃饭,傍晚5时收工,有汽车接送。学生们的工作热情都很高。

发掘地点:安怀村

  1956年11月12日 星期一 晴

工作地点：1. 继续掘 T10、14 两小方。

2. 学员 8 人，工人 4 人。

T10 坑：土色是黄灰和混杂的，质较表层略硬，近代砖瓦、瓷片、铁炮弹等已绝迹，出印纹红陶较多，黄土中偶尔发现铁棺钉，想曾有近代墓存在。

T14 坑：土色灰黄，全坑一致。遗物都是新石器时代的，陶片最多。

今日两坑出土的陶片、器形有：鬲、甗、豆、圈足碗、平底罐、盂、钵、鼎（三角足、羊角足、锥形足等），以红陶占绝大多数，纹饰的有方格、绳、篮、回、云雷、折线、席纹等，硬陶则很少。

1957 年 1 月 7 日　　星期一　　阴

工作要点：1. 尹焕章、柴旺顺返院。

2. 朱江同志来谈运河文物保护工作。

尹焕章今早自浙江返院（柴旺顺同行）。

下午，在院长室开会，研究两学员发生不正当行为的问题。

尹焕章谈协助浙江清理乌龟山南宋瓷窑的经过和新安水库方面的工作，已和浙江文管会研究了组织、领导、分工、经费等初步办法。

江苏省文管会朱江同志来访，谈运河工程高邮段发现汉代遗址，拟邀我院前往发掘。

晚，参加座谈会，听同志们关于"统战"工作的意见。

1957 年 1 月 8 日　　星期二　　多云

工作要点：1. 召开部工作会议，订出全年计划。

2. 电文管会，谢绝参加运河文物清理工作。

上午，召开本部工作会议，研究全年工作计划。先由尹焕章报告浙江乌龟山南宋窑的清理情况及新安水库工作的初步计划。继而讨论：(1) 锁金村遗址的清理工作；(2) 参加安徽的治淮工作；(3) 训练班工作；(4) 秦淮河、丹徒大港、太湖周围的调查工作；(5) 支援新安水库工作；(6) 运河工程高邮段汉遗址的清理工作；(7) 青莲岗遗址的发掘问题；(8) 吴王墓的试掘问题；(9) 各项报告（凤台、三里墩、中山门外晋墓、南唐二陵、小市等）的编写问题、写作时间、人力方面的安排。但青莲岗与运河汉代遗址决定不参加清理了。

下午，蒋赞初同志访问南大。据说，南大要求明年五月前将北阴阳营遗址清理完。

晚上，参加"八大"第四、六章的学习。

1957 年 1 月 9 日　　星期三　　阴

上午，学习"八大"文件第四、六部分，并讨论了第一个题目，重点是人民民主专政与统一战线的关系。明确了现阶段的人民民主专政即是无产阶级专政,其基础是工农联盟;其特殊形式是统一战线(即团结一切可以团结的民族力量和爱国人士);其实质是消灭剥削,变生产资料私有制为公有制;其任务是发展人民的经济和文化,并对反动阶级和帝国主义实施镇压。

下午,锁金村工作组开会分工,拟10日迁往工地工作。

商讨处理学生犯错误的问题。

接葛治功同志信,提出经费、粮票、宣传工作等问题,一一作了答复。

1957年1月10日　星期四　阴

工作提要:1. 锁金村发掘队出发。
　　　　　2. 听"再论无产阶级专政的历史经验"的传达报告。

上午,研究训练班学生金、宋二人作风问题的检查报告。

阅读尹达著"河南安阳西北岗的殷代墓地"文稿。

下午14时锁金村发掘队尹焕章、张正祥、王文林、柴旺顺、陈福坤、张世全等出发去工地。

全院听"再论无产阶级专政的历史经验"的传达报告。

晚,巡视训练班自修室及宿舍。

1957年1月11日　星期五　雨

上午,阅完尹达同志的文稿。因为我对安阳西北岗殷代墓地的发掘情况不太熟悉,所以只在文字上作了校对,并没有提出合适的意见。

修正《南京介绍》中有关考古方面的文字。

1957年1月12日　星期六　雨

上海复旦大学历史系李泖同志来院联系学生实习问题,答复他的是:我院今年工作四月份后即转向支援浙江,不便做主。关于李泖同志自己愿意参加这项工作,我们表示欢迎,希望寒假速来接洽。

1957年1月14、15、16日

北京历史博物馆姚、佟、张三先生来院访问。陪他们参观锁金村发掘工地,北阴阳营遗址,栖霞山六朝古迹,并座谈有关发掘技术问题。

16日下午,姚先生作山西侯马发掘报告,佟先生作解放后我国新石器时代考古成就的报告。

17日,姚、佟、张三先生搭车去浙江。

1957年1月17日　星期四　晴

复葛治功同志函,谈关于寿县牛尾岗古遗址和墓葬的工作方法及蔡侯墓的所在地点。

下午,出席院办公会议,研究各部门的具体工作计划,考古部的计划中又增列北阴阳营发掘的一项工作,并协助保管部逐步做出标本室的陈列。

1957年1月18日　星期五　晴

上午出席党支部会议。复函葛治功同志信(蚌埠),答复他提及有关问题,谈政治学习及院中近来工作等情况。

苏北地区考古调查

(1957年4月11日～5月18日)

发掘地点：南京—高邮

1957年4月11日　星期四　晴

今晨五时由南京出发至高邮参加里运河拓宽工程中的文物工作。同行的有陈福坤同志及杨振鹤、陈君华、万有顺和吕桂炳四位同学。一路火车、汽车、轮船联运，下午三时许到达高邮。在扬州专区里运河拓宽工程指挥部政治处晤屠思华同志，询问了最近的施工情况和文物工作开展情况后，即去见政治处的肖秘书，送上院中开的介绍信，并请指导今后开展的工作。

高邮的里运河拓宽工程，约可分为北段和南段两部分，各长约60公里。北段施工较早，在赵家河以北的清水河一带，发现有六朝遗址，已清理了一部分，出土封泥、纺轮、网坠、青瓷器、陶片等文物，还有一件刻有文字的陶罐。遗迹方面有灰坑和陶井。此地工程虽大，但发现的文物并不多，所以同志们准备15日开始筹备一个展览会，逐步把工作结束。

发掘地点：高邮

1957年4月12日　星期五　晴

6时起床，6时半至7时半学习。

早饭后与屠思华同志偕四位学员步行至清水潭调查遗址。我们沿河堤走，见河床的结构上层为黄土层（风积），下层为河泥（重灰色）堆积，据屠思华同志说，再下去就是红焦土了。

行二十余里抵清水潭。遗址靠近原运河的东堤，这一带自然土层上层已挖去，露出的是黑色硬瓣土，有文化遗物的地方土为灰色，由南向北断续绵延约千余米，宽约三十米。南端的一部分已清理过，灰泥痕迹尚存。北端有一部分孤立在河床内，面积约为18米×30米。上层已经过取土工人掘去，文化层厚0.3～1.5米，但在二三米下的河泥中，仍发现零星遗物，掘之得"五铢"、铁箭头、鹿角尖等，夹杂在六朝的瓷片中，似乎是冲积所致。

下午5时许，沿运河堤返抵政治处。

朱江及倪振逵同志自南京来，解决清水潭遗址的发掘问题。

发掘地点：高邮

1957年4月13日　星期六　晴

上午再与朱江、倪振逵、屠思华、申世铭同志至清水潭勘察遗址，听取了同志们的意见后，决定再小掘一次。中午赶回政治处。

下午，全体同志参加总指挥部的哲学学习，在人民大会堂听关于"物质结构"的报告，作报告的是一位师范学校的物理教员，因此报告是从自然科学出发，并做了很多实验，浅显易懂，又很形象。

晚。开全体工作会议，出席人有江苏省文管会的朱江、倪振逵、屠思华、徐国珊，江苏省博物馆的申世铭和杨荣春同志，南京博物院的有我和陈福坤及四位学员，共十二人。先由屠思华同志报告过去工作和现存问题，继而讨论了工作组长与分工，决定明日由申世铭和杨振鹤二同志去邵伯清理清代木船；杨荣春和陈君华二同志去清理唐俑墓（二十里铺）；徐国珊带陈福坤、吕桂炳、万有顺去清水潭清理遗址；屠思华同志负责与政治处联系；我将巡回各地。

发掘地点：高邮

1957年4月14日　星期日　晴

清晨。按昨晚的分工，各工作组纷纷出发，其中清水潭工作组因需准备材料、用具，下午启程。

上午。作致凌竞亚主任函一件，叙述到达后的工作情况，并请示了有关经费和文物两个方面的问题。

下午。参观清水潭遗址第一次发掘出土文物，有符箓、朱书陶罐（上节弦纹、下节篮纹，圜底）、陶甑、陶灯台、陶纺轮、网坠、瓷豆、碗、罐、漆耳杯等。有一种像台灯形的陶器，因中心有通孔，不知是何用途？另一种陶器，圆形平面，下有圈足，似汉代"陶璇"，但足部不同，朱江同志认为是器盖。

这处遗址出土的文物的确相当丰富，尤其是陶、瓷器，完整的或可复原的很多。以瓷器釉色看，似为六朝的青瓷系统；以陶器的器形看，似为汉代作风。因此，其时代可断为汉末或六朝初年。

发掘地点：高邮—邵家沟

1957年4月15日　星期一　晴

上午，与屠思华同志至政治处组织科转组织关系，编入小组，以便过组织生活。

9时许，与屠思华同志前往邵家沟工地（乘足踏车）。先在工地上参观同志们的开坑情况。该处遗址位于邵家沟（水沟）以北约1000米，南距第一次发掘地点约300米，西距运河东堤约100米,这一带海拔仅为0.25米。遗址的地表及四周已被挖河泥培堤,现场破坏十分严重。

开探沟东西长10米,宽1米,定名为"清T1",目的在探试文化层的堆积情况,从而找出重点区域进行发掘。

遗址表面是一层细腻的灰色淤泥,开挖约0.2米以下即见遗物,种类有绳纹砖、板瓦、筒瓦、瓦当(荷花纹)、朽木屑、黍秆、朽草等建筑材料;陶罐、瓷豆、碗、杯、铜片等生活用具;这些遗物互相混淆,杂乱堆积。

今日共用工人四名,都是东墩乡小杨家庄灯塔农业社的农民,每日工资0.85元。

发掘地点:邵家沟

1957年4月16日　星期二　晴

和工人协商,将作息时间明确规定:上午7～10时半,下午1～17时半;早饭6时半,午饭11时,晚饭19时;工作人员11时～13时午休,晚8时～22时自修。这是根据工地开工情况和当地农民的生活习惯拟定的。

今日加强工作进度,共用工人六名。继续清理T1文化层。出土小铜刀(木柄)、五铢、"太货六铢"、铁钉、银钗等器物,牛、犬、鹿的骨角和牙齿,大量的砖(绳纹)、瓦(板瓦)、陶罐片和青瓷片,并混有木片、蚌、蛤蜊壳等。文化层最厚处在西端,约0.3米,向东渐薄。坑深0.75米到底,底层仍为细腻的灰淤泥,但无遗物了。

另在T1的西北约1米的台坡下,开一2米×2米的小探方,名"T2",其目的是探掘这块地方所出土大量五铢钱和铁箭头等(12日调查时采集的)。这个坑的文化层位置较T1文化层低约1米,属第二淤积层,情况和T1的相近,陶片、瓷片、木屑、蚌壳等混合堆积。深0.85米至纯淤泥层,即结束工作。

走访马棚区东墩乡老农袁长连,他年已81岁,光绪二年生。据谈,这里同治年间曾遭大水,大水前,邵家沟以北曾有大王庙,水来时迁走了。

发掘地点:邵家沟

1957年4月17日　星期三　晴、大风

T2坑内除出一般性的遗物(砖、瓦、陶、瓷片)外,还发现两片"几何硬纹硬陶",这种发现说明过去(第一次发掘时),所发现的一件小石锛不是"孤立"的、偶然的,证明这一带确有使用石制工具和几何纹陶器的人们居住过。对这一文化分布的范围提供了新资料。

新开的"T3"位于"T1"西北端偏北处,面积3平方米,深0.8米。目的在继续采集实物资料。在破坏过的灰淤泥下约0.2米,发现文化层,出土大量砖、瓦和陶器片。砖类中有两边厚薄不等的、有带一"天"字的,似为墓砖。瓦类主要有板瓦(竖布纹),瓷片中有"泡菜罐"的口部和瓷矮足豆。铜类中有残铜盘、残铜镜、容器的口部、五铢(四出)

等。铁器中有刀形器和棺钉。根据遗物出土的情况分析,这里应有被破坏过的汉或六朝墓葬,但近代又有人曾居住过这里(传说灯塔社闵德生和李霞林在挖河前曾住此)。

今天上午用工人6人,下午4人。

发掘地点:邵家沟—高邮

1957年4月18日　星期四　雨

昨晚在吃饭时听到工地的拉线广播,报告明日苏北一带将落雨,上午有中到大雨。抵宿站杨家后,和同志们商议,如果下雨,即停工返高邮。因为工地本来就是稀泥,下雨后所开探方内一定积水甚深,无法进行工作。更重要的是T1、T2均已结束,T3也算基本上到底,因此没有再等待继续开工的必要了。

今晨果然大雨不停。当即布置了上午的工作,一方面整理出土遗物,再精简一番,并将遗弃的标本绘图、拓印,重要的文物登记包扎;一方面清算工资,共计用工15个,每工每日0.85元,合计12.75元。午饭因雨太大,道路泥泞,不好去周庄大队,只得在房东家临时搭伙。下午,雇二工人挑行李。13时许,雨稍停,即返高邮,15时半到达。

晤屠思华、申世铭同志,谈了今后工作。根据现在情况,需要清理的地方并不多,因此下阶段以向各总队收集文物为主,并考虑在适当的时候办展览会。

发掘地点:高邮

1957年4月19日　星期五　阴

上午偕诸学员再度参观邵家沟第一批发掘出土的文物。从出土的大量的青瓷器来看,我认为时代上还是放到六朝为宜。

下午与陈福坤同志参观东城的文游台名胜,相传这是苏东坡吟诗之处。楼台中除了过去文人雅士留下的石刻外,别无可供参考的资料了。

接院中来信,包括柴旺顺、沈韵生两同志的,他们均谈了个人的工作。

发掘地点:高邮

1957年4月20日　星期六　阴

决定今后工作重点放在南段,申世铭和杨振鹤同志仍守邵伯附近。杨荣春同志回高邮办展览会,另换陈福坤、万有顺、陈君华同志去接替。

复沈韵生、柴旺顺二同志信,并向凌竞亚主任报告工作情况,请汇150元来。

下午听哲学报告,题为"生命的起源和生物的进化",主讲人为师专的生物学教授。收到院中寄来的学习文件。

发掘地点:高邮

1957年4月21日　星期日　雨

今日又下起来小雨,原计划要去二十里铺工段工作的同志们(陈福坤、万有顺、陈君华)不能成行,只好再等待一日。上午召开了一次小会,请他们谈谈十天来的工作体会,大家觉得到工地来单独开展工作困难很多(为解答工人提出的问题),也有的觉得现在从事的考古工作并不是在院时所想的那样简单。我给他们一一作了解释,这次出来文物方面的收获相对都是次要的,主要是要大家接受一次锻炼,使课堂的学习能结合实际。并指出今后要求他们能克服困难。不断地实践、认识、再实践、再认识,从而提高自己的业务水平。

读完了"百花齐放,百家争鸣和整风运动十五周年"一册。

下午,参观新近自二十里铺带来的唐墓出土文物,有男女侍俑,十二辰俑和瓷器,其中以几件黄绿釉碗、盘等和一件浅灰釉的卷缘小盘是新见的,前者胎骨浅黄色、半身釉、平底,后者淡灰胎、通体釉。

工作组发生流行性感冒,学员吕桂炳亦受感染,大家吃感冒舒片预防。

发掘地点:高邮

1957年4月22日　星期一　雨转晴

上午细雨蒙蒙,本拟出发去二十里铺工作的同志们就又不能去了。吕桂炳学员昨夜高烧,今日派人送他去医院诊疗,据说是得了流行性感冒。

参加政治部的党组织会,小组长姓陆,其他还有夏、倪(宣传科长)、屠思华同志和我。据说人是过半数了,大家谈了一些近来的思想情况。

和屠思华同志谈了一些办展览会的事。我认为陈列的主题结构可分为(1)保护文物的宣传资料;(2)邵家沟遗址出土文物;(3)车逻及其他地区出土文物三个部分。

下午天晴了,陈福坤等同志出发车逻工地(但陈福坤同志也患感冒了,只好还是带病出发)。

和屠思华同志参观复兴东路关帝庙内的肉身和尚,据说他是四川人,姓陆,别号大冶,明代末年官至督察。为了抗清,和他的朋友高邮人王铁山罢官,隐居高邮,但后来他的朋友变节投清了,因此他入寺为和尚,并取名"大冶",以示冶铁的之意。惜此庙已破陋污脏不堪,像态面部泥塑涂金,周身以布裹,不可详察。

发掘地点:高邮

1957年4月23日　星期二　雨

因等待院中寄来的粮票和经费,并照顾吕桂炳学员治疗疾病,所以今日仍不能去邵伯视察工作。陈福坤同志回来取介绍信。

上午,补作"百花齐放,百家争鸣"和"纪念整风运动十五周年"的读书笔记。

下午,接到院中沈韵生和柴旺顺二同志的来信,并附寄粮票30斤,言经费150元亦汇出。当即作了回信,嘱柴旺顺同志绘制朱局长的文稿中的插图。

发掘地点:高邮—邵伯

1957年4月24日　星期三　雨

今晨7时许和吕桂炳学员整理行装去邵伯,谁知今天汽车少客人多,在车站直等到11时,好不容易挤上车,一直站到邵伯。持介绍信访晤江都总队部政治处,知申世铭同志亦今日返高邮,未能面晤。因政治处无床位,故临时住在附近的沈大客栈内。

下午3时半曾与吕桂炳至附近调查工地,所见工地均是挖塘土培老堤,民工也是点点滴滴,估计不会有多少发现。

发掘地点:邵伯—江都

1957年4月25日　星期四　晴

早晨7时半,与吕桂炳学员在街上吃过早饭后,至邵伯船闸,沿河堤视察各工地。在邵伯一段工地内,因有房屋建筑,故取土地点多在其背后。步行所经各地,发现取土处均距堤甚远,而且民工不算多。过露筋车站,途中遇陈福坤同志,言他们今日巡查工地至小鲁堡,故顺便想来江都邵伯一行。我向他询问了车逻一带的工作情况,据说无任何发现。由于当地民工在27日以后,要有四个大队调到高邮去,他们的意思想结束工作。我告诉他们说,要坚持到4月底,然后在高邮开会研究下一步的工作。我们边走边谈,直到设在蔡家潭的江都总队真武大队部。我们在这里参观了所发现的木船,以我的看法,此船并没有什么特别之处,造型和现代船只近似。晤杨振鹤学员,他征集到一件完整的玉戈,形式如早期的铜戈,颇精美。午饭后,和陈福坤同志分别,与杨振鹤、吕桂炳二学员返高邮。

15时许,晤申世铭同志,二人决定去江都看一下发现的铁炮。50分钟到达(乘二轮车)。在图书馆看了县志,去文化科开了介绍信。

玉戈图

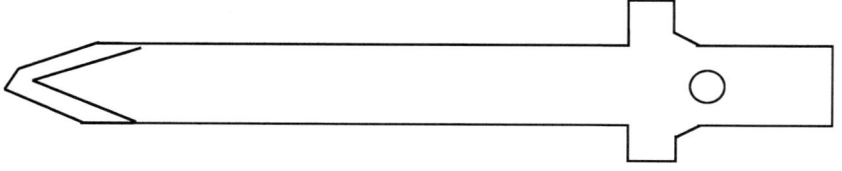

全长30厘米、援长24厘米、内长5.5厘米、锋端宽5.4厘米

援宽4.6厘米、内宽4.2厘米、胡宽6.7厘米、厚0.6厘米

玉质细坚,黄绿色,表面有白色土锈纹,锋端锐利,援两边无刃,形制如早期铜戈。

发掘地点:江都—邵伯

1957年4月26日　星期五　晴

晨5时半出发,乘二轮车与申世铭同志往三江营参观"铁炮"。向江都东南行约30

余里到大桥区。访问了区公所、文化站,继续向三江营出发,行10余里到达。三江营位于长江边,江心有沙洲,隔江与丹徒的徐山、龟山、江山相对持。江都志载:清代时,三江营设官卡巡守江面兼缉陆路私盐。"同治十年隶狼山镇标,宣统末年改隶督中协标,旧设守备一人(驻扎大桥汛),千总一人(驻扎大沙洲),把总一人,经治外委二人,额外委三人,马步战守兵二百五十九名,巡船、舢板船三号。其汛地东介泰兴营,西介瓜洲营,北介扬州营。分驻之地四:曰西成洲、固土洲、东生洲、蔡一图。所领炮台三,在西成者炮24尊,重三千斤者12尊,一千二百斤者12尊。固土亦各之。其北曰西炮台,大小炮位50尊,又洋装炮5尊。宣统二年,西成炮台陷入江中,余如故。"(光绪江都志并采访)。

我们曾在一水沟内见到已掘出的铁炮三尊,一尊较大,长约1.5米,一尊较小,长约1.21米,另一尊仅露出部分尾巴,大小约与前者相同。我们约集了很多过路的人,将一小尊拖出水面,照了相,画了图。另在附近双姚农业社社长家参观了一尊,这是一尊"洋装炮",有英文"JUST"和僧帽形的记号,制作亦较精,长0.94米。这些发现与江都志所记载的相符,可列为满清统治阶级的反革命文物,价值虽不大,但应加以保护。

发掘地点:邵伯

1957年4月27日　星期六　雨

大雨。一日来未能进行工作,本来拟到工地察看的计划也作罢了。

据说高邮曾有电话来,希望我能在28日返高邮商量搞展览会的工作。

杨振鹤和吕桂炳随申世铭冒雨去小纪大队接收文物。我看到的只是一些明代的墓志铭(八卦形),青花瓷碗,还有很多近代的锡器、韩瓶,都没有什么价值。

写一封致凌竞亚主任的信,报告工作将在5月初结束。

发掘地点:高邮

1957年4月28日　星期日　雨

和吕桂炳自邵伯返高邮,乘车上午到达。陈福坤、万有顺、陈君华等也于下午回来,他们也为展览会征集了不少文物,但都是墓志铭(明代)和粗瓷器。可供研究和陈列的物品寥寥无几。

接罗宗真、唐剑云同志来信,说部内很涣散,缺乏领导。

发掘地点:高邮

1957年4月29日　星期一　阴

今天,在高邮地区野外工作的博物院同志全数归队了。上午,布置了两项工作:一、结清四月份账目;二、登记、点交所经手的全部文物。

决定吕桂炳同学先行返院,参加由罗宗真领导的在苏州地区的调查工作。

展览会的布置工作正在文化馆进行,决定30日预展。先请有关单位提意见,政协还要召开座谈会。5月1日正式展出。

发掘地点:高邮

1957年4月30日　星期二　阴

昨晚临时召集三单位同志共十人开了第二次工作会议,汇报各工段的工作情况,并研究今后工作。从汇报的情况看,尚有以下工作亟待完成:(1)北段的砖井和各总队的文物尚需征集;(2)南段木船问题和陶井的清理;(3)室内文物需进一步登记;(4)展览会的管理等项工作。当即决定由屠思华、徐国珊二人负责北段;申世铭、杨振鹤二人负责木船的处理;陈福坤、万有顺二人负责清理陶井;杨荣春、陈君华二人负责展览会及文物登记工作。二号后分别出发。

上午,召集南博同志汇报各人思想情况,澄清了无工作可干的失望思想。

吕桂炳今早乘汽车返南京,带致罗宗真同志信一封,交代了调查工作的方法。

今日展览会预展。上午训练说明员(7人),由我负责将陈列的文物给他们一一讲述了一遍。下午,各邀请单位凭票参观。扬州专员及总指挥部主任和秘书均到会,高邮的统战部也号召政协委员们来参观,并开了一次座谈会。委员们指出文物中三代玉戈、唐代陶俑都是精品,竹编织器的出土更是可贵的。

发掘地点:高邮

1957年5月1日　星期三　晴

今天是五一国际劳动节。扬州专区里运河工程出土文物展览会亦应时开幕。工作同志轮流各值班半天,余半天休息。

我上午在展览会值班。间隙时间参观了文化馆的文物陈列室,里面除有邵家沟、车逻附近的汉、明陶瓷器外,还有吴道子的观音图、化石、砚、明代的丝绸衣服、墓志及近代的玉雕刻品等。

发掘地点:高邮

1957年5月2日　星期四　晴

上午,指挥部召集全体干部作"正确处理人民内部矛盾"的传达报告。主讲人为扬州专区殷炳山专员。报告内容分为三部分:(一)为什么要学习"正确处理人民内部矛盾"?(二)从什么地方看人民内部的矛盾?(三)工地上如何进行学习?报告要求通过学习基本上弄清当前形势,认清两种不同矛盾的性质。党内应采取整风的办法,检查主观主义、官僚主义和宗派主义。

下午,部分同志准备出发工作。陈福坤同志去车逻联系住宿问题。我将清水潭出土的部分文物拍了照。

写信给曾昭燏、徐观伯二院长。报告最近工作情况,并做出工作计划,请示文物处理问题。

发掘地点:高邮

1957年5月3日　星期五　雨

上午,各工段的同志纷纷出发工作。屠思华和徐国珊二人到宝应工段去清理古井并征集文物;申世铭、杨荣春二人到江都工段去调查木船;陈福坤、万有顺二人去车逻工地清理汉代陶井;杨振鹤、陈君华二人负责展览会和文物登记工作。

我和政治处肖秘书研究工作,他提出五月是工程最为紧张的时候,不赞成征集、清理文物的工作提前结束。这问题需等同志们上来以后再研究。

至高邮城南工地巡查,发现这一带不大可能出现文物。宝塔附近正在填土,塔正好位于新运河中部,看来古迹已得到保护。

写至徐观伯、邵勃二人信,报告自己的学习情况,并表示准备迎接党的整风运动。询问是否需要我回去的问题。

江苏省文化局给政治处来文,调申世铭同志返苏州市博物馆工作,我已请政治处直接通知他本人。

发掘地点:高邮

1957年5月4日　星期六　雨

上午,留在高邮城的同志们参加了政治处召开的学习会,讨论如何进行"正确处理人民内部矛盾"的问题。原则上分为两个组,组织科和文物组编为一个组,时间上保证每周学习十个小时。此外还商讨了制定先进工作者计划等问题,决定作个人计划,再由各单位作计划。

午后,车逻工作组陈福坤、万有顺二同志返高邮,据报汉代陶井已清理完毕,共五个,井内只发现少量遗物,一件汉代釉陶罐和半筒瓦(绳纹),一口井内有二块方形木板衬底。每一口井圈高36厘米,直径76厘米,厚4厘米。较多的只有三个相叠,都不完整了。

曾去展览会看了一下,今日工地未开工,故来参观的民工甚多。

发掘地点:高邮

1957年5月5日　星期日　雨

今日留在高邮的同志轮流至展览会值班,因听说师专的学生们要来参观,恐临时说明员不能胜任。

湖西工程上有人来政治处报告,说发现了铁剑、铜镜和陶罐等物,想派工作组同志前往调查。

发掘地点：高邮

  1957年5月6日　星期一　雨

  去南段江都总队调查木船的杨振鹤、申世铭两同志相继回到高邮。最后阶段的工作基本上都完成了。据说木船已请民工清理，了解轮廓为长方形，船上有一木棚，有经验的船民说，这是一艘运粮船，现在尚有这种式样。舱内亦做了部分发掘，无遗物存在。因此，我们决定将该木船放弃（它没有历史价值，也不能作陈列品用）

  申世铭同志决定明日返苏州。

  屠思华同志接文管会电话，提出分配文物的原则：邵家沟文物归省博，清水潭文物归南博，车逻唐墓文物两馆协商，征集来的文物由两馆和扬州专区、高邮文化馆协商。根据此种情况，我表示清水潭出土文物南博带走，其余南博放弃。

发掘地点：高邮

  1957年5月7日　星期二　雨

  为了看看考古部留院的同志并和院领导商讨出土文物的分配原则，今日决定回南京一次。高邮同志们的工作，部分协助整理文物，部分继续征集文物，部分到湖西去调查征集文物（由陈福坤、杨振鹤二同志担任）。

  9时许自高邮动身，傍晚5时许回到南京。

发掘地点：南京

  1957年5月8日　星期三　雨

  8时许趁曾昭燏院长出席人代会离院之时，在路上汇报了工作。她的意见是一切由我做主，可不必和院长商议。我的计划就这样完成了。

  和凌竟亚主任研究工作。他同意我当时在关于文物分配问题上所表示出的态度，并对今后工作表示：赞成全部结束回院，不赞成留下一二人协助工作。

  参观了昌黎水库出土的汉墓石刻（共14块），并接见王文林同志，谈发掘经过和工作中同志间产生的意见。

  和尹焕章、张正祥谈丹徒调查的收获。阅罗宗真同志留下的信，他提出部内"群龙无首"问题。

发掘地点：南京

  1957年5月9日　星期四　阴

  继续和部内同志谈话，了解昌黎水库工作中同志之间的意见。黎忠义同志提出经费上所遭遇的困难及有些同志争工作的问题；张世金同志谈到有些同志自己工作一做完就急于返院的问题。我决定以后开一次工作总结会，来打通大家之间的隔阂。

发掘地点：南京

  1957 年 5 月 10 日 星期五 晴

  下午去人民大会堂听关于《正确处理人民内部矛盾》的录音报告。

发掘地点：南京

  1957 年 5 月 11 日 星期六 晴

  上午，继续听录音报告。

  沈韵生交来葛治功同志的信，提出解决参加安徽工作同志们的伙食和服装补贴的问题。据说，财务组希望由治淮陈列馆解决，而陈列馆又不同意，这的确是个矛盾。我对凌竞亚主任表示：最好按照我院出差的办法解决，即由我院经费开支，否则该问题难以解决。凌竞亚主任表示要和院长商议。

发掘地点：南京

  1957 年 5 月 12 日 星期日 雨

  上午，党内同志至牌楼三分社去慰问农民，因为那里又发生了水淹情况。

发掘地点：高邮

  1957 年 5 月 13 日 星期一 雨

  由南京返高邮。

  听取湖西调查的工作汇报。

发掘地点：高邮

  1957 年 5 月 14 日 星期二 晴

  屠思华同志回高邮，谈出土文物分配原则：邵家沟和清水潭的文物仍按前分配，唐墓的给江苏省博物馆，征集的文物给地方（其中玉戈 1 件由文管会带走）。

  商讨今后工作。决定明日协助江苏省博物馆同志统计（邵家沟）陶片一天，16 日南京博物院同志前往青莲岗调查。

发掘地点：高邮

  1957 年 5 月 15 日 星期三 晴

  全天协助省博同志统计陶片，其余同志整理清水潭标本。

  晚乘夜车由高邮出发至清江。

发掘地点：清江—涟水—淮安青莲岗

1957年5月16日　星期四　晴

乘早晨六时汽车由清江发涟水,行38公里到达。因昨晚同志们过度劳累,所以每人睡三个小时(在天源客栈)。

下午1时出发前往淮安青莲岗调查。出东门(实际上无城),涉旧黄河东南行十余里到达。

展现在眼前的青莲岗新石器时代遗址的面貌较过去调查时有了新的变化,破坏得更加严重了。也许是由于农田基本建设取土的需要,地表被挖的坑坑洼洼,原先的道路也已不复存在了。经我们考查,除塘中几个土墩子(或为近代墓)和东北边缘处尚可发掘外,中心地区已不能工作。我们在这里曾采集了部分标本。土城村的汉代遗址,中心在三棵松附近,地面瓦砾遍地,俯拾皆是。见农民正在挖土肥田,掘出很多筒瓦、板瓦、陶片、瓷片,看器形与高邮邵家沟近似,遗址面积约5000平方米。另在其东北断崖上尚可见到铁器遗留的遗迹。遗址东南一里许为汉墓群所在区。我们在那里曾见到当地农民用石椁砌成的猪圈。访问了当地小学校的教师,他们说,学校掘土时曾发现过古墓圹室的痕迹。我去检查时,见到沙土层较一般稍松,确是古墓否尚待详细研究。

总之,青莲岗的古代文化遗存是非常丰富的,除新石器时代遗址外,还有汉代遗址一处,汉代墓葬群二处,值得发掘。

我们在调查工作中曾在所到之处拍摄了一些照片。

这一地区的行政区隶属于淮安县郝渠区祖华乡。

工作到下午5时半,动身返涟水。

发掘地点:涟水—淮阴

1957年5月17日　星期五　阴雨

早晨,天气又变化,曾落了阵雨。

乘下午1时半的头班汽车至淮阴,在城内旅馆住了一宿。

1957年5月18日　星期六　晴

晨5时搭清一圩线的头班车出发,返南京。在镇江因未赶上快车,后至5时50分乘慢车西行,21时许到达南京,22时许到院。

南京北阴阳营第三次考古发掘

(1957年10月5日～1958年5月22日)

1957年10月15日　星期二　晴

南京北阴阳营遗址第三次发掘组织名单：

队名：南京博物院北阴阳营遗址发掘工作队

队长：曾昭燏　副队长：尹焕章、赵青芳

第一组组长：尹焕章　组员：尤振尧、葛家瑾、戴惠珍、丁文衡、黄志欣

第二组组长：赵青芳　组员：王德勤、何诚训、陈福坤、万有顺、杨振鹤

第三组组长：罗宗真　组员：方敬杰、张浦生、吕桂炳、章国屏、吴跃明

第四组组长：葛治功　组员：胡鉴稠、秦　浩、万彦昌、钟仁庆、赵子平

第五组组长：黎忠义　组员：柴旺顺、陆　觉、朱仁太、钱金全、程君华

技术指导：王文林（分辨土质、土色，清理文物，安全检查）

测量指导：张正祥　助理：柴旺顺

照相管理：张阿兴

宣传联系：陈福坤（兼）

总务组组长：沈韵生　组员：张世全

工作人员守则：

(1)必须遵守国家文物政策法令和本队的操作规程工作人员守则。

(2)必须参加体力劳动，亲自动手清理文物，亲自发掘，并做好测量、绘图、记录、照相等工作。

(3)必须爱护公共财物，不损失、不损坏。

(4)必须发扬团结、互助的精神。

(5)必须遵守作息时间和请假制度。

发掘地点：北阴阳营

1957年10月16日　星期三　阴

今天，北阴阳营第三次发掘正式开工了。

早晨7时，全队同志集合在礼堂，曾昭燏院长作了简短的讲话。她在讲话中首先

指出这次发掘队伍是庞大的,人数之多,是南博有史以来第一次。发掘遗址中的文物是丰富的,遗址的文化层也是复杂的。这次发掘是从事江南地区新石器时代的文化研究工作的一个良好的开端。最后她提出九点注意事项,号召大家服从领导,团结群众。同时阐述了参加体力劳动的重要意义。徐观伯院长也接着讲了话,他提出以整风精神做好工作。要注意工作上的科学性。同时提醒大家,工作中要注意安全。

队伍7时半出发,在大行宫接到省文管会参加工作的同志,一道前往北阴阳营工地。

8时到达工地。开工前,我先和各组长观察了坑位,决定先发掘遗址北部的边缘部分。具体做了如下分工:自西而东排列,T25(半方)第一组,T26(全方)第二组,T27(全方)第三组,T28(全方)第四组,T29(全方)第五组。我对各组长讲了遗址的划分、命名及第一步骤的工作方法,然后又对全队介绍了过去所发现的地层之间的相互关系。

每一大方有10米×10米的面积,中间再划成四个小方(由各小组单独进行),每一大方的四隅都有四个标高基点,唯地区均在遗址边缘,断崖和斜坡对于划方颇感不利。上午各组基本上把方划好了,有的小组还绘制了平面图。

T26是全方10米×10米,参加工作的有王德庆、杨振鹤(T261),万有顺、陈福坤、何诚训(T262)。这两个小探方都在断崖下面,地表略呈斜坡,距自然土层很近,过去曾受过破坏。两坑的北面均不留隔梁,T261只在东、南两面各留0.5米隔梁,形成的发掘面积为4.5米×4.5米。T262东、西二面各留隔梁0.5米,形成4米×5米的发掘面积。

工人问题,昨日下午定了丁家桥和鼓楼两处共14人,今日下午又定了北阴阳营6人,共20人。约定17日上工。

今天午后,因天气骤变,风大云密,气温突然下降,故宣布停工返院。

和南大职工宿舍负责人、地方派出所已取得联系。

发掘地点:北阴阳营

1957年10月17日　星期四　晴

今日8时开工,下午5时收工,工作了一整天。

全队干部人数都已到齐,下午,文管会同志返会学习。工人共到19人,基本每坑分配4人。每一个工作的人分发手套1副,风镜一副,口罩2个。

曾昭燏、徐观伯二院长和王惠中同志到工地视察,嘱做好思想工作,加强集体领导。

T253和254坑掘至深0.2米,为扰土层,发现近代人骨。

T261、262坑起断崖下面扰土,出残石刀、石锛、陶拍各1件。

T271坑已清理断崖下扰土。

T281、282坑除清理断崖下扰土外,并拨出断崖剖面土层,进行了绘图工作。外组同志曾到此坑参观。

T391、392坑掘至深0.2米,亦为扰土层。

分发全队工作同志坑位图各一张。

晚,召开第一次组长会议(详见纪录)。

发掘地点:北阴阳营

1957年10月18日　星期五　晴

干部全数到齐,工人共24人(新增5人)。

省文管会朱江同志到工地参观。

张正祥同志到工地解决各坑西南角的标高问题(因原测坑位图上只大探方四角有标高,分小探方各坑后,即出现了量坐标的困难)。

各组长集体视察各坑情况:T258、254坑深0.5米,仍为扰土层,出大量布纹瓦和瓷片。

T253坑发现近代人骨,除铁棺钉外,无随葬物品(仅出圆铜衣扣2枚)。今日这两坑已开始清理南面断崖上的乱土。

T261坑北部上层有一层黄灰土,深约0.3米,下层即到黄土层,黄土层中夹有红烧土层,和过去所作第四层(即葬地层)相同,因此停止下掘。另开T263坑。这是为了区别居地和葬地的缘故。

T262坑掘南部的最高堆积层,上层为黄灰土,遗物多布纹瓦;下层变黄土夹灰土,质硬,遗物是原始的印纹陶片,无近代瓦。

T271和T272坑的扰土均清理完毕,T272坑正自上向下掘,昨日出有残玉璜、石器等(扰土中物)。

T281和T282坑的扰土亦清理完,T282坑的断崖上出现动物洞穴。T281坑断壁上可看出灰土穴和烧土的堆积情况。今日开始自遗址的上层逐步下掘。

T391坑发现路面土,铜锈,路面土(?)又近乎和T282的坑相连接。偏西处亦发现动物洞穴。T392坑深约0.4米见有近代堆积的煤渣,可见仍为扰乱土。

总务组领发放工资款200元。

发掘地点:北阴阳营

1957年10月19日　星期六　阴

上午参加工作人员32人,下午为27人(省文管会和南大同志学习)。工人24人。

下午上工后,干部和学员曾轮流开了两个小时工棚会议。由工会小组长主持,讨论伙食方面的问题。

工人休息室建成,中午休息时间再没有拥挤的现象了。

T253、T252 坑均向下掘约 1 米左右，值得注意的是 251 坑内是灰色土，252 坑内则为黄胶土。

　　T261、T262 坑的共同点是地表层下约大于 1 厘米为近代砖瓦堆积，这一层下变为黄胶土层，与 T252 坑的现象相同。推想黄土是自他处移来的，上处曾经有近代房屋建筑。

　　T262 坑的黄土下变灰土，出较纯的原始陶片，还有赤铁矿石和铜残器，这个发现再一次证明遗址上层确为铜石兼用的时期。

　　T271 坑的西南角已掘出扰土层、灰土层和黄土夹烧土层，在黄土层内发现两个完整的小陶罐和一件玉饰压在烧土面上，这是个有趣的问题。

　　T272 坑的断崖面剖出，上层为黄灰色扰土，下层为灰土层，层次比较简单。但灰土有一部是打破到最下层的黄土夹烧土层中去了。这和 T34 和 T44 坑（56 年掘）所发现的打破现象一致，也是非常有意义的。

　　T281 和 T282 坑均在遗址的高处清理。282 坑清理了动物的洞穴，发现铁钉、透明胶纸、蚌壳和木屑。

　　T391 坑内发现烧土面和近代墓、动物穴打破烧土面的情况。

　　T392 坑所见的土仍是不分层的杂土，遗物也混乱，并有洞穴和穴内煤渣的发现，无疑这是边区近人倾倒的垃圾的场所。

发掘地点：北阴阳营

　　1957 年 10 月 20 日　　星期日　　晴

　　今天虽然是星期日，但按照工作计划的要求，争取晴天工作，故暂不休息。

　　工作同志全体出动，一人不少，即南大和省文管会的同志亦全体到齐了，可见同志们的工作兴趣的高涨。工人 24 人全到。

　　T253 全坑为灰土，遗物纯为印纹陶，并出一小石锛。这坑似与 T34、T44 的情况相符。

　　T254 地面扰土层下发现黄胶土，遗物甚少，但有近代瓦片和瓷片。有一片烧土面值得注意。

　　T263 坑今天暂不掘上层，拨去断壁上附着的乱土，剖面现出土的层次，自上而下，略为扰土层（含大量瓦片）、黄土层、灰土层。黄土层被近代灰沟所打破，灰土层下出现烧土和白灰层。为保留这些遗迹，停止下挖，改从上顶崛起。遗物不多，但灰层中所出很单纯。

　　T264 坑今天新开，东西 4 米，南北 5 米。

　　T262 坑掘南部一部分，深 2.2 米，出现红烧土和黑草灰，西南角有一残陶鬲，夹在烧土中，鬲腔内的土已被烧红。

　　T271 坑南部掘至烧土后，即停工，今日只作照相、绘图工作。

T274 坑从断壁上看灰土层颇厚。今日掘地表层，发现有白灰面的凹窝。

T283 坑发现大石块（似垫路石）和灰白凹窝后，工作进展甚缓慢。

T284 坑发现夯土（？）后工作亦趋于缓慢。

T391 坑昨日发现的"近代墓"原来只不过是一条灰沟。烧土面仍未破除。

T392 坑仍见煤灰样的物质，北部现出一烧土方坑，坑内积贝壳灰（？），其他处还出了不少鱼骨、龟甲等物。但土层仍混乱不清。

今日因是星期日，参观群众较多。

徐观伯院长下午来工地视察。

同志们提出请发洗澡票的问题。

发掘地点：北阴阳营

1957年10月21日　星期一　晴

工人24人，工作人员仅一人未到（葛家瑾）。

胡小石先生到工地参观。凌竞亚主任参加工作一天。工人发放五天工资一次。

召开工人小组长会，明确每两周的星期六为学习日，星期日的休息两周一次。

确定存放陶片的房屋，并请人搭木架。

T253 坑掘至纯灰层，包含遗物也是石器时代的，确和 T34 与 T44 的情况相同。

T254 坑半为黄胶土，出瓦片；半为灰土，遗物是原始的。有白灰面一段，破除后发现近代瓦片一件，这就说明黄土层是近代形成的，它可能与地表层的瓦、砖有关。

T263 坑，掘至深 0.55 米（距地表），剖面观察，中部现黄土，但无规则的界线。这个坑的地表层瓦片特别多。

T264 坑地表层尚未掘完，土色淡灰，出砖、瓦类遗物很多。深至 0.4 米时铲平一次，无新发现。

T273 和 T274 坑均无特殊情况。T274 和 T283 所见到的白土凹，仍难解释。

T284 的黄色夯土向南边缘不清，这层土是否夯土尚成问题。

T283 坑发现石块后，进度很迟缓。

T382 坑是新开的，开这坑是为了找 284 坑内夯土（？）南部边缘。

T391 坑内找出一条横贯坑南的防空沟。

T392 坑的北部发现一烧土坑，坑内填满白色灰粉，似蚌灰，又似草灰，很难确定。灰中有少量陶片和小兽骨。

T392 坑发现的烧土坑中的白土，已起出一块保存。

发掘地点：北阴阳营

1957年10月22日　星期二　晴

干部和工人都全部到齐，唯有文管会的三位同志因参加学习，下午未来。

T253 坑仍然为灰土层,遗物单纯,有少量印纹硬陶。

T254 坑东部灰土,西部黄土,先掘灰土,包含遗物多是新石器时代的,但也有少量明代的瓦。

T263 坑发现黄土面,似夯土,面上有一圜形瓦片痕迹,直径约 0.4 米。瓦片的附近,又有焦土的痕迹,形状不规则,像是烧煮食物的遗存,但不属于新石器时代。

T264 坑从地面到 0.71 米深曾铲平过两次,仍为淡灰色扰乱层。出瓦、砖、瓷片较多。

T273 坑继续作地面扰乱层。

T274 坑出现明显的灰层,但为保存该坑所发现的白土痕迹,暂停下掘。

T372 坑是新开的。

T283 坑北部扰土出有乱砖瓦。

T284 坑,夯土已向南倾斜,面积扩大。可分作两层,中间夹着白色物质。

T381 坑东北角有石块,土层中出近代砖瓦和瓷片。

T382 坑北部出现黄色夯土面与 T284 相连,唯向东北倾斜,与 T284 形成一凹面。

T391 坑,烧土面下堆积的是灰土,厚 63 厘米,土内遗物主要是陶片。

T392 坑中发现 H21 和 H22 两坑,因迫近黄土(第四层),故停工。

发掘地点:北阴阳营

1957 年 10 月 23 日　星期三　晴

1. 工人 26 人(新增加 2 人),干部全体到齐。

2. 研究拍摄全景的地点问题。南大虽然允许砍去树木 11 棵,但我们考虑损失太大,决定搭一竹架,约费 40 元左右。

3. 上午开工后,曾召开组长会议,商讨休假问题。决定星期日工地不整体停工,分组休息。葛治功同志提出全面揭露的工作方法问题和所发现的夯土及夯土的时代问题,引起激烈争论,结果意见未能统一,但这种争论对问题的探讨无疑是有益的。

4. 各坑的主要情况:

T253 坑内续作灰层出遗物以陶片居多,有印纹硬陶 3 件。

T254 坑内作东部灰土,出陶片较多,有黑皮陶(三角纹),似周代陶器的作风。

T263 内作出灰沟一条,打破黄色夯土面,内填明代砖瓦,南北贯通,似遇夯土面有关的近代建筑遗存。

T273 坑西北角发现乱烧土和连接烧土的一条小灰沟(沟土内外均为灰色),沟内陶片、瓷片杂乱。

T274 因遗迹未解决,工作暂停。

T372 是新开的,紧临 274 坑。正作地表层。

T283 坑发现铺路石五块及白面圆凹窝一处后停止,未能下掘。

T284 坑的夯土正继续清理，夹含的遗物是绳纹陶片，尚未发现近代瓦。

T381 坑与 T283 坑相比毗连，地表层下亦发现铺路石三块，但没有夯土，土色是灰的，遗物是杂乱的。

T382 坑有一部分是黄色夯土，但南部是灰土，仍属扰乱层。

T391 坑已掘至距坑口 1.91 米处，土色黄灰，夹有烧土层。今日在坑北发现一小兽骨架。

T392 坑未作，新开 T393 坑。

发掘地点：北阴阳营

1957 年 10 月 24、25 日　星期四、五　晴

24 日我未到工地，留在院内办事。听说这一天工地曾发生干部争吵事件。干部和工人在工地一起学习了"治安条例"。

25 日。T263 坑已停，新开 T361 坑是为了寻找和 T263 坑有关的黄土面。

T264 坑北部的黄土（似夯土）和南部的灰土出遗物均混杂，有瓷片、砖瓦片，也有古代的陶鬲（素面、灰土层）、玉璜和石凿（黄土）。

T253 坑仍续作灰层。T254 坑亦同。

T273 坑发现黄土层中夹有焦土的痕迹。西南角发现烧土与灰土的混杂层，里面还有稻米的包含物（T264 东北角亦有）。

T274 坑续作灰层和灰沟，灰沟是扰内乱的，有近代砖瓦，灰层遗物纯，出一铜兵器尖。

T372 坑未续作。T283、T381 亦均未作，等待解决其中的石块问题。T383 坑新开，其与 T283、T381 成一排。

T284、T382 均因黄土面的问题而停作。

T384 坑内发现近代人架，随葬品有铜扣、韩瓶、绿釉瓷罐等。

T391 坑南边现出灰土坑，形状不规则，略呈椭圆形，遗物单纯，都是石器时代的。

T392 坑因至黄土（第四层）故未作。

T393 坑内发现近代扰土坑，出手枪一支。

T394 坑是初开的。

今天徐观伯院长来工地了解情况，嘱注意同志们的思想情况，常开小组会。并布置党团员会和一般同志的交换意见会。

发放五天工资（第二次）。

每一干部发洗澡票一张。

隔壁师范学校总务主任来工地，对我们不能及时为他校填塘、垫操场有意见。我做了解释。

发掘地点：北阴阳营

　　1957年10月26日　星期六　晴

　　今日停工，全队参加政治学习。

　　上午党员同志去听关于参加体力劳动的录音报告。其他同志用了两个小时参观报刊展览，两个小时的时间讨论工地上的问题。下午全院工作人员听徐观伯院长传达关于参加体力劳动问题的报告，会后组织了讨论。

发掘地点：北阴阳营

　　1957年10月27日　星期日　晴—阴

　　第一、三、五组休息，第二、四组开工，工人仍为26人。

　　新开T363、T364号两个小方，和T361、T362号方同时进行工作，所见都是扰乱层，遗物以近代砖瓦和瓷片较多。

　　第四组续作T383、T384号方，工人较少，在T383号坑发现一堆近代条形花砖和一件瓷瓶（四系、黄釉）。T384号坑内西北角又出现一人骨，和前出的相距约3米，头的朝向亦同（西北），但无随葬器物。

发掘地点：北阴阳营

　　1957年10月28日　星期一　雨

　　因雨停工。

　　上午向二位院长分别报告部内学习情况与发掘工作中的问题，讨论招待波兰考古学家参观的事项。

　　下午，与尹焕章、葛治功、罗宗真、沈韵生同志到工地察看情况，以作招待专家参观的准备，并至第五区人委会劳动科了解工人的政治情况。

　　临时召集了组长会。研究同志对改进工作所提的意见，如读报、办黑板报、爱护工具和树苗，加强组一级的领导，强调思想工作等诸多问题。

发掘地点：北阴阳营

　　1957年10月29日　星期二　雨

　　上午8时半，全院同志和学员都到南京人民大会堂去听文教部长俞铭璜的关于整风和反右派的报告，报告中指出目前运动已进入第三阶段，即干部下放、整顿编制、紧缩机构、参加劳动，尤其是大鸣大放的整改阶段，各机关必须以大字报的革命形式尽量鸣放。

　　下午，用了两个小时时间，第二、四两组讨论参加体力劳动问题，并学习邓小平同志关于整风问题的文件。后两个小时全院讨论俞部长的报告，并动员群众以实际行动鸣放。至晚，大字报已首批出现。

发掘地点：北阴阳营

1957年10月30日　星期三　晴

上午，工地照常开工，干部、工人人数如前。张正祥同志来校正各坑木橛位置及海拔高度。陈福坤、柴旺顺二同志到区委去了解工人的政治思想情况。开组长会，布置了招待外宾工作和保卫工作。

波兰考古专家（石器时代）下午15时到工地，由曾昭燏院长和科学院的工作同志陪同在工棚休息，我作了北阴阳营遗址的发现、发掘经过及其重要意义的发言。专家在工地参观时，由尹焕章先生陪着讲解。专家对居住遗址及印纹陶的问题询问较详。以后专家又谈了发掘方法，首先指出分层问题，他以为应采用自然分层，在同一文化层中亦可人工分层。方格法是和波兰、苏联一致的，波兰是采用了5米×5米规格；对遗址的处理应从各坑找出其完整边缘后，然后下掘（T273有烧土坑现象，违反了这种做法）。他说，我们的发掘面积很大，遗址较复杂，与黄河流域不同。

今日新开坑有T351、T352、T371、T372四个。

T361坑发现圆形灰土穴三个，其二相连；北部有弧形灰沟一条，这些现象均分布在黄土面上。

T383坑发现自然大石块四个，与他坑相连，共成七个一排。T393坑发现完整的烧土面。

发掘地点：北阴阳营

1957年10月31日　星期四　晴

工人、干部均到全，南大助教告辞去参加劳动。上午休息时间开始读报。

北阴阳营小学商谈借汽车。工人发放工资。

T351坑虽深1米有余，但仍有近代瓦片。

T352坑发现近代墓，但只见铁棺钉，却不见人骨，共两处。想是扰乱过的。东南角出一铜钱。

T361坑的现象已清出，但不能说明它们的作用。T363坑深至16.993M（海拔），出现黄土，特点是成层，这现象值得注意。

T362坑发现部分有烧土和烧焦粮食的遗存，黄土和灰土的相混现象

T364坑出现一近代墓，头骨和肢骨错乱，但并未越出棺钉位置之外，足端有木炭一块，别无遗物。东南角亦出现棺钉，可能也是一墓。

T273坑作灰层，出铜箭头1件。

T384坑找防空壕的来龙去脉。

T393坑正清理烧土面，面上的遗物有瓷片。面南是防空壕，昨日曾出手枪1支，子弹2排。

尹焕章队长陪外宾去板桥参观,今日未到工地。

发掘地点:北阴阳营

1957年11月1日　星期五　晴

今日工人共28人(从院内调来2人),干部全到(有省文管会葛家瑾同志亦来参加工作)。

上午休息时间全体读报。中午开始吃大灶伙食。

照相架子已建成。

T351和T352坑继续发掘,T352坑内的近代墓清出,仅存下肢骨数段,牙齿数枚。东壁出现灰沟,与T361连。

T263与T361坑之间的隔梁破除,目的在找寻与黄土面的联系情况。T363的黄土有两层,中间夹有灰层。T362坑作烧土沟,所见烧土块有成平面的,有夹植物痕迹的。近代砖瓦仍续出。

T364坑的烧土沟与T362坑的相连,另在东南角发现一近代墓,正在找边缘。

T273坑发现幼年的人骨,其上灰层不乱,是遗址上层(即铜、石兼用时期)的遗存,但无随葬品。

T274坑续作灰层,土色变化多,层次复杂。

T283、T381、T383坑破除隔梁、石块共16个,略呈直线排列,但距离不是绝对相等的;石块下面仍是浅色土。这现象可能与T284、T382的黄土面有关。

T391坑去隔梁发现人骨。

发掘地点:北阴阳营

1957年11月2日　星期六　晴

今日工人28人,干部缺1人(第四组组长请假)。

决定办工地黑板报,推尤振尧、陈福坤、柴旺顺三同志负责,其要求是交流工作经验,开展批评与表扬,活跃工地生活。明日出创刊号。

研究派人参加波兰考古专家座谈会的问题,决定各组预先做好布置,到时组长参加,工地由我一人负责。提请大家注意科学工作者应有的态度,对任何事物的研究和处理均应实事求是,不应夸大和缩小,既要有根据的假设,又要尽力求证或反证,绝不能有"先入为主"的主观臆测。

第一组特作T253和T254坑。

第二组T263、T361、T363的黄土面连成一片。其东界一部分在T361与T362的隔梁下,一部分越入T364坑内。南界临断崖,西界进入T262坑,北界尚未找出。弧形灰沟亦跨T252和T262坑。

发掘地点：北阴阳营

1957年11月3日　星期日　雨

照常开工。干部、工人均到齐，尤其是南大和省文管会两单位的同志表现了他们对工作的热情。

下午，尹焕章、葛治功、黎忠义诸同志返院出席波兰专家的座谈会，其余同志冒雨工作全天。因为是星期日，参观的人较多，特别是学生们。黑板报今日正式出版，发表了最近工作成绩、编者的话、征稿启事等。

T253坑底海拔深度约14米，部分是黄土夹烧土块，部分是灰土。

T254坑作H23，无清楚边缘，从土色上看里面是黑灰土，坑外是淡灰土，附近有大的烧土块的堆积，坑形不规则，略呈椭圆形，上口大，下底小，底部海拔14.38米。出土的陶片较大，纯新石器时代遗存，有一件长方形砺石很珍贵。

T352和T361间的隔梁破除，现出弧形灰沟一段。这条灰沟宽20厘米，贯穿T254、T352、T361三坑的黄土面，直径6.60米，深度尚不可测，内填淡灰土，包含有近代砖瓦片，显然与黄土面有关。今日做了破除T361的东西隔梁、T263与T264间的隔梁的工作。

T362坑的烧土沟已找出，宽62厘米，深55厘米，从东南—西北斜，与T364坑发现的相连。沟内填烧土最多，因此称为"烧土沟"。烧土中有一面平整，一面粗涩或加植物杆茎。另有砖瓦和瓷片出土。

T364坑的东隔梁下的近代墓已清理完，无随葬品，只有铁棺钉数枚，为一男性，年约卅余岁，肢骨不全，无保留价值。

T273坑发现的幼年骨骼，年约十三四岁，作一木箱连土取出，保存研究。

T274坑发现制石器的遗迹，有很多石片分布，还有1件陶纺轮，另外有朽木痕迹，均在一平面上，值得研究。

T283与T381坑间隔梁破除后，又发现1块石头，加上前所发现的共有18块了。

T391与T392间隔梁破除后发现幼童骨架一具，和T273的相似，惜骨骼不全，只好部分取出。

T393的烧土面南部被防空壕打破，向北约1米即变为烧土粒层，但它们的平面上都有一层白色的淤泥。

T394坑深1米余，仍为扰乱层。

发掘地点：北阴阳营

1957年11月4日　星期一　晴

T253坑灰层到底，接近第四层，即葬地层，因此停工。T254坑内的灰坑亦到底，周围是红烧土堆积层，坑形略圆，上口大，下底小，里面出遗物很单纯，亦停止下掘。

T351和T352坑续作。在T352坑内发现石块3件（灰土范围内），情况与T381

和 T383 的近似。东部是黄土面,与 T361 坑的黄土面毗连,是黄土面西界的一部分,但并不规则。

T361~364、263、264 之间的隔梁多数都要破除,原因是要找出黄土面的边界和面上的遗迹。在 T263 与 T264 之间又找出灰沟一段,至此整个灰沟已找全(除以北被破坏的外),直径为 7.2 米。

T373 和 T374 坑内发现的制石遗迹继续清理。

T381~T384 坑清理部分扰土。

T391 和 T392 坑的隔梁继续破除。T393 正清理烧土面及其范围。T394 内防空壕的扰乱仍很严重。

今日曾昭燏院长来工地参加工作。

我个人留院参加会议,中午来工地一次,传达了明日停工开会的决议。

发掘地点:北阴阳营

1957 年 11 月 5 日　星期日二　晴

今日停工,全体同志在院内参加会议。

对工人交代本星期六的学习移至今日,应按半日发工资。

发掘地点:北阴阳营

1957 年 11 月 6 日　星期三　晴

拟出工地守则十余条,经全体工作同志同意后公布。

公布最近照相工作上的优缺点及注意事项。

胡小石先生来参观。对个别工人进行教育。

T362 与 T264、T364 间的隔梁破除,找出打破黄土面的烧土沟的全部情况。

T273 与 T274 发现的制石遗迹中出铜箭头 2 件,还有小块炼渣,石器钻孔的遗存,说明该遗址第三层为铜、石并用文化。

T384 坑出现小兽骨架,其旁并有圈足豆和陶壶的残器,似春秋战国时代的黑皮陶器。它们均位于一条灰色的扰土沟内。

T391 和 T392 坑的隔梁下出一件完整的龟背甲。

T394 内动物穴纵横分布,并有防空设备的木架。

发掘地点:北阴阳营

1957 年 11 月 7 日　星期四　晴

各机关因庆祝十月革命节放假一天,工地因特殊情况仍按星期日休息(各机关是把星期日移到今日)。

省文管会同志随机关休假。宣布工地守则,大家均拍手同意,即日起公布施行。

第一组　今日工人较多。作 T351、T353、T354 坑。在 T354 坑内发现紫砂陶罐（带盖）一件，甚完整，推想是墓葬的随葬品。

第二组　今日把破隔梁工作结束，进行照相（三张）、测绘工作。把弧形灰沟、烧土沟、小圆穴均保留在纸面上。拟明日分坑下掘。

第三组　作 T273 和 T274 坑的制石遗迹，进行绘图、照相，并决定明日向南找出边缘。

第四组　今日亦进行各坑现象的绘图、照相工作。

第五组　在 T391 与 T392 的隔梁下，相继出现龟腹甲和鱼骨不少。

发掘地点：北阴阳营

1957 年 11 月 8 日　星期五　晴

今日因院内讨论第一批参加体力劳动下农村问题，工作队大部分人员不能到工地工作。院内指定我和尹焕章带四位大学毕业的同学主持开工。省文管会的三位同志亦参加，但下午因本单位开会而返回。工人仍为 28 人。

开掘面积有 T351、T353、T354、T363、T364、T371、T372、T373、T283 诸小方。

T351 坑距地面深 1.66 米，在灰土层下出现烧土面，虽部分残破，但其连续的面积很大，分布在全坑内尚未找到边，其下仍为灰土。这是该遗址的一期居住面想无问题。

T353 坑掘灰层。T354 出现两架近代人骨，均有铁棺钉，头向均为东北，骨下垫有黑灰，附带均有小铜扣，脚边置木炭一块，以这些情况推测，可能是清代的墓葬。

T363 和 T364 坑均挖黄土层，每层黄土约厚 19 厘米，遗物甚少，以新石器时代陶片居多，并出石锛 1 件，石研磨器 1 件，但也出了 1 件布纹瓦。

T373 坑地表层下面见铁棺钉不少，282 坑与石块平行的灰土中仍有布纹瓦出土。

发掘地点：北阴阳营

1957 年 11 月 9 日　星期六　晴

上午发掘工作照常进行。T363 坑黄土层中出现烧土面。T364 坑发现黄土和灰土的分界。均停作。下午开掘 T263 和 T263 两坑。

午饭后，全院同志返院听有关参加农村生产的报告。工地留尹焕章、戴惠珍、尤振尧、胡鉴稠、方敬杰数位同志照顾。

发掘地点：北阴阳营

1957 年 11 月 10 日　星期日　晴

全体休假一天。沈韵生同志到工地发工资。

下午又听一次关于参加农村体力劳动的报告。

发掘地点:北阴阳营

  1957年11月11日 星期一 晴

  由尹焕章、戴惠珍、尤振尧、胡鉴稠、方敬杰诸同志到工地照常开工。其余同志留院欢迎上级送喜报(参加体力劳动)。11时,文化局潘科长等到院,大家锣、鼓、鞭炮齐鸣。临时礼堂灯火辉煌,墙壁上贴满了红、绿五色祝贺标语。潘科长宣布了我院被批准的十同志名单(即陈丽英、陈福坤、柴旺顺、穆金镐、苏来友、杨振鹤、谢增元、芮秀珍、胡薇薇、宋惠英)。一时掌声齐鸣,振奋人心。会后与被批准的同志们照了相。

  下午全体同志到工地进行工作。

  T264坑内出完整的陶鬲1件,附近有碎骨块。

发掘地点:北阴阳营

  1957年11月12日 星期二 晴

  照常开工。有两位工人临时请假;干部中何诚训同志因参加反右倾学习,请假三天;省文管会同志因讨论参加农业生产问题亦请假两天;我院被批准第一批到农村的陈福坤、柴旺顺、杨振鹤三同志从此不来工地了。第二组人力薄弱,调张阿兴来接替杨振鹤的工作。

  T351坑在灰层下出现烧土面,南部和东部有大石块分布,但石块下有"六朝砖"。烧土面的范围现在正找寻中。

  T263坑深距地面1.65米时铲平一次,发现西部有烧土痕迹,是未经过移动的,夹在黄土层中。东北角有灰土一片。T264坑底部(海拔16.402米),出长方砺石一块、石料一块(均照相)、铜箭头1件(黄土中),铲平后发现坑内有一条东西向的黄土隔梁,隔梁的南北均是灰土。

  T391与T392之间地区,出完整骨箭头1件,破碎了的绳纹陶罐1件。

  T263、T361、T363坑是南北一行的坑位。以今日的情况看,三坑均是黄土层,均发现有烧土面的迹象夹含其间,但深度不等,以T361的较高,T363次之,T263最低。这真是一件奇怪的事。

发掘地点:北阴阳营

  1957年11月13日 星期三 晴

  上午全体职工在工地进行发掘工作。

  下午只留沈韵生同志照顾工人运土,其余干部、学员全到南京会堂去参加文化局单位欢送第一批参加农业生产同志的大会。

发掘地点:北阴阳营

  1957年11月14日 星期四 晴

上午发掘工地由尹焕章、戴惠珍、尤振尧、胡鉴稠、方敬杰五同志负责，其余同志留院学习文化局李局长的报告。

下午留院同志至人民大会堂参加省文教部门召开的欢送干部参加农业生产的大会。

今日T264坑深至1.38米时北部发现黄土隔梁一条。这条隔梁形的遗迹深至1.5米到底，下面即变为灰土，含遗物少，但都是新石器时代的陶片。

北T361坑深距地面0.9米，南部出现烧土面，留下作其他处，遗物少，出砂质陶片和石锄1件。有布纹瓦1片，出在烧土面的上层。

发掘地点：北阴阳营

1957年11月15日　星期五　晴

今日工地仍由尹焕章、戴惠珍、尤振尧、胡鉴稠、方敬杰五同志照管。其余同志上午留院做参加大会的准备。下午全院至文化局集合，列队步行至玄武湖参加省级机关关于干部参加农业生产欢送大会。

今日北T361坑（海拔16.347米）出现烧土面，面上蒙有黑色草灰，下面的土即呈红色，形状不规则，但却是呈层的，每层4～6厘米不等，在本坑范围内可分三层。把T263、T363坑联系起来看，共有五层，以T363的较高，T263坑较低。总起来讲，这种现象现存在于黄土层中，黄土本身就是分层的，但层与层之间有时曾经留下火烧的痕迹。至于古人为什么用火烧它，目前还是一个谜，有待我们去探索。

黄土层中至今尚未见到晚期的布纹瓦和其他近代的遗物，还应继续考察。

发掘地点：北阴阳营

1957年11月16日　星期六　晴

今晨大雾，临近中午方才渐渐散去。

上午全体工作人员均到工地开工。分别召集了组长会、四位大学毕业生会和工人组长会，传达了这几天院内和工地活动的情况，并交待今后工作和学习方向。

下午工地留尹焕章、王文林、尤振尧、胡鉴稠、方敬杰、戴惠珍诸同志照管，其他同志均返院参加学习，读《工农业并举》和《高歌迈进》两篇报纸文章，结合七个参考题讨论。

晚，部门召开欢送参加农业劳动同志大会。

发掘地点：北阴阳营

1957年11月17日　星期日　晴

全院自今日起一律改为星期一休假，但工地仍照特殊情况执行原决定。

上午和葛治功同志留院汇报昨日学习情况，其余同志均到工地开工。

北 T262 坑的灰土中相继出两件残陶鬲。T362 坑的灰土中出梭形骨器 1 件。

北 T361、T261 坑的烧土面已清理完毕，并进行绘图工作。出板瓦 1 件，据说是隔梁的上层所出。

发掘地点：北阴阳营

1957 年 11 月 18 日　星期一　晴

院中休假，工地照常开工。

黑板报以队部的名义对队长、组长、组员和工人提出四点希望。希望同志们在参加体力劳动的运动中，思想波动不影响工作，对工作日记、绘图、文物处理、工具保护、劳动态度都应加以注意。

工地中两日来又进行了各坑现象的争论，尤其是第四组 T381、T383 坑发现大石块的时代问题，争论较为激烈，但始终未能统一认识。

照最近总的情况看来，遗址西部第一组的四个坑位，在地层结构上大体和 1956 年发掘的 T34、T44 情况近似。第二组范围的坑位中，在地面扰乱层下 T263、T361、T363 坑普遍出现黄色胶土，质坚呈层；深至海拔 16.347 米时，又出现层层的烧土面。把三个坑的烧土面联系起来看，可区别为五层，但都是残破不规则的，烧土面上普遍留着黑色草灰，这种遗迹很难解释它的作用何在。从包含的遗物看，除了烧土面上层出一片近代瓦外，下面的遗物多是新石器时代的陶片。

第一组的北 354 坑内深至海拔 15.95 米，东北角是黑灰土，其余各处是淡灰土，淡灰土中出砖和近代陶瓦。从南壁的剖面上看，这种淡灰土自上至下，并无层次变化。北 351 与 353 之间的烧土面，位于灰土层中，南北约长 7 米，不完整，东高西低，其分布形状是方，是圆，尚不可知。但面上土的层次分明，出土物亦纯，是铜、石并用时期的遗存。

北 362 坑：土色是东部灰，西部黄。东部灰土连接北 371 坑，西部黄土连接北 361 坑，恰是一小分界点。

第三组的北 371 坑是灰土，西南角出现小石子层，石子下还有骨骸。北 371 坑层次较复杂，灰土中出现不少乱骨。北 362 坑已接近石片分布的地层。

第四组今日已将北 381 和 383 内的石块经编号挖出保存。石块下出现了成堆的陶片，北 361 中有陶、石器和大量的大件容器残片。出土遗物自然不能说是近代的，但和遗址所处的时期却又有一定的差异。这是个待研究的问题。

第五组北 394 内有一排木柱，是防空洞的遗存，木柱以西是扰土，其他都是黄土夹烧土块。北 393 坑的烧土面下出 1 件烧土臼，形状颇奇特。

发掘地点：北阴阳营

1957 年 11 月 19 日　星期二　晴

今日工地只留尹焕章、尤振尧、胡鉴稠、方敬杰、戴惠珍五同志照料,其他同志全在院中学习。文管会三同志和南大何同志上午均到工地,下午均回本单位参加学习。工人到27人。

北264坑深至海拔15.875米,北部出现红烧土的堆积,南部出现淡灰土,即留烧土集中作灰土,灰土中包含遗物有砂质鬲、瓿片、绳纹陶片、鬲足、豆片等共9件。

北362坑深至海拔16.625米,西部为黄胶土,东部为灰土,其间遗物以砂陶为主,有鬲、陶片及兽骨、石块等。

北364坑,只将东北角灰土层掘去,自0.7～1.35米出土文物是新石器时代的,后将全坑掘去一层,在西部黄胶土内出土2片龙泉瓷片和近代残砖。

发掘地点:北阴阳营

1957年11月20日　星期三　晴

上午工地由尹焕章等七人照料,下午只留王文林同志管理抬土,其余同志全返院参加学习。

北364坑深距地面1.25米时西部为黄胶土,东部为灰土,界线分明。可能灰土较早于黄土,黄土即位其西部各坑的东边。

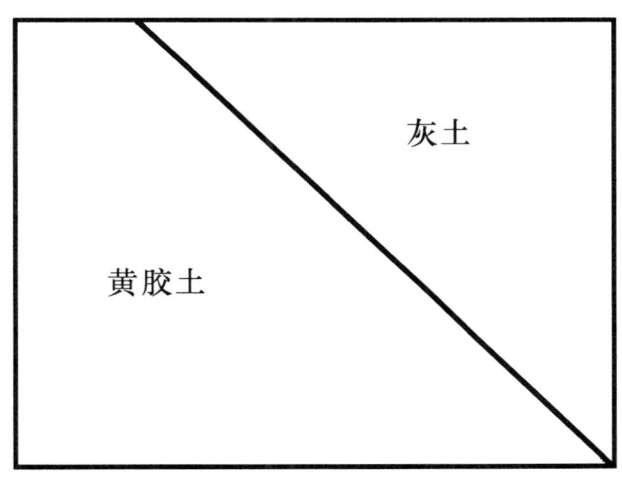

黄胶土与黄土相互位置图

北264坑,掘南部的灰土深至15.67米(海拔),出土文物纯为新石器时代的,计有石锛2件和一些砂陶片等。

发掘地点:北阴阳营

1957年11月21日　星期四　晴

上午有南博干部5人,文管会3人,南大1人在工地工作。下午,原计划只留南大何诚训同志管理抬土,全体干部在院参加学习,但中午又接临时通知,所有干部仍回工地照常进行工作。工人实到25人。

北264坑分两部分,北部是烧土堆积层,出铜箭头1件(海拔16.175米),石刀1件(Z2.05米)。南部出铜箭头2件(Z2.05米),小石锛1件(Z1.9米)。

北361坑掘黄胶土,发现下面变成灰土层了,但灰土上面(亦即黄土下面)仍有烧土面的残迹,只是部分的存在,出石斧料1件,陶片少,都是新石器时代的。

北263坑深1.55～1.71米,留烧土面(西南角),作黄胶土,含物甚少,但全是新石器时代的。

北363坑作北部隔梁的黄胶土,以便向外出土。由0.6～1.05米出石锛料1件。

北364坑,本日只掘西部的黄胶土,深度为1.54米。

发掘地点:北阴阳营

1957年11月22日　星期五　晴

本日工地有10位同志参加工作(曾昭燏院长参加),其余同志仍留院学习。工人实到26人。

北263:由1.71～1.96米全为五花土,即灰土中央夹着黄土块。出砺石7件,自然石8件,红泥陶22件(收1件),砂陶50件(收10件),黑皮陶60件(收7件)。西南的烧土面未作。

北264:作南部灰土,深至海拔15.57米,出石箭头1件(海拔15.45米)。

北361:掘黄胶土,留烧土,深至1.8米,出现灰土,仍有黄土块混杂其间,出石锛料1件(海拔15.855米),石杵1件(海拔15.805米),残石刀1件(海拔15.905米),石料1件(海拔15.807米)。

北364:坑的深度由1.54～1.8米。在深达1.7米时,南壁下出现烧土面,直径约1米,烧土上有圆涡状。

发掘地点:北阴阳营

1957年11月23日　星期六　晴

今天全体同志留院参加鸣放大会(第二批参加农业生产问题)。工地由王文林同志照料运土。工人26人。

发掘地点:北阴阳营

1957年11月24日　星期日　雨

今日多数同志仍留院学习,工地由尹焕章等五人及文管会同志进行工作。工人26人。

北263:掘破一层烧土面,同一地点又出现了一层烧土面。表面光滑有焦灼痕迹。

北361:只掘烧土面一层,深度1.2～1.3米出穿孔长方形砺石1件。

北363：只掘黄胶土部分，出遗物极少。

北364：只掘东部淡灰土及灰土，深度1.2~1.36米陶片中仍有印纹硬陶。

1957年11月25日　星期一　雨

全体休息一天。

发掘地点：北阴阳营

1957年11月26日　星期二　雨

工地留干部10人，工人26人，其余同志均留院学习。

北361：只掘北壁下红烧土，深度1.3~1.9米全为较硬的黄胶土，出土文物都是新石器时代的。有1件穿孔的残玉环，此发现颇奇特，按理它应属于第四层葬地的东西（海拔15.957米）。

北363：破去三处烧土面，深度1.1~1.4米，坑内除有几片砂陶外，别无他物。

北364：只掘东部黄灰土，深度1.36~1.6米，黄灰土仅厚20厘米，即变灰土。黄灰土中出铜锛1件，石矛1件，两者相距仅0.5米。土层不乱，是原始的遗物。

发掘地点：北阴阳营

1957年11月27日　星期三　阴

工地有干部11人，工人26人参加工作。

波兰考古学家来工地参观。

北363：掘黄胶土，深度1.4~1.65米（底部海拔16.306米），出陶纺轮1件，石锛1件。

发掘地点：北阴阳营

1957年11月28日　星期四　雨

上午开工。干部5人，工人26人。

下午因雨大停工。干部返院参加考古部欢送第二批下乡同志座谈会。

发掘地点：北阴阳营

1957年11月29日　星期五　晴

上午工地由沈韵生同志照料，主要工作是排除各坑内的积水。其余同志均出席在人民大会堂由省文教党委召开的欢送第二批赴农村参加农业生产劳动的大会。

下午，我与尹焕章二人到工地视察。因天气转晴，工人都已到齐，故宣布开工（其余同志仍参加由文化局所属单位在人民剧场召开的欢送大会）。

除个别坑深处淤积的淤泥还有待清理外，其他各坑的烂泥基本上得到清除。

发掘地点：北阴阳营

  1957年11月30日 星期六 晴

  今日干部和学员全面恢复发掘工作。

  第一组：尹焕章、尤振尧、戴惠珍、丁文衡四人。

  第二组：赵青芳、万有顺、张阿兴三人。

  第三组：罗宗真、吴跃明、方敬杰、张浦生四人。

  第四组：葛治功、万彦昌、胡鉴稠三人。

  第五组：黎忠义、陆觉、钱金全、朱仁太四人。

  省文管会的王德勤、葛家瑾二同志请假，南大的何诚训同志参加了农业生产。工人16人。

  北263坑的情况是：西南角有一块裸露着的烧土面（上有烟痕），据说恰好位于过去所发现的下面，是揭去上层烧土面后继续出现的。海拔15.907米处烧过的土本身仍是黄胶土，但向下全坑就变为灰土了。这一现象仍然说明黄胶土是经层层加火烧过的。该处出土遗物稀少，有砂陶片、绳纹陶片和淡灰色的泥陶片。

  北264坑：东壁上的土色层次清晰可辨，为黄、灰二色相互混杂，黄色土层较薄，时而隔断灰土。在距地表深2米处，坑的北部出现烧土屑层，南部仍为灰土，但颜色已变黑。出土遗物以印纹陶片较多，偶有残铜片和木炭块出土。目前暂留烧土层，专作灰土部分。但从断面看烧土层下也变为灰土了。

  北361坑：海拔15.907米处，坑内普遍由黄土转变为淡灰土，但在黄土与灰土的交接处又出现了些不连续的烧土面。

  北362坑：现在的情况是坑内普遍为灰土。

  北363坑上层的黄胶土已掘完，出现了黄、灰二色混合土（即花土）。出土的陶片不多，但都是新石器时代的，并有铜残片出现。

  北364坑：海拔16.156米处，坑东部出现灰土；海拔16.056米处，东部灰土面积渐大；海拔15.956米处，西部偏南出现烧土面，面下亦变灰土，至此，全坑成为灰土。

  第三组：北273、274坑正清理石片层。北371坑正清理以石子掩护的人骨。

  第四组：在北284坑清理出一小孩骨，可惜不完整。

  第五组的北391坑将到底，北392坑正清理防空沟。

发掘地点：北阴阳营

  1957年12月1日 星期日 阴

  今日工地干部、工人的数目与昨日相同。

  根据几天来的工作经验，使我们对"黄土层"有了概括的了解。关于黄土的范围，西部约占北254、352、354的一部分；东部约占北264、362、364的一部分；但以北263、

361、363为中心。其深度距地面约60厘米,厚度约1.2米。其上层有近代砖瓦和瓷片,其下近代遗物绝迹,陶片都是新石器时代的。黄土间有残破的烧土面,面呈层,多至三四层。这种烧土面约隔0.4米出现一次,直至灰土,面上共可划分为三层。按照西安半坡情况推测,可能是石、铜并用时期人们的居住遗址,其火烧处便是炊煮食物的地方。

第一组西部各坑将至葬地层,土色已转变为黄色,涂色的陶片已出现。

第三组正作石子掩护下的人骨、石片遗迹已清理完毕。

第四组北382坑出现一小孩骨,可惜被后代所扰乱,仅存下头、胸部分了。在北382坑的黄土下清理出很多陶片,仍说明黄土是分层的。

第五组已清理第四层,出玉璜、石锛1件。

发掘地点:北阴阳营

1957年12月2日　星期日一　雨

今日参加发掘的干部共20人,工人26人。

第一组所开的六个坑平均起来较其他组的坑深,已到达葬地层,但部分尚有灰土存在。这里出现一处狗的骨架(?),一处长方形的烧土遗迹,从烧土表面现象观察,似乎是在原地自内向外烧的,但中部却不见发火的地方,这里满满地填着红色烧土块,这种现象是比较少见的。

第二组全天集中作263、361、363三个坑,并把隔梁和烧土面破去(烧土面留下两块做标本)。除了363坑是黄、灰花土外,263和361坑都已进入到灰土层了。黄土中出土陶纺轮1件(带孔)。

第三组正清理石子层,看样子石子分布的范围很大,已不是专为掩盖人骨而设置的了。

第四组382坑出土的小孩子骨架被扰乱坑破坏了下肢,今日已起出保存。

第五组除393坑外,各坑已将接近生黄土层,但尚有烧土层混杂期间。

下午四时后大雨,提前收工。

黑板报以队部的名义发出《整顿我们的工作》一稿。体力劳动第一日,抬土五筐。

发掘地点:北阴阳营

1957年12月3日　星期二　晴

今日参加发掘的干部21人(葛家瑾同志下午请假),工人26人(第二组1人上午请假)。

第一组在第四层清理出1具狗骨架。353坑出现一些人骨,但无完整者。出1件完整的灰陶罐,可能是随葬品。

第二次组作264、361、363各坑,普遍有黄胶土进入灰土层,唯黄、灰土之间有一层是黄灰相混合的花土。本日作至海拔15.557米，出遗物纯为新石器时代的陶片，计有带流钵、豆、罐、鬲足、圈足等，但数量不多。在363坑的东壁上显然可以看出三层烧土面，第一层自海拔16.657米开始，向下42厘米为第二层，再向下30厘米为第三层。第一层上下均是黄胶土，第二层下为黄、灰花土，第三层即变为灰土。

第三组今日仍清理373坑的石子层，四周高而中心低，可惜有三处均被探方挖去，现在仅留十字形隔梁了，但面尚可看出，略呈圆形。

第四组无特别发现。

第五组391、392、394坑均将到底。

今日为体力劳动第二日，抬土五筐，肩略痛。

发掘地点：北阴阳营

1957年12月4日　星期三　阴

今日工地实到干部21人，工人26人。

赵青芳、葛治功二人上午留院参加有关学习的会议。曾昭燏院长上午来工地视察，准备本星期六召开一次总结会。

第一组今日将狗骨架起出。各坑虽到第四层，但仍有部分灰土存在。因此是位于灰土中的遗物还是位于黄土中的遗物就很难区别了。

第二组今日在264坑北部清理烧土堆积，形状不规则，东西略长4.7米，西端位于隔梁中，形成尖尾状。东端入273坑，情况不可知。北高而南低，呈斜坡状。偏西在一块长方形的烧土中夹着1件陶鬲，红色、绳纹、已缺口、缺腹壁一半。但鬲内已满填烧土，似乎是原来的泥土被填入后，再经火烧了的。陶鬲亦不是使用过的。烧土堆的东部较宽，为4米（南北）。最厚0.4米，最高点海拔15.65米。

第三组仍清理石子层。

第四组在283坑掘出1个鹿的头骨。

第五组仍掘391、392、394各坑。

下午，张正祥同志来工地测量。

发总结提纲。

发掘地点：北阴阳营

1957年12月5日　星期四　晴

上午7时半至9时许全院开会，报告学习农业发展纲要问题，至九时许结束。工地先由王文林、沈韵生二同志前往工地开工。会后曾昭燏、徐观伯、凌竞亚三位领导和全队工作同志乘车到工地。领导在工地视察后，提出各组工作进度不同，至本年年底恐难完成任务的问题。和各组组长商讨结果后，拟定了一个计划：第一组进度较快，目前已初步到葬地层，再加工人2人，要求五天作至葬地层；第五组有3个坑已到底，决定再加工人2人,五天作完4个坑;第二组进度较第三、四组略快,决定再加工人4人,半月内把所开的6个坑作到葬地层;第三组加2人,第四组加4人,并由第一、五组支援,限半月内作到第四层(即葬地层)。

第一组在254坑内发现1个圆形土井,井内出近代瓦和瓷片。虽已进入葬地,但有部分灰坑仍未到底,出土1件椭圆形的铁矿石,部分经磨过,可能是做斧形器的料子。

第二组今日作362和364坑,并除去各坑的西部隔梁。在364坑的灰土中出现绿土遗迹,质坚层薄,形状不规则,呈条状南北通至壁内,中部略隆起。灰土中出完整石矛1件。

第三组373坑的石子已清除,范围南北约9米,东西约5米,中心凹下,四周渐高。表面以石子分布为主,但也有少数石片和陶片。另在274坑出现锅底形灰坑1个。

发掘地点:北阴阳营
1957年12月6日　星期五　晴

今日八时开工,昨日在北阴阳营街道办事处其内请到的15位工人完全到达。点名讲解工地规则后,分配到各组进行工作。计第一组加2人,第二组加4人,第三组加2人,第四组加4人,第五组加2人,合计共14人。干部仍为昨日数目。上午休息时间各组召集工人同志开了会。下午黑板报上第二组向第一组挑战,第一组也应战,一时工地工作热情高涨。

第一组:254坑的圆土井深至约2米仍未到底。下层出现了一些古代遗物(陶片)和近代瓦。351、352两坑内清理出纵横交错的圆形、方形、长条形灰坑,灰坑内出的陶片较大,有鬲、豆、鼎、镂等,还有一种壁较薄的细绳纹陶。

第二组:363坑海拔15.2米,在灰层中出现烧土面,位于坑中央,残破不全,面积约0.5平方米。面上有一薄层白膜,看来是有意涂上去的。364坑海拔16.15米时出土的烧土面残迹和绿土面遗迹已进行了照相和绘图工作。这些现象都位于黄、灰花土层的一个平面上。绿土面可能是由于化学变化而形成的自然物质。362坑今日所掘为灰、黄土层,已深至海拔16米,出土1件破碎的陶鬲。363坑的烧土面上出现了贝壳纹的圜底陶罐(残片)。

第三组:清理了石子层。第四组无重要发现。

第五组新开293坑发现1个椭圆形灰坑,出土1件方形卜骨(残),唯坑内尚有似军持瓶状的硬陶。

第二组烧土中的陶鬲已装箱运出。

今日有福建文管会的杨、黄二同志,省博的杨荣春同志,省文管会的王、倪、李、陈、屠等同志来工地参观。

发掘地点：北阴阳营

1957年12月7日　星期六　阴—雨

早晨，全院同志欢送第二批参加农业生产的十位同志赴下关车站。全队同志7时半仍出发前往工地工作。

今日干部都已到齐，工人共计40人。第二组工人响应第一、二组的劳动竞赛，也写出了挑战书，向第三、四组工人挑战，提出了四项保证，这是很可喜的。派人与隔壁小学商议他们的用土问题，因我们工期紧，暂无法替他们垫土，获得了他们的谅解。

第一组今日仍清理第四层中所遗留下的灰土残迹。在352坑发现的烧土，呈有规则的长方形，东西长3米，南北宽0.95米，有明显的烧土边缘（红色），向外有一圈黑土，再向外土色由红渐变为黄，里面所填的是烧土块。在364坑内掘出1件陶器，为半球形、厚底、砂质、灰色，黑壁上附着一层铜锈。推测这是一件炼锅。这对于说明该层遗址上层的人们已掌握了冶铜的技术是很有帮助的。

第二组在363坑中部（海拔15.2米）出现红色烧土面一片，直径约0.4米，形状不规则，面上留有白色薄膜一层，可能是居住面的遗存。已探取标本。此坑下探至0.8米可到第四层。

364坑作至海拔15.8米，土色东和北部是灰的，其余大部分是淡灰土。出灰白胎带青釉的硬陶1件，表皮有曲尺纹，为手制。这一陶片的出土再一次说明当时的陶艺的确已达到一个很高的水平了。

362坑内海拔15.42米，中部出现一片烧土和黄胶土，在黄胶土的面上有一个圆形凹窝，直径0.18米，深0.12米，内填灰土，它的上下层都压盖着灰土，底面自灰土中取出，发现是半球形的。估计可能是上层黄土居住面的柱穴遗存。另外在这个坑内，还出土了1件精致的铜钻头，长约0.05米，一端尖锐，呈四棱状。这件器物的出土，可说明当时人们所具有的钻孔技术。

第三组清理出烧土块上附着铜锈的遗迹（272）。

第四组在382坑的黄土层下清理出白土面，可能是一种经化学变化的物质。在383坑清理出陶片堆积层，陶片多是附加堆纹的大陶缸。

第五组在灰坑38内清理出石矛头1件，还有些带有印纹的各类陶片。393坑有红烧土堆积层甚厚。

发掘地点：北阴阳营

1957年12月8日　星期日　晴

今日到工地的干部有21人，工人40人。徐观伯院长整日都在工地视察。

为了便于明年计划工作，在遗址的南部树林中进行钻探，发现南半部地势虽低，然地层结构仍不乱，第一层为扰乱过的浅灰土，第二层为黄胶土，第三层为灰土。照此情况，今后还要进行发掘。

第一组：清理253、254坑的部分灰土，并重点清理252坑的烧土坑遗址。

第二组：361坑作至海拔15.2米发现烧过的竹篾遗物（采集标本），这层土的颜色非常混杂，黄色、灰色、黑色相互交错，质地很松。362坑中部发现一层烧土，其范围东西长3.2米，南北宽2.5米，厚0.08米，下面是一层黑灰，厚0.03米。烧土层的中心有一个圆穴，里面填的是褐色、呈细粒状的土，取出褐土后，底部呈凹窝状，东西长1米，南北宽0.8米，深0.1米。破除262坑和264坑的东隔梁，追究264坑烧土的东边。263坑的西部亦出现烧土块的堆积和小部分烧土面。在362坑的内出土铜器1件，其形为 ⌐⎿⎤ 。

第三组：开始清理371坑石子层下的人骨架。

第四组：在282坑清理出夹在黄土层中的绿土层。黄色胶土层中第一、二、三层所出的陶片均厚大，多为红胎黑皮，绳纹装饰，仅有一片几何印纹硬陶，这不得不引人关注。

第五组：清理灰坑中的28号的一半。393坑出现的烧土坑南北长1米，东西宽0.67米，上覆一层黄土，下为黑色草灰。附近有一大块烧土，一面是平的，一面还留有木板压过的痕迹。

发掘地点：北阴阳营

1957年12月9日　星期一　阴

今日工地干部休息一天。但为了赶工地进度，特请王文林、沈韵生二同志前往工地照顾工人抬土。

工地上，在第一、二、三组的范围的土壤中都曾见捡出小件器物，如铜箭头、陶纺轮、残石斧等，说明发掘工作还是粗糙的。

今日对学员的宿舍做了调整，由大屋子搬到了两间小屋子。

发掘地点：北阴阳营

1957年12月10日　星期二　阴

今日工地实到干部21人（文管会三同志工作半日），工人41人。发放了一次工资。

第一组：在354坑内出土了一件铁矿石，可能是做斧类器物的原料。252坑内的烧土坑已清理完毕，里面所填的烧土块取出后，发现四壁光滑，并很规则，有残陶鬲、球底形印纹陶罐、砺石、陶片等遗物。特别是陶片值得注意，因为这些陶片中多数是硬胎、素面、褐色的，很容易使人误解为近代遗存。这个坑东西长（?）米，南北宽（?）米，上部已经被破坏，可能是窑类的遗迹。

第二组：今日将262和264坑之间所发现的烧土堆积层全面清理完毕。压在东隔梁下的一小部分也找了出来,形状不规则,东西长6.2米,南北宽4米。较普遍的是块状堆积,但在下层亦偶有平面出现,向下,土色则由红渐变为黄,由黄渐变为黑。南面部分呈斜坡状。北面的土块较大,还有些土块的反面留着植物杆茎的痕迹。263坑内亦清理出烧土残迹,有的成块状,有的是原地烧成的。

第三组:371坑的人骨架已清理完毕,无随葬品。人架保存尚完整,上肢的左臂曲向上,手放在下巴附近,头侧向南,下肢是仰着放置的。关于这架人骨是近代还是古代,颇有争议,因为他距地面近,仅位于扰乱层下部。

第四组:黄土层中出现一层很薄的绿色钙化土,看坑的人说是古人的居住地面,有人认为是自然变化所致,尚未得出结论。奇怪的是黄胶土约分为三层,各层中所出陶片多是较厚、红胎、灰皮、素面或绳纹的,仅见到一片印纹陶。这不得不使人惑疑:究竟是哪一个时代的?

第五组:在38号灰坑中出土少量褐色硬陶的陶瓶片,近乎宋代的"韩瓶"性质,但确与印纹软陶、石器共存。

第一组开始支援第三组。第五组开始支援第四组。

发掘地点:北阴阳营

1957年12月11日　星期三　雨

早晨出发时,天空就阴云密布,小雨阵阵。是否开工?我犹豫不决。最后还是同志们的工作热情所感染,决定:带上《农业发展纲要40条》到工地,下雨就学习,雨停就开工。

上午,我被留在院中参加办公会议,讨论:①答复下放干部来信中提出的问题;②专题:组织与编制——鸣放与三批下放问题;③年终总结、明年计划和预算问题;④调整办公室问题;⑤经费问题;⑥托儿所等诸问题。下午到工地,得知工人因下雨不愿工作的问题。实际上现在天已晴了,是完全可以工作的,但一时又没有工人,结果大家自己动手干活,有的挖土、有的抬土,情绪颇高。今天下午就这样度过了。实际上从保证考古发掘的质量和考古发掘的劳动强度两方面看,这样做也是正确的。

第二组的263坑出土石锛和网坠各1件。这是自己劳动的收获。

发掘地点:北阴阳营

1957年12月12日　星期四　雨

今天雨较大。全队同志留院未去工地开工。

上午,召集大家布置了今天室内工作:大多数同志集中《学习农业发展纲要40条》。

一部分同志和徐观伯院长研究运昌黎水库汉画像石的问题。下午,各组将集存陶片运至后库房保存。学员整理重要文物:编号、登记。干部酝酿全年工作总结,准备给陈列工作论文提意见。

沈韵生同志去工地视察工地积水情况。

发掘地点：北阴阳营

1957年12月13日　星期五　阴

工地虽然泥泞，但还是勉强开工了。工人到37人，有3人临时请假。干部全到。省文管会的朱江、李鉴昭、倪振逵等同志来工地参观。

第一组：在烧土坑内清理出1件红色细绳纹的陶鬲，1件硬陶编织纹圆底的罐，1件砺石，还有很多破碎的带黑釉的硬陶片。烧土坑腔深0.9米，残深0.56米，底部堆积着黑色草灰，厚0.13米。

第二组：263坑深15米（海拔），出砺石2件，1件有穿孔。

第三组：361坑深15.15米（海拔），取出了人骨架。

发掘地点：北阴阳营

1957年12月14日　星期六　晴

工人到36人，干部全到。

第一组：作354与363坑间的隔梁和烧土坑。烧土坑清一半到底，在东北角发现灰泥质的陶钵1件，有子母口，可能是带盖的用器，很完整。254内的圆土井中挖出顺治钱币1枚。

第二组：清理364、362、263、361坑。在364坑内又挖出铜质　　　状器1件，用途不详，但可看出是铸造的。在361坑发现烧土块堆积层，位于坑南部，南、东、西三面均未到边，只是一种乱块堆积现象。在263坑的东南角，出现一个灰土穴，边缘是黄灰土，穴内是黑灰土，虽只一半，但出陶片很多。

第三组：在273坑发现卜骨1件，反面有12个钻孔，并经过烧灼，正面有兆痕。在第一组支援的373坑和374坑内出现不少砖瓦和瓷片。

第四组：在灰土层中发现带釉硬陶1片。仍重点清理黄土面，在382坑发现上下叠压成两层的白土面。在381坑清理出呈层的黄土，根据视察人员的意见，白土是磨制石器的石粉；沉沉的黄土是经过人工夯打过的。

第五组：重点清理384坑。

曾昭燏、徐观伯院长和凌竞亚主任到工地视察。

发掘地点：北阴阳营

1957年12月15日　星期日　晴

工人40人。干部到齐。

曾昭燏院长和陶白部长、陈中凡先生到工地参观。

第一组：重点支援第三组，作373和374两坑。在373的灰层中出石镰刀2件，鱼骨等。

第二组：作263、264、361、362、364各坑，四周的隔梁全破除，出土已不感到困难。在263坑的西隔梁上（海拔15.6米），出现一段红烧土，东西长0.8米，南北宽0.4米，面上有凸凹的条痕，附近和下面压有黑色的竹竿，粗细与条痕相当，因此，推测可能是墙壁倒塌后的遗存。

263坑深14.82米（海拔），发现东南角有一片黑灰土，略呈圆形，四周是黄灰土，掘下去后又发现四周的黄灰土下亦是黑灰土，原来不是灰土穴。

361坑深14.9米（海拔），西南部现出黄灰土，可能已到第四层，但其他处尚有黑灰土。

362坑深15.2米（海拔），中部出现一椭圆形的凹窝，内填土较黑，底部为锅底形，较坚硬，经烧灼，留有一层黑烟痕，面积1米×0.8米，深0.08米（已照相绘图）。

264坑北部的烧土层破除后，东壁上现出了剖面现象。可以看出烧土层的组织是：上层为烧土块的堆积，厚0.35米，下为烧土面，厚0.05米，南北长达2.7米。其南有黑灰土的堆积。这种烧土面的现象可能是居住面的遗存。

364坑海拔15.4米，全坑的土色转黄。在15.3米（海拔）时，出圆柱体带两耳的铜箭头1件，并出几何印纹带釉硬陶1片。

在362和361的东壁上有一条绿土的痕迹，南北长达3.3米，绿土上层是灰土，下层是黄灰土（也有的是灰土），质甚坚硬，为石灰凝结，向北与264的烧土面平行。怀疑是居住地的遗存。

第五组在支援第四组的384坑内出完整的带翅状铜箭头1枚。

发掘地点：北阴阳营

1957年12月16日　星期一　晴

今日工地工作的干部21人，工人40人。

捷克考古学博士来工地参观，并交流了工作方法上的经验。

第二组：掘361、362、363坑，各坑均有一部分出现黄色土，似乎已到达第四层，但黄土中包含的遗物仍有绳纹、竹器编织纹等陶片，彩陶尚未见到一片，实足鼎类亦未发现。在361的北部，362和364之间，仍有灰土层，因此，可以认为这是一种交界处的混乱现象。在364坑的灰黄土交界处出铜削1件，直把，刀部呈三角状。另在黄色土中出带指甲纹陶圆饼1件。

第一、三组：273坑出鹿角1件。264坑出烧土块堆积层。364坑清理出由烧土层堆积形成的硬土面，面上有小凹穴。

第四、五组：283坑清理出一个小灰坑。361坑的黄土面将到底。384坑出现一个长方形的烧土坑,与352坑所发现的很相似,上面压着一层硬烧土面,是不是烧陶器的窑,尚待研究。

发掘以来,除了明确了上文化层为铜、石器并存的文化之外,也明确了带釉硬陶为本期产物的问题,在第三层,层次不乱的情况下普遍存在,但数量上还是极少的。

发掘地点:北阴阳营

1957年12月17日　星期二　阴、多大风

今日有七级大风,但同志们照常在工地工作。工人39人,第二组有一人请长假。

开组长会一次,征求大家对近期工作的看法。大家要求发掘工作普遍做到第四层时,把工作方法总结一下,以便更好地推动今后的工作。

第二组全力从事被破除各坑隔梁的工作。出土有双孔石刀1件。

第一、三组:在273与274的隔梁上清理出一具小儿骨架,但头和脚均已被破坏。273坑内发现一个圆形灰坑,内壁上附着一层不太完整的白色泥土,这种白色物似石灰质的遗存。

第四组:在382坑的灰土中清理出一具狗骨架,头向南,压在隔梁内。第五组在384坑发现的长方形烧坑,顶上掩盖着一层烧土,看坑人说是窑箅,其他同志又说是上层塌下的东西,问题经过争论,仍得不出一个明确的答案。

下午返院与领导研究今后的工作问题。领导同意当发掘工作告一段落后,可以做一个小结,但小结时间不宜太长,希望继续向下揭露第四层。

发掘地点:北阴阳营

1957年12月18日　星期三　晴

工地微有冰冻。照常开工。

召开一次组长会。传达院领导关于工地开总结会的指示,并讨论遗址上下层的分辨问题,会上也反映了一部分同志的思想情况。

南京大学宋同志到工地商谈移树苗的问题,他答应考虑我们的意见,将树苗设法移走。关于借用土地问题,建议我们和学校总务处协商。

第二组今日已将全部隔梁打破,并做了各坑的平面清理工作,发现一部分地方虽然到达葬地层,但仍有不少灰土未到底,以后应专门清理灰土,暂留黄土。

下午,返院和院长研究工作,并拟致南京大学函稿一件。

发掘地点:北阴阳营

1957年12月19日　星期四　晴

上午8至10时和葛治功同志留院谈支援治淮陈列馆文物工作的问题。决定派葛治功同志明日出发,任务是在技术上协助陈列馆做好工地文物清理工作,差旅费由我

院报销。事后又拟好致省文管会公文一件，送去调查新石器时代遗址统计表两份。10时到工地，召开组长会，传达院中最近活动及领导上决定今冬不停工的指示，并派尤振尧同志持函往南大，目的是借用遗址所在地一年，并请将树苗移去。结果圆满。

师范学校二次派人向我队要土问题，态度强硬，我们回答也很坚决。

新华社魏同志到工地采访新闻，除介绍情况外，并代他阅稿。

第二组作263、264、361、362各坑的灰土和黄灰土部分，见黄土为止。出土遗物以陶片为主，仍有不少几何印纹和绳纹陶出土。在263和361隔梁的东端14.65米（海拔），出现一层白土，面积南北长1米，东西宽0.8米，下面有一层黑色土。在364坑以北的黄土（即第四层，海拔14.6米）中出土灰色泥质陶鼎一件，浅腹，敞口，三个较高的柱形足，很像西周铜器的样子，可惜的是出土时有一个足离鼎的位置较远。这种情况表明该处显然是被扰动过的。

第一、三组作371、372、373、374坑。371和372都是灰土（位置较低），373和374都是淡灰土。371发现铜渣，372发现石矛，373发现鹿角制的椎和石制的璜（半成品），374发现石锛及小件铜器。

第四、五组作284和382坑，土色淡灰。在383的北隔梁上也清理出和374坑所发现的硬土面一样的遗迹，可知这一带的硬土面是较普遍的，可能也与居住面有关。

晚，召集王文林、沈韵生、尹焕章同志谈处理工人工资问题及做工人思想工作的问题。

发掘地点：北阴阳营

1957年12月20日　星期五　晴

早晨有霜冻，工地照常开工。葛治功同志今天去安徽治淮陈列馆参加治淮工程中的文物工作，第四组的工地任务由尹焕章同志接替。黎忠义同志因制陈列室平面图未到工地。

召开工人组长会，谈请假、替工、借工资等问题，并提出今后大雪影响工作，缺勤超过两日者停发工资。

第二组继续清理葬地层中的残余灰土部分。263与361之间的关键柱下现出一个有烧土块堆积的圆坑，周边都是黄土，内填有灰土和烧土。264与362之间的关键柱下也出现一个灰土坑，圆形，内填呈层的灰土和白土，土质很松软。这两坑的一部分均压在关键柱的下面。出土的遗物均以陶片为主，有绳纹和竹器编织纹，应属上文化层。

264方有一部分灰土未到底。在海拔15.05米处出土一块如朽木状的结晶体，还出石锛1件，残半月形石刀1件。一件完整鹿角的出土引起了大家的关注，因为这件鹿角的根部曾经加工过，可以装在木柄上，上端有一主枝和一副枝，很像一种直刺型的武器。另外，在这一方北部的黄土层中还发现了2件俯置的圈足碗，颇完整，是葬地的随葬品，故未及时清理出，暂留原地妥为保存。

就第二组和第一组清理到葬地层的情况看,这200多平方米的葬地层,仍有墓葬存在,这一点已毫无疑问了。但被上层扰乱的严重性较之1956年所发现的34和44两方,则有过之而无不及。

第三组在274方范围内出现了两个毗连的烧土小圆穴,和1956年在第44方所发现的烧灶遗迹相同:底部为锅底状,全体经过火烧过,但火力只渗透一薄层,内填灰土,可惜无火道,而且上层破坏部分甚多。其北部有一灰坑打破了它们的边缘。在这坑的西南部还出现了一个长方形的且很规则的烧土场,场内和坑外都是淡灰色土。

在371方内的灰土中出了一件三棱形的骨箭头。

已发现的遗迹如何保留?今后的方法是作葬地层呢,还是把全遗址的上层揭露后再作葬地层?这是个目前亟待解决的问题。

发掘地点:北阴阳营

1957年12月21日　星期六　晴

工人40人,2人请假。工作干部全到,下午文管会同志学习。张正祥同志到工地测量各坑标高。

召集工人、干部谈爱国卫生运动中应注意的事项。

第二组:264方内的灰土部分(南部)确为一灰坑,上口海拔14.7米,东西长3.4米,南北宽2.35米,略呈椭圆形。中口转为圆形,直径2.5米,内填灰土,编号为H51。

362方的中部也是一个长方形的灰坑,南北长2.55米,东西宽1.45米,上口海拔14.7米,下口海拔13.45米,内填灰土。出石刀(残)1件,网坠1件。编号为H52。

263与361之间的西关键柱下亦是一个灰坑(编号H53),略呈圆形,上口直径2.9米(南北),上层有0.4米厚的烧土块堆积,下层为灰土,出三角形双孔石刀1件。这一方的东关键柱下又为有一个灰坑,编号H54,今日未作。

363方今日普遍下挖了一层,偏西仍为淡灰土。

第三组:H47号烧坑,南北长1.1米,东西宽0.7米,深0.3~0.5米,附近圆形灶穴下面亦有一个大灰坑(编号H48)。

发掘地点:北阴阳营

1957年12月22日　星期日　晴

工人37人,请假3人。干部中戴惠珍请病假,黎忠义留院绘图。

第二组:破除H53上面的关键柱,海拔14.6米出现一部分烧土面,东西约0.7米,南北约0.25米,形状残破不规则,但面上却显得平整、光洁。听说254坑内也出现了一部分,看来是和这一部分相连的。可能是居住面的遗存。

破除H56上面的关键柱,海拔15.92米时,出现一层绿土硬面,其上下均为灰土,这种现象几乎各层均有,有的形成管状,可能是自然造成的,就像"礓石结核"一样。

作363方的西南部,土色淡灰,如地表层,出残玉璜一件。根据土色和遗物观察,有下层被上层扰乱的可能。

H51:距上口1.5米到底,坑壁上可看出,口下1米为黄土夹烧土,再下即为黄色自然土。坑底是平坦的,出双孔石刀1件,石锛1件。

H52:距坑口1米到底,坑口平面为梯形,坑底不平。坑壁外深0.3~0.7米是黄土夹烧土,以下为生黄土。

第二组起出了圆形灶穴遗址。

发掘地点:北阴阳营

1957年12月23日　星期一　晴

今日大部分休假。工地运土工作由王文林同志总负责,我和尹焕章轮流上下午去工地照顾。

上午,我去人民大会堂听省委书记刘顺元作关于整改的动员报告。

发掘地点:北阴阳营

1957年12月24日　星期二　晴

继续开工。上午,我因党支部开会未去工地。

曾昭燏院长到工地视察,同意我们提出的元旦前工作计划及春节前掘完遗址最下层的打算。

发掘地点:北阴阳营

1957年12月25日　星期三　晴

照常工作。掘去与第三组之间的隔梁。

向全体职工宣布了工作计划。

发掘地点:北阴阳营

1957年12月26日　星期四　晴

工地工人运土,由王文林、尤振尧二同志照料。干部留院欢迎第三批喜报并从事清洁卫生工作。

发掘地点:北阴阳营

1957年12月27日　星期五　晴

工人实到38人,1人请假,1人工作半日。

向全体工人宣布裁减人数和名单,30日起有10人停止工作。组织第二组工人改选组长王培。各被裁减的工人名单已由沈韵生同志备函至街道办事处。

第二组全部掘到下层(葬地层),隔梁已全部去掉,留关键柱三个。地面情况是南高北低(南:海拔15.1米,北:海拔14.5米)。在263、264、361、362四个方内共有4个灰坑,264、362的东部边缘上有红烧土的平面,似乎是居住的遗存。

383坑海拔15米处,南部出现烧土平面3处。

381坑的黄色夯土面下是灰土层,灰土的表面上发现15个圆形的洞穴,穴中均添黄胶土,下底逐渐缩小成圆窝状。其中有两个洞穴的内壁经火烧过,有一个洞穴内尚留着一片陶片(有黑烟痕)。这些洞穴排列次序很乱,也很集中。我过去的认识是灶穴的遗存。

373、374坑的南壁下发现烧土面,和383坑所发现的深度相同,并有连接关系。这些面虽都很残缺不全,但从现存的情况看,有些边沿的形状是方的,还有些分为上下两层,居住面的可能性很大。

发掘地点:北阴阳营

1957年12月28日　星期六　阴

早上阴云密布,细雨蒙蒙,但我们还是开工了。工人实到37人,干部中除黎忠义留院工作,王文林因病休息,文管会王德勤、张浦生二同志未到外,其余全到了。上午大家克服泥泞难行的困难,冒雨工作,下午天渐放晴。

尹焕章和大家商讨了总结工作的提纲,一致认为30日的总结应以工作方法为重点。

第二组开始作北251和252两方。这一带都是原来受破坏很严重(到第四层),而第一、二次发掘未曾清理的地方。也可以说,第三层(即上层)遗迹既不存在,而第四层亦受到相同程度破坏的区域。

251坑从海拔14.6~14.2米,其相对深度为0.4米,土质坚硬加夯打过,色黄,中间包含物有陶片(以沙质、素面陶居多数,泥质红陶次之,印纹和绳纹陶绝迹;器形有鼎口,实心鼎足,豆把,这些陶片完全和上层相同)、砺石块、碎骨屑等。

252坑与251坑之间,有较大面积的烧土块堆积,尚不知道它是属于上层还是下层的。在251坑的南边出现了3件完整的陶器:直筒杯、矮足豆、鼎(?),可能是随葬品。

再一次证明遗址确有前后期的区别。

发掘地点:北阴阳营

1957年12月29日　星期日　晴

今天气温较低,工地湿润的土地上已结了薄冰。工人38人,干部中黎忠义仍留院绘图,罗宗真上午参加工会的会议,省文管会和博物院的其他同志全到了。我和尹焕章、罗宗真三人研究了明天总结会上的报告内容。

第二组和第三组各打去关键柱一个,以便照相。所以留关键柱的问题,没有太大的好处,因为它并没有发生作用。

第四组的进度仍很缓慢,至今尚未到达第四层。这是缺乏专人督促的原因。

近来我看到我们的考古干部的确太弱了,多数同志都不能发挥独立工作的能力,加之还有不少人存在着思想问题。

下午,我返院处理事务,要南唐二陵报告的公文一件,阅读了江苏省文管会和盐城政协来文各一件。

发掘地点:北阴阳营

1957年12月30日　星期一　晴

尹焕章副队长作北阴阳营遗址发掘工作报告。

一、工作经过:自10月16日开工,至今共有75天,实际工作有65天。开工时有干部35人,现在只有20人。用221752个工,开支经费4800元。开坑面积700平方米,土方2500立方米。

二、重要发现:①地层问题:基本上可分为三大层,即扰乱层、新石器时代晚期堆积、新石器时代早期堆积。39方受近代扰乱很严重,36和38方有黄胶土的堆积,这是比较特殊的现象。②重要发现:出现不少烧土面,是居住遗迹(30米×5米),黄土面也是居住遗迹,因有数层烧土痕迹。352和384坑各发现方形窑址一处,其时代当为春秋战国时期(即上层)。中层发现铜、石并存和冶铜遗迹,明确了这一层为铜、石并用时期。灰坑多发现在中层,有圆、椭圆、方形的,坑内原来遗留的是草类灰烬,可能是取暖或烧煮食物之处。卜骨出土不少,有钻灼痕迹,有兆痕。麻龟亦有不少出土。铁矿石斧料、制石遗迹的发现,也是很重要的。

各层遗物的发现:上层有黑皮陶(春秋战国)和印纹陶,中层以印纹陶为主,有少量硬陶。下层有红泥和红砂陶以及少量彩陶。三层遗物共出926件,总的来说,以石器占多数。

估计中层对下层的破坏是很严重的,墓地多集中在西部。

三、发掘方法问题:这次我们采用了小面积开方的方法,好处是便于观察地质剖面,缺点是容易产生割裂现象。究竟是大方好还是小方好,还有待于大家研究。自然分层要比人工分层的方法好。但是不是一定要各坑统一要求呢?还要看具体情况。挖掘进度是否要统一?还是同一现象出现时,再强调进度一致好呢?照相未能及时冲洗。取标本未能规定统一标准。记录不够详尽。深度计算方法不一致。编号有跳号和重号现象。

文物登记的编号有积压现象。对于一般文物的处理,有不按规定办理的现象,有不加选择全部收存的现象。

队里前一时期学术争论空气很浓,但后一时期又减少了。组内对问题讨论的时间就更少了。

四、工作纪律问题。全队同志基本上都能遵守工作守则,也能参加体力劳动,工作热情是好的。缺点是开动脑筋提问题不够,对发掘的目的认识不足。不善于管理工人,保管器材、看坑不够认真,有遗失器物现象。队长检查工作日记不够,开展批评不够。工作岗位调动频繁,有不能衔接的现象。这些都是每个考古人员必须注意的。

五、今后工作的建议。①调整组织:一、二组暂不变动,五组接替四组的工作。工人暂用30人。②一月一日起,用半个月的时间掘完第四层。③方法:一律自南向北依次发掘。④安排绘制总测绘图(黎忠义担任)。

11:00~12:00时大组会讨论这个报告,重点放在三、四、五部分。要求通过讨论使有些问题可以得到解决。

下午13:30~15:00继续讨论,并得出初步结论——以半个月的时间掘完第四层。

发掘地点:北阴阳营

1957年12月31日　星期二　晴

今天提前庆祝元旦,休假一天。

发掘地点:北阴阳营

1958年1月1日　星期三　阴雨

因修理汽车,工作人员均需改乘公共汽车前往工地。我和尹焕章6时即由本院出发,到达工地时才7时。

工人实到29人,干部中戴惠珍、黎忠义二同志请假。

各组均从第四层开始下掘。第一、二组开始清理原已裸露出来的随葬陶器,但都没有发现人骨。地点计有254、262两方,262所见有:豆、鼎(?)、杯各1件,3件集中在一起,另有1件陶杯却分散在1米远的地方(西边)。无墓室、无人骨,陶器为黄土和烧土块掩盖。两方的土质均很坚硬,似用人工夯压过。11时许,雨渐大,停工并向工人宣布下午不再开工(根据当时的天气状况决定的)。

江苏省文化局周邨局长和市文管会丁主任到工地参观,畅谈了如何研究江淮下游古代文化的分布、分期与性质等问题。

下午返院学习农业发展纲要。

发掘地点:北阴阳营

1958年1月2日　星期四　晴

工人30人到齐。干部黎忠义、戴惠珍、张浦生三人请假。《考古生活》第十期刊登了"庆祝元旦"的署名文章,鼓励大家鼓足干劲,又快、又好、又省地完成发掘第四层的任务。

今日除 284、381、382 三个方外全掘至第四层。第四层一般土质较坚硬,色黄,包含有烧土屑、陶片等遗物。陶片中的砂质红陶和泥质红陶比较多,都是素面的。器形有罐、鼎、钵、碗、壶、杯等,这和第三层显然有区别。

第一组作 253、254 方。在 254 方内的东北角(海拔 14.2~14.4 米),出现不少完整的陶器,已经清理出的有鬶 1 件,带柄三足器 1 件,纺轮 1 件。

第二组作 262、264、263、363、364 各方。在 262 方的东北角(海拔 14.5 米),清理出陶杯 2 件,矮足豆 1 件,罐 1 件,附近另出石球 1 件。在 264 方的北部(海拔 14.5 米),清理出灰陶碗和陶壶各 1 件。在 364 方的黄土中清理出玉璜 1 件。363 方出土玉环 1 件。在 264 方还出土了 1 件红底红彩的曲折纹陶片。

第三组作 271、272 两方到底。另作 273 方至海拔 14.8 米,发现大批陶、石器。计有陶豆、盂、杯、钵、罐等 6 件,石斧(扁平带孔)6 件,石锛 2 件。此外还在填土中清理出一件与蟠螭纹相似的残纺轮。

最奇怪的是在第一、二、三组所出的陶器与石器附近都不见人骨的遗迹,而这些完整的器物又毫无疑问都是随葬品。我们的推想是可能后来这里都经过迁葬了,因遗物不便移去只好留了下来。

发掘地点:北阴阳营

1958 年 1 月 3 日　星期五　晴

工人全到,干部 2 人请假。工人对 1 日因雨停发工资有意见。理由是当日上午下雨,下午并未下雨,虽说过上午因雨停发半日工资,但未说明下午不下雨没有工资。后来,经过协商,订为上午 11 时前下雨停发半日工资,11 时后发全日工资。

第二组作 263、264 两方,在 264 方的东北角(海拔 14.35 米)处又发现一批陶、石器,出红陶豆和黑陶豆各 1 件,灰陶鬶 1 件(残),砂质灰陶三足带柄器 1 件,另外有石锛 1 件散置在这批器物的东南方约 1 米处。在这个坑的西边,距北边约 1.5 米处出了 1 件小陶杯(明器或玩具)。虽然出了这些遗物,但仍然不见人骨的遗迹,仅发现了 3 枚人的牙齿。

第四组昨日清理出器物的地区,今日又清理出石凿 1 件,并且终于发现了人的腿骨 1 节,这样终于可以证明这些器物的确属于随葬品了。这里出土的豆、鬶、杯等与花厅村墓葬出土的器物十分相似。最奇怪的是近几天来第二、三组出现器物的地点都位于烧土层,甚至部分是烧土层的下层,而其他地方却不见一件整体遗物的出现。

发掘地点:北阴阳营

1958 年 1 月 4 日　星期六　晴

工人实到 30 人,干部除戴惠珍请假外,其余全到。第一、五组工地的烧坑遗址搭棚保护。师范学校来人看工地堆土的情况,准备发动学生运土垫地。与尹焕章、罗宗真同志辩论北阴阳营遗址的文化分期问题和"铜、石并用时代"问题。

第二组的 263 方内发现粉状乱骨痕迹,其间发现有兽牙、人牙相混杂现象。这个坑的东北角出了 1 件玩具似的小陶罐。262 方内出了 1 件"模"式的陶器,其形制如 ▽,可惜已残破不全。看来是古人废弃的东西,并非随葬品。

第一组续作 253、254 两方,无古人和随葬品发现。

第三组续作 273、274 两方,除在 273 方出了一些破碎的陶器外,无重要发现。在这两方之间有烧土层的堆积,是否下层人们的遗存,尚待考察其中的包含物。

第四组今天专门破除上层留下的隔梁,出土石料不少。在 384 坑所发现的烧窑遗址(?)从南壁上的层次联系起来看,应为第三层的遗存。这个坑的堆积层次也特别值得注意:第一层是耕地面的淡灰土,第二层为黄和灰色土相混杂的堆积,第三层是较厚的浓灰土,其中包含一层烧土层,长达 10 米。烧土层的厚度约 0.2~0.3 米,中部的烧土层面下有一凹窝,窝是打破烧土层的,窝内填了一层黄胶土,但并未填满剩余空间又被灰土填满了。这一遗迹我的推断如下:烧土层的堆积是居住地面,而凹窝就可能是留下的柱础了。可惜没有完整地揭露出来,这也是我们这次工作中的缺点所在。

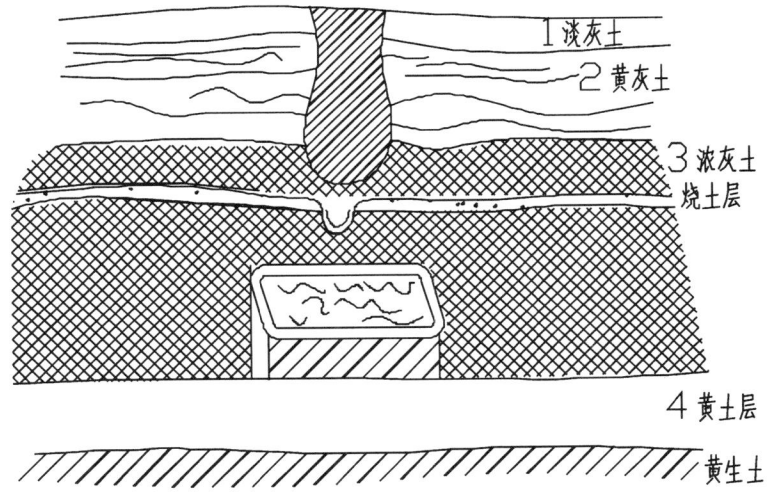

注:第三层底海拔 14.75 米,烧窑口海拔 15.4 米。

今天下午曾返院处理科学院考古所的公文。

发掘地点:北阴阳营

1958 年 1 月 5 日　星期日　晴

工人到 30 人,其中 1 人请假半天。

第一组作 253、254 两方。254 方的东南角至海拔 13.7 米处出大型石料 1 件(断为两节),属于辉长岩,三棱形,硬度很大。这件遗物出于最下层,无疑是当时的遗存,可能是用于制造石斧或石锛的原料。今日两坑基本到底。

第二组作 263、264 两方至海拔 13.8 米亦基本上到生黄土层。264 方作至海拔 14 米时发现石料 2 件，1 件为辉长岩，另 1 件为砂岩（留作标本）。出鹿角根 1 件，根端的断面上有一人工做成的凹窝，这件东西可能是石器的柄部（即复合工具），凹窝就是纳石器的地方。

这两方所出的陶片全是素面的，以泥质灰陶居多，其次是泥质红陶，也有红陶加红衣的，还有 1 件陶碗片上附加红白两种色彩。

第三组作 273、274 两方，至海拔 13.85 米，已接近生黄土底。在 273 方的南部出现石灰结核的管状遗迹，自东到西，直达 362 方内的灰坑（H52）中。另在这方的西部平面出现了一个灰坑的痕迹，这可能是第四层的居住遗存。这个组发现精致彩陶 1 片，在黄红色的表层上绘有网状纹（红色）。

第四组继续拆除隔梁。

发工资一次。

发掘地点：北阴阳营

1958 年 1 月 6 日　星期一　阴

今日实到工人 29 人。今日应为假日（大礼拜），临时与全体工作同志取得一致意见：争取晴天，暂不休息。工人也表示同意，故照常开工。院内全体同志今日支援修建黄马水库三天。徐观伯院长表示因院中第三阶段整风亟待开展，希望工地发掘工作能在 1 月 10 日结束。这事在工地和同志们研究讨论后，均觉得在保证质量方面有困难。因此只好提出请大家思想上引起注意，抓紧工人的劳动效率，在保证质量的原则上，争取照原计划提前完成任务。

第一组 253、254 方已到底。上午作 351、352 方各一层；下午开冻，清理 353 方的人骨。发现西南角有人骨 2 架，偏南的顶向西，无随葬品；偏北的顶向西南，有陶豆、陶鼎、陶盉、陶钵、纺轮等随葬品放在头部或腹部。两具人骨均朽成粉状，仅存轮廓痕迹。填土内包含不少彩色陶片。附近还有一个烧土凹窝，据看坑人说，这是第三层延续下来的遗迹。

第二组在 264 方内发现一个圆形灰坑，灰坑口海拔 13.65 米，坑底的海拔 13.05 米，周边尚未完全找出。坑口上压的是黄土（即第四层土），出的陶片多是泥质灰陶和泥质红陶，没有纹饰，与第四层填土中的陶片相符，因此可以肯定属于第四层人们的居住遗址。这对于研究为什么第四层只见埋葬不见居住的问题是有帮助的。

此外，今日开掘了 361、362 两方。在 361 方内发现石璜的半成品 1 件，它已粗具了璜的规模，但尚待剖为两个，两端的孔也尚未钻出。石料是灰色的，质细软，可能属于页岩。

第三组作 371、372 两方，并继续清理了 273 方内石灰质的管状遗迹。在这种遗迹

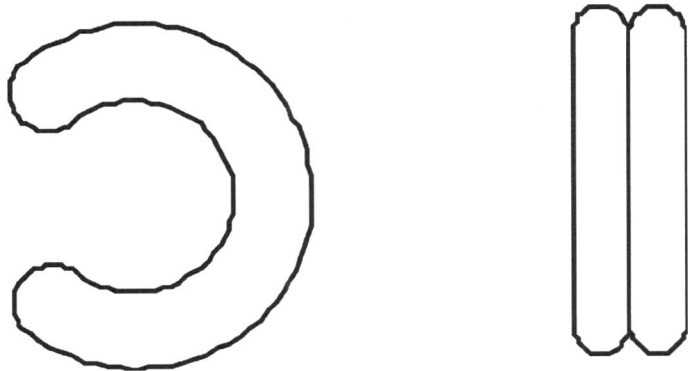

的附近还发现烧土凹窝1个。这个凹窝的结构是外围用细小的碎石围裹,里面附泥后且经火烧过,又厚又硬,就像"炼锅"一样。据看坑的人说,上面盖着第四层的土,因此属于第四层的遗存。联想起第一组的情况,这就提出了一个奇怪的问题:为什么第三和第四层都有呢?

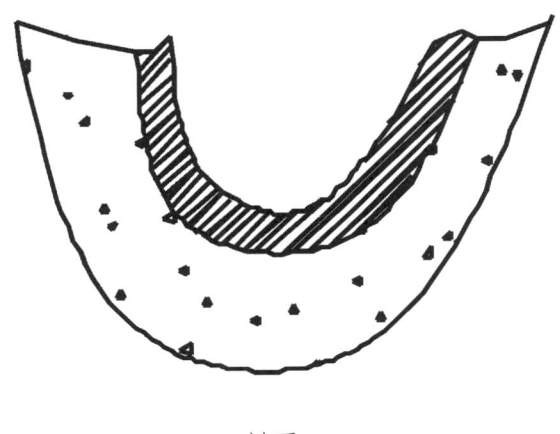

剖面

第四组在382方的东南角,清理出长方形的烧土灰坑1个,合计在284坑出现的1个,共有两个了。这是第三层的遗存。

发掘地点:北阴阳营

1958年1月7日　星期二　晴

工人到30人,省文管会张委员来工地参观。师范学校的学生来工地抬土。蒋赞初同志来工地交涉明日学生参观问题。工地上设置了木排标语,告知参观的人勿在断崖附近站立,以防危险。

第一组在354坑内发现人骨1具,已无头部,肢骨已模糊不清,身上有小石锛1件(M248)。在353方内的西南角共发现人骨3具,M249偏北,顶向东北,头骨完整,牙齿齐全,张口,侧面,四肢均成粉,平伸,无随葬品,附近有一陶明器,可能是随葬的。M250头向东北(已无头骨),四肢平伸,已成粉状。有随葬陶器6件(鼎1、豆2、锛1、罐1、纺轮1)。M251偏南,是乱骨一堆,头部和肢骨均显轮廓,无随葬品。

第二组作361、362方。在361方内出现不少石灰质的管状物,表皮为绿色,甚坚硬,内壁有是黑色,大小、粗细不一,分布亦无规律,这种现象第三组内也很多。264方内的H68已清理完毕,圆形,里面发现的陶片中既没有印纹陶,也没有彩陶。

第三组在371方内又出现一个烧土凹窝,细观察是以陶片屑和泥料就地烧成的,从颜色可以看出当时火力很强。

发掘地点:北阴阳营

1958年1月8日　星期三　晴

工人到30人,戴惠珍同志销假到工地工作。

全院同志去文化局鸣放,工地不停工,但希望大家写大字报来鸣放,昨晚考古部同志写了36张。

南大历史系同学来参观,由尹焕章、赵青芳二人作介绍。

第一组续作353、354方。在353方内又出现了两个人头骨,合前所发现的共有6个了。但这两具人骨现在并未完全清理出来。364方据探尚有1米到底。

第二组作361、362方到生黄土层底(海拔13.85米)。开始作363、364方的第四层,在363方出土1件长条形的砺石。在361方的西南角出土的土管状现象,可能是自然遗迹。今日取出两段作标本。

第三组作371、372方到生黄土层底(海拔14.15米)。在371的底部出现一口径约0.5米的小灰坑。

第四组作283、284、381、382四个方。在283方内(海拔14.35米)发现一堆残陶器,其中有鼎、罐等,都是红陶,是第四层遗物。

发掘地点:北阴阳营

1958年1月9日　星期四　晴

工人实到30人。曾昭燏院长来工地视察工作。

第一组作353、354方。在353方M250人骨的下面又发现了1具人骨(M252),顶向东北,仰身葬,张口,头骨尚完整,四肢已成骨粉。在腿骨附近有一段玉璜,这段玉璜距M251人头骨较近,可能是这里的随葬品。

第二组作363、364两方。264方内的H51和H68有相互打破关系,今日照了像。H68内出土的陶片全部具第四层的特征,更证实此坑为第四层的遗迹。364方内出小陶罐1件,是随葬的明器或玩具。362的隔梁内出未磨光的石锛1件。373方内出陶纺轮1件,上面带花纹,四周有四个 ⌒○ 纹,平面与侧面如图:

在272方的东北角又出现一个灰坑,根据陶片观察是属于第四层的。

第四组作283、284、381、382各坑。在381方内清理出大片的陶片堆积,具有第四层的特征。

开会调解第四组干部之间和工人与干部之间的纠纷,适当批评了本位主义和怠工、骂人的不良现象。

发掘地点:北阴阳营

1958年1月10日　星期五　晴、风

工人30人,干部有部分请假或从事其他工作。

发一次工资,和工人组长谈今后停工的事。

第一组作353、354两方。在353方的西南角,原来M51(乱骨堆)下面又出现一个人头骨和几根肢骨,次序仍然是乱的,不过肢骨上放置着两件互相压合的灰色泥质陶钵,头骨的颚骨下放着6件玉璜(M253)。由南壁剖面现出的第三层灰坑看,灰坑底部和M251平行,说明M251的乱骨是被晚期人作灰坑时所扰乱。而M253的乱骨可能是第四层(即早期)埋葬时互相重叠所造成的。此外,在该方的西北角,也出现一人头骨,肢体可能被T34方清理时所掘去。354方内有较深的坑穴,内填黄灰土。

第二组作363、364两坑。364方海拔14.15米到生黄土底层。363方海拔14.40米发现西部是淡灰土,东部是黄土,为区别它们是否为同时的堆积,故先作西部。在淡灰土中所出的陶片以砂陶、红陶、素面的为大宗,也偶然出现少量的竹器编织纹的印纹陶片。这现象说明淡灰土仍然和第三层有联系。

第三组作373、374方的部分地区(有烧土面处保留)。在272方东北面发现的早期灰土已到底,这是第二个较标准的早期遗迹。

1963年5月22日　星期三

整理第三次发掘出土陶片小结

共19个小方,23个灰坑。

地层:一般各坑都是按着四层来分的。

典型坑:253、274、283、383、362。这些坑层次清楚,遗物比较丰富。

第二、第三层都属湖熟文化层,第四层属青莲岗文化层。湖熟文化层有早晚之分。灰坑初次估计有早晚之分,但从后来的情况看也不一定。

湖熟文化的釉陶问题,这次也明确了。

青莲岗文化的分期问题,可以从遗址和墓葬两个方面作比较。

※　※　※　※　※

关于湖熟文化的分期问题:以253、274、283、383四个方的材料来观察。

晚期(第二层)一般都分为四个陶系,即泥质灰陶、泥质红陶、夹砂灰陶、夹砂红陶。另有少数釉陶(没有第三层多)。素面陶片较多,纹饰主要绳纹,附加堆纹。几何印纹软陶,可能是早期的东西,陶片质厚,火候较低。

早期的也分为四个陶系。夹砂陶中绳纹的比例上升，编织纹大量出现。

中期的陶片绳纹最多（尤其是泥质陶中），编织纹极少，缺乏附加堆纹。

总之，晚期的厚重器形简单，早期的轻巧器型多变化。

器形的晚、早期比较：

晚期的鬲、甗、豆、瓿、罍较为普遍。

早期的鬲、甗、豆、小口缸、盂、盘式鼎、带流钵。

中期的……

鬲——早期：瘦、长、深，口缘与郑州二里岗相似。主要是绳纹的。晚：①宽而矮，裆有弧度，绳纹的。②窄而高，素面的。中期的裆亦较宽。

甗——早期：腰间有一道凸线。晚期：腰部有一道附加堆纹。中期的腰间抹光。

豆——早期：瓦灰色，形式多样，圈足上弦纹，呈喇叭状。晚期：黑灰色，壁厚。

小口缸——早期：泥质多，小口、耸肩、鼓腰。晚期：折肩，多变为瓿、罍形器。

盘式鼎也是早期的。

※　※　※　※

釉陶问题，肯定是湖熟文化的东西。

纹饰有几何印纹、弦纹、贝纹等，与湖熟文化纹饰相吻合。器形有豆、盂、瓿、罍等，也都是湖熟文化常见的器形。其时间可推早到殷商时期，即湖熟的早期。

※　※　※　※

青莲岗文化分期限于资料未能办到，但遗址和墓葬的资料可以比较。

徐州小龟山考古调查

(1972年6月6日)

发掘地点：徐州

1972年6月6日　星期三　晴

徐州西北22里拾屯公社境内小龟山（小孤山附近）社员在采石过程中，发现岩石上有被凿成方形竖井（俗称石匣）的情况，初觉可疑，但也没有理睬，以后想取这里的石头，就破了这个石匣，而且向西开了一条路。

向下挖去至7.5米（原口上部被揭去1.5米，现实际深度只6米）处，东壁下出现一自然洞，先用铁钎向洞内捅去，感觉洞内是空的，洞口内有淤泥，略将洞口扒大，人可俯身进入洞中，洞内东西长6.5米，南北宽2.45米，四壁全有凿石痕迹，洞底距洞顶高1.5～2米，底面西部较东部高，为斜坡状，南、东、西部都是石壁，北边是掏空的，人工树立了一排五个石柱，也起了石壁的作用。

据谈西部有很多东西埋在地面上，当时用传递法一件件取出，计有铜器、陶器等数十件。东部泥很多，翻了一部分，出土玉璧、陶饼等，有一石柱倒下压在上面。此后，报告了上级，就没有再清理了。

现已封好，派人看守。

在该公社另一个开山取石的地方，还有一座崖墓，情况和规模都与小龟山的相似。社员见小龟山出了东西，因此今天也在此挖东西了，出有铁剑、玉器、玉蚕、玉蝉、玉片，我们当时在社员手内见到了玉片，有长方形的和三角形的，每角都有小孔，可证是玉衣，当即叫他们停挖了。

出土文物：

1. 玉璧　5件
2. 鎏金兽　4件
3. 铜熏炉　1件
4. 铜灯　2件
5. 铜勺　1件
6. 铜环　2件
7. 鎏金饼　1件

8. 铜刷柄　1件
9. 残铜镜　1件
10. 陶饼　2件
11. 五铢钱
12. 陶钫　3件
13. 陶钟　2件
14. 陶壶　2件
15. 铜壶　2件
16. 铜鼎　4件
17. 带盖陶壶　1件
18. 陶缸　6件

调查草鞋山遗址发掘新情况

(1973年5月22日～5月25日)

1973年5月22日　星期二　雨
复泗阳文化图书馆函一件。
草鞋山出土麻布编织物等交修复室修复处理。
收苏州博物馆文,报告九里遗址情况。
收常州博物馆文,反映运河大桥工程将跨圩丁村遗址,希早日调查。
接汪遵国同志电话,反映工作又有新发现,决定前往调查。

1973年5月23日　星期三　雨
与唐茂松同志前往吴县唯亭,了解草鞋山遗址发掘中出现的新情况。
7时许自南京出发,下午15时许到达,当即至草鞋山发掘工地。
在101与102探方之间,深6米余处,出土人骨架约10具,均有随葬品(陶器为大宗,另有玉璜、玉玦、玉环等,由于位置清楚,很可能说明用途)。其中有一男女合葬墓,均为老年人。属于"青莲岗文化"晚期。
另在604方内北半部深3米处出土许多陶器,成组,有3具人骨架,从随葬品的器形上看,应属良渚文化。
会见参加发掘实习的南京大学师生、苏州博物馆实习工作人员。

1973年5月24日　星期四　晴
继续参观工地。观看已经出土的几何印纹硬陶器、良渚彩绘陶壶以及少量石器。
晚,分别和南博、苏博、南大的同志开会。

1973年5月25日　星期五　雨
从唯亭至苏州,乘下午16时余火车返院。

清理南宋荣州防御使张保墓

(1973年6月20日～6月22日)

1973年6月20日　星期三　雨

上午至市文化局开会,成立发掘晨光厂古墓领导小组。宣布此为省革委会批准的计划,领导小组成员为省、市文化局长,市公、检、法政委等。

晚在晨光厂工地召开全体会议,有十多个相配合的单位参加,会上由我向他们分别交待了任务,要求当晚做好准备,住宿在工地,听候调动。

1973年6月21日　星期四　雨

晨6:00开工清理古墓。先由摄影队拍摄外景,门口建筑分别采用彩色与黑白两种胶卷。然后拆去封门墙,由防疫站提取墓内气体分析,看是否含有毒气体成分。清理人员进入墓室工作。该墓结构是由前后室两个部分组成,前室穹窿顶,单室;后室半穹窿顶,中间竖一界墙,分为左右两室,显然是男女合葬。墓室均有40厘米厚的污土堆积,前室四壁涂有白色石灰,后壁可见壁画痕迹,但多已脱落,仅可见少数几个红色小圆圈,以红线相连,可能是北斗星。前室东西壁各竖石碑一块,字迹已模糊,只可出碑额的几个大字。东面是:"宋故淑人任氏墓志铭",西面是:"宋故荣州防御使张公墓志铭"。

电话询问顾文璧同志,经查《景定建康志》,知为南宋抗金名将张俊之弟张保的墓。

晚上继续清理,分上半夜和下半夜两班。

1973年6月22日　星期五　晴

今日又工作一天,全墓清理完毕。

出土文物约40余件。

铅质印1方,文曰:"荣州防御使印",印上有字两行:"绍兴二十五年文思院铸"。

铅质印牌1件,铭文:"牌入印出,印入牌出","荣州防御使张公印牌"。

瓷器7件(均为白瓷,3盘、3碗、1盂)。

铜洗2件,铜镜4件,铜碗2件。

银唾壶2件。军持瓶(陶)2件。

银带饰 4 件,漆奁 1 件,釉陶缸 1 件。

小串珠、铜钱甚多,不可数计。

太平通宝金钱 1 件,钱锁 2 件。

水银甚多,取样约 2 斤。

人骨:女骨腐朽无存,男骨存头骨和部分肢骨。

当晚,填坑封墓,工作结束。

扬州地区考古发掘和宝佑城遗址考古调查

(1978年4月11日～6月2日)

1978年4月11日　星期二　晴

为扬州782工程中发现唐代木船事,姚迁同志今日上午8时许指示,由梁白泉、宋伯胤和我随同罗宗真同志去扬州处理问题——木桩和船的重要性。10:15出发,下午2时到达。申世铭同志已先到达。

先去扬州文化局会见陈亦絮局长,然后到现场观察。此时第一号木船和木桩已被取出(据说陈局长已接周局长的通知),第二号船和木桩尚有大部分埋在土中。

1978年4月12日　星期三　晴

上午乘车去扬师工地、邗江革委会工地、平善堂、保佑城等处视察。

下午在扬州博物馆参加座谈会(扬州文化局、扬州师范教师、扬博、南博诸同志出席)。先参观了木船、出土遗物、绘图、照片等,然后以这次发现的重要性为中心作了发言。大家一致认为发掘唐城遗址意义重大,目前出土的木桩、木柱是护岸和建筑房屋的遗存。

晚,梁白泉、宋伯胤二同志乘车去江都,我和申世铭同志去访问凌竞亚同志。

1978年4月13日　星期四　晴

上午在扬州博物馆会晤朱江、蒋华二同志,梁白泉、宋伯胤自江都来后,共同参观书法、古画、出土文物、唐代文物等专题陈列室。该馆的唐船和木椁墓的露天陈列颇具特色。下午3时许乘车返南京,6:30到达。

1978年4月14日　星期五　晴

上午,梁白泉、宋伯胤与我向姚迁、孟君孝汇报扬州工作。研究扬州工作的开展问题,要求从速组织人力落实筹备工作。

下午,与汪遵国、邹厚本、刘惠英、钱锋等同志商议扬州工作方案。

接纪仲庆自海安工地来信,详谈这次发掘去南通联系经过及南通博物馆对不久前文化局所发通报的意见。

葛治功二次来信,说再留清博几天,以便协助他们整理破损文物。

申请文化局报国家文物局关于扬州唐城发掘计划,并请拨经费 10 万元(留有抄件)。

1978 年 4 月 19 日　星期三　小雨

11 时许,长途电话和扬博苏馆长联系,请他转告罗宗真,务必深挖一个土坑,将唐代一号木船船放入后,以土或沙掩盖,以防开裂损坏。

1978 年 4 月 22 日　星期六　晴

阅读社会科学院考古所八年规划和历史所八年规划,并准备提供意见。

姚迁同志到部门来讲话,解决去扬州发掘唐代遗址的问题。决定赵青芳和部分同志前往。

1978 年 4 月 25 日　星期二　晴

上午在院上班,处理问题。早晨接长途电话,与罗宗真谈去扬州,罗宗真谈扬州工作即告一段落,姚迁指示立即出发,又电告罗宗真请暂留扬州。

1978 年 4 月 26 日　星期三　阴

上午和刘惠英同志乘汽车(8~11 时)抵扬州,会见罗宗真等同志和扬博苏馆长,住九巷招待所。

下午开会(罗宗真、韩建立、郭礼典、刘惠英、赵青芳)。

罗宗真谈前一阶段工作:市革委会门前的木船已挖出,运扬博,和一号船一起用土掩埋,并绘制复原图一份,以后整理工作,仍由两单位合作进行。邗江县建筑工地忽紧忽松,目前又要动工,灰线已画定,不希望我们先挖。因堆料很多,也无法抢在前头。

"782"工程的第三期,要在文化宫门口建一座地下商场,已动工挖至 6 米(部分),整个工程 1000 平方米,需要继续配合,已发现古河护坡(石砌),可能为明代。

"783"是公路工程,"784"是疏浚旧河工程,暂无情况。

"二招"范围内无情况。

下午 3~5:30 时诸同志去工地视察参观。先后至出木船、出桥桩、手工业作坊和"二招"等地点,并在邗江县建筑工地和基建负责的徐同志详谈,交换了意见,但未得结果。

晚,继续开会谈工作。

周邨局长和姚迁同志在扬州时成立了一个扬州唐代文物、文献征集领导小组,负责人是地委宣传部长郑铎、市革委会副主任卓越、地委交际处长钱承芳、市委宣传部长和姚迁等五人。

1978年4月27日　星期四　多云

上午,先至扬州博物馆晤苏馆长和朱江等同志,谈工作地点、计划并征求意见。一致感到唐城勘探任务艰巨。

至地区文化局晤凌竞亚局长,交正式介绍信(省文化局),谈了工作打算:一、发掘邗江县建筑工地的问题和目前遇到的矛盾;二、发掘"二招"院内空地,并提出在"二招"食宿的问题;三、开辟扬中范围内的新发掘地点;四、调查宝佑城遗址。凌竞亚局长当即决定通知邗江县注意配合工作(以文件通知),和"二招"负责人某科长谈了我们的打算,允许研究后通知我们。

晚,朱江同志来访。

1978年4月28日　星期五　雨转晴

上午,微雨,等待地区文化局的通知。两次和凌竞亚局长电话联系,都说他不在局里。

10:30访问同住在招待所内的扬州市城市建设局规划办公室朱同志等,宣传了基本建设与文物考古工作相互关系及我们的任务,请求他们支持。兼谈唐城考古的重要意义。询问测绘地形图和钻探的方法。收到他们交给的两片带文字的瓷片和一件陶纺坠,地层关系均不清楚。

下午,刘惠英、郭礼典二同志至工地巡视,我与罗宗真去凌竞亚局长家访问。以后又去地区文化局访问张建中局长。按介绍至行政科晤宗科长,她回答说:"地区'二招'是中央和省经常来开会的地点,不便作地下发掘。"问我们的发掘理由何在?要求我们写个书面的文字材料,他们到地区办公室研究。我们向她说明:一是寻找古河道的走向,二是附近出土过重要文物——唐三彩器。

这是出乎意料的回答,头上好像浇了一盆冷水,感觉城市内考古发掘困难很多,如不配合工程发掘,是很难单独进行的。但配合工程发掘,又很难得到满意的收获。其根本原因,是考古工作尚未能引起各方面的应有的重视。

阅4月26日《参考消息》希腊考古有重要发现,公元前三百多年的帝国国王的陵墓被揭露,出精美壁画、金棺、银器皿、青铜和金质武器、盾牌等。

韩建立上午10:00返宁,报销账目和取衣服。

1978年4月29日　星期六　晴

上午,刘惠英、郭礼典二同志去平善堂和宝佑城参观调查。罗宗真给地区行政管理局和文化局写发掘"二招"空地的书面材料(一式两份),我们两人携带材料去文化局晤张局长,经他带着我们又去见宗科长面交材料。然宗科长仍不赞成在"二招"发掘。

下午,刘惠英、郭礼典二同志去782工地了解地下情况。几天来的观察,认为这里确是汶河的原河道，地层现象是东部自上而下全为黄沙，西部则为灰泥土，并含有很多砖瓦碎块，护岸木桩及石块有所发现。该河为南北走向，附近的街道仍命名为汶河路。

晚，朱江和顾同志来访，他们都是扬州的学者。朱江同志对我们的工作提了很好的建议。

1978年4月30日　星期日　雨转晴

上午，调查宝佑城。乘汽车(3路)至茅山站—小谭庄—小陆庄—象鼻桥(相别桥)，均属城北公社综合大队。所谓茅山，是南北延伸，即有点像城垣，但南北渐模糊了。穿过茅山至小谭庄(相距约千米)，这里又有一条南北走向的土阜，道路经过处，可见横断面，深约1米，上层为红胶土，下有灰白色土，土色成层堆积，内含汉代瓦片、绳纹和条纹，与观音山一带土阜断面所见同。自此向西南行，约二里至小陆庄，沿途田埂间陶片成堆，多为汉代遗物，亦可捡到少量唐代青釉瓷钵，甚至有宋代黑釉和影青瓷片。据当地菜农说，此地瓦片特多。自小陆庄至象鼻桥，以上地段均属城北公社综合大队。

象鼻桥这个地方，据说是宝佑城的东南角，即蜀岗(南垣)向东垣转弯处，地势显然可见。断面为红土含汉陶片，当为人工堆积(指东垣)。至于蜀岗如何，则无法可知。自象鼻桥至观音山(即东南至西南城角)，约三里许，沿路田埂间亦多见陶片堆，多是汉代的。

如此看来，所谓宝佑城，现在情况是：东南、西南、西北较清楚，而东北不清。整个古迹亦不过9~10平方里，并不太大。

所得印象是汉代城垣所在。小谭庄与小陆庄之间那条土阜，很可能是东部的附郭。

下午4时许，和罗宗真同志去城南地区医院访问地区宣传部长郑铎同志，医院说，他今天已回家休假。复至其家中，得接见。谈到要在"二招"发掘而遇到困难时，他说由他来办，还提出要行政管理局派人配合的事，他比我们设想的还要周到。

1978年5月1日　星期一　晴

因国际劳动节，各机关、行业均休假。

据新闻报道，今年庆祝活动采取游园办法。经朱江同志提议，我们在扬州的同志上午去参观扬州有名的几处园林。

一处是"小盘谷"。这里现为一旅社所占用，但原来的面貌保存尚好，规模较小，布局紧凑，以假山、水池、亭阁和形式多样的花窗为精彩。

一处是"寄啸山庄"(又名何园)，规模较大，为一工厂所占用。周围均是高墙。其特点是双层走廊回绕全境，山石贯穿前后，水池亭榭，楼台古树点缀自然。可惜的是原来的面貌遭破坏太大，恢复已很困难。

一处是"片石山庄"。该园与何园仅一墙之隔,为某军事单位所占用。石山楼台均与何园相连,看不出是两个庭院。令人惋惜的是池水已被填平,房舍均被改用,某些部分也被拆除,若不是别人的介绍,我再也不会感到这儿是一个园林。看着满目景象不能不令人叹息:势难恢复了啊。

明、清时期,扬州的园林曾盛极一时,私家园遍布城内街巷,当时的园林比苏州还多。可如今所剩不多了,保护、修复现有的园林迫在眉睫。

昨晚,扬博艾同志自南京来,带来梁白泉同志的信,说他将于2日来扬,住一天即去淮安看周总理故居修建情况。

1978年5月2日　星期二　晴

上午,罗宗真、刘惠英、郭礼典、赵青芳等去扫垢山邗江县工地再次视察,看是否有哪怕是开一个方的余地,用实测图来查验。结果因地面堆积水泥板太多,实在无法开方。这次并未会见该建筑工地负责人。

梁白泉与韩建立于11时许到达扬州。

下午,罗宗真、梁白泉、赵青芳等去地区行政管理局,由宗科长偕同去办公室会见负责人,据谈可以在"二招"开工,但最后决定需明日答复。今日接见的升级和谈话态度的转变,表明前日郑部长已发生了作用。

和梁白泉、罗宗真、韩建立、郭礼典、刘惠英诸同志开会,谈青年人如何加紧学习,并决定由小韩暂管经济,招发掘工人问题,及时进行。

1978年5月3日　星期三　阴转多云

上午,用电话询问地区行政局宗科长,她说,还没有接到办公室的答复。罗宗真同志找扬博徐同志,请他介绍发掘工人,并和工人代表商定下午前往"二招"工地发掘计划。

梁白泉与韩建立、郭礼典同志去宝佑城作调查,他们从东到西,穿城而过,收获颇大。

下午,罗宗真、梁白泉和工人代表去"二招"工地,据说这里原出木船处向东略偏10米左右。他们还去医院看望了郑部长。

1978年5月4日　星期四　阴

青年节纪念日。

梁白泉同志昨晚去江都。

上午,罗宗真、刘惠英二同志去地区行政局晤宗科长,赵青芳、韩建立、郭礼典留招待所等待工人代表来谈包方工资和开工时间。地区方面办公室已在上次谈话中表示基本同意,问题集中在行政局,这次宗科长态度上又倒退了,表示我们没有正式手续,等到文化局证实有手续后,又推托要和"二招"开会商议,需到下周一始能确定(即 8 日)。真是办事效率太差。与工人代表谈妥包方工资每立方 2.2 元。

下午 2 时许,梁白泉同志自江都返,商量好即请郭礼典把他已买好的明晨回南京的车票退了。朱江同志来访,共同谈话。罗宗真同志去医院看病。

晚,全体开会,研究如何开展扬州工作。

1978 年 5 月 5 日　星期五　晴

上午,罗宗真、赵青芳等三人同去邗江县革委会工地,晤徐寿岳同志。他首先说建楼工程推迟了,现在工地可以发掘,但提出发掘后要填土夯实的问题。约定明日下午和建筑公司一起开会谈夯土问题,即计算工价。

在汶河路文化宫门口,看 782 工程中出现的木桩和木板,深度约 6 米,但属废河道内的砖瓦堆积,木板是何时代的?需作进一步考证。

下午,刘惠英、韩建立去 782 文化宫工地对出土木桩进行拍照(三张)。梁白泉、罗宗真、赵青芳去小莲花巷看望朱江同志。

收到汪遵国、尤振尧寄来的信,谈院中近来的工作。尤振尧因作规划推迟来扬州。

扬博有新发现,邗江县农民送来一座汉墓出土的带铜轮的木棺,还有漆器(大小 9 个),铁剑等文物。

晚,罗宗真讲邗江革委会工地的考古工作。

1978 年 5 月 6 日　星期六　晴

汶河路 782 工程中出现的木桩不是部分的存在,而是工程范围普遍都有,贯通南北,木桩之上并压有石板,这种现象估计是河岸的护岸措施。土层中拣到大量宋瓷,唐瓷极少。今天由刘惠英、韩建立、郭礼典三同志进行绘图和照相工作。

今晨,省文化局谢玉章等二同志来招待所看望,我们也向他们汇报了工作的进展情况。

上午去扬博晤苏馆长,谈成扬博派李久海同志参加工作。参观了新出土的汉墓文物,有铜棺轮、铜镜、铜剑、漆器等;还参观了一个宋墓出土的瓷器。

下午三时,先和工人谈好点工的工价(日计每人 1.4 元),继和邗江县工地负责人李同志谈妥回土夯实费(我们出 2/5,约合 500 元)。

写信给姚迁同志汇报工作。

1978 年 5 月 7 日　星期日　晴

写信复汪遵国、尤振尧同志。

邗江工地今日开工,但工人只到 2 人。计划探方 3 个,名 T112、T113、T114。先清理地面遗物,继挖 T114 表土,工作进度不大。继续招工。

梁白泉同志今晨乘车去淮安。

1978年5月8日　星期一　晴

邗江工地开工,实到做工人数为11名,工人来源头绪很多,有城市也有农村,有老也有小,参差不齐。由于劳动较轻松,到下午以后,私人联系要求做工者颇多。

工程进度,今日将三个探方表土层普遍铲去约10厘米。

上午与罗宗真一起去地区行政局,未遇宗科长。下午又去,见面后,她还给了我们原来的介绍信,信后批语为:"和'二招'戴指导员商谈具体问题。"到"二招"后晤戴指导员,谈妥条件,先挖一个探方,工人要管理好,干部食宿由招待所安排,决定明日开工。

晚,大家开会研究了工人问题和移住"二招"问题。

1978年5月9日　星期二　雨

晨起,遇雨,停工一天。

决定迁居"二招"完全是便于大家商谈发掘中的问题。

8:30长途电话,告姚迁同志两处开工,人手紧张,希尤振尧、江红菱速来。

晚,因初来"二招",住大通仓(每室九人),灯光又昏暗(全室一盏灯),故早眠。9时许,朱江同志前来扣门,给罗宗真送信,说遍访各处,不知我们迁到哪里,要我们向原住处留地址,此话甚是。

1978年5月10日　星期三　阴转多云

邗江工地今日实到24人,分为三个探方挖土(T112、T113、T114),每一方8人,截至收工时,平均下挖深度为15厘米。出土遗物碎砖、碎瓦、碎瓷片,瓷片中唐、宋均有,甚至还有青花片(T114),但以唐、宋瓷片居多,推测该城(第一层)主要是宋代层。遗迹方面,从T112的南壁上可以看出黄沙层下的灰土面有所谓"墒沟"的痕迹,形如 ////////// ,但灰土甚坚。

今日所见的灰土层,质均坚硬,似路土,发掘较费力。

1978年5月11日　星期四　晴

上午9时许,"二招"开工,在前进楼后(北),暂开一探方(10米×10米),但工人实到数只有7人,虽属包工,进度也不大。和"二招"所长李同志联系,说明今日开工,对工人发出入证,并请代解决我们在"二招"住宿问题(迁居前进楼204)。

邗江工地今日工人数增至35人。T113、114两坑,在深40厘米时,普遍土色有转淡灰土现象,出土瓷片多黄、青釉,瓷形多钵、壶、碗之内,但亦兼出白釉和绿釉,薄胎瓷片(甚少),T114出大板瓦,上有"官"字(印文),长方完整砖。T112出砖瓦特多,东南角有乱砖瓦及粗瓷堆积现象,但不是灰坑。T113出一枚铜钱。各坑土层仍是坚硬。

1978年5月12日　星期五　晴

上午,李久海同志转来汪遵国昨日电话:尤振尧同志将于明日(即13日)来扬。

"二招"工地今日实到工人12人。继续作表层土,乱砖乱瓦甚多,土色灰,是近代遗迹的现象。

邗江工地:T114坑内土色无变化,仍是灰土,但出土遗物中,就瓷片而言,已到纯唐代文化层,瓷釉瓷较多,有平底钵、圜底钵、筒形罐、大小底盏、黄釉壶1件(残),黄釉大钵1件(残)、开元通宝钱(1枚),另有一件玩具小马(残三足,昨日出土),三彩瓷不多。

T113的东南角出现黄沙层。疑将到底。

T112出土瓷罐,虽成破片,但可修复。

1978年5月13日　星期六　晴

今日邗江工地实到工人29人,"二招"工地实到工人12人。

邗江工地各坑情况如下:T112东北隅土浓灰,砖瓦片很多,出一件完整的"积钱罐"。T113内有不成形的烧土遗迹,西南隅亦有砖瓦堆积情形,东北隅出现砖瓦烧灶,但大部分在坑外;东南隅与T114临界隔梁中出现砖铺地面;T114中部出现两口大罐,均残破。T113、114各方各出小青釉瓷碗一件。T114还出铜锈块、大板瓦等。"二招"工地进度为0.8米,为乱砖瓦层。

1978年5月14日　星期日　晴

今日邗江工地工人29人。

T114内出现大缸器皿,自南向北排列。缸均残破,但可看出体形很大,缸口向内敛。偏北的两个相距较近,最北的一个缸壁较薄,缸的附近还出土一个完整的四系瓷罐,罐上覆盖一个青釉碗。

T113昨日出土灶的附近(偏西南),出现火炉两个,出现时平面呈现出红烧土圈,圈内是灰土,待把灰土掏尽后,里面出现不平烧结的坚硬面,底部均有两块砖拼成的中间留有空隙的通风算。伴随灰土掏出炼渣块、炭屑、坩埚片,坩埚片有一定的弧度,外表有红漆皮,里面有绿漆皮,这一现象值得注意。

T113、114之间的砖铺地面,一半呈人字形,一半为横竖砖平砌,东边残破,已找不出边缘,是地面、路面、尚不清楚,南部尚压在坑外。

T113偏北部也出土一件四系罐,上面覆盖着一只青釉碗,大体和T114情况相同。本坑今日还出有开元通宝钱。偏西北隅出现小型圆灰坑,开元钱即出自灰坑内。

T112的西南隅出砖砌墙壁,可能是建筑房屋的东北角,大部分压在坑外。本方出土大型"积钱罐"一件。

1978年5月15日　星期一　晴

今日邗江工地实到工人29人。

进度：T112深0.8米，T113深1米，T114深0.9米。T112的西北和东部仍是碎砖瓦堆，西南角的砖墙基仍保留未动。

T113坑内出土一件完整的三彩盂，西壁断面现出瓦砾堆积的沟或穴二处，东部与114相隔亦有乱瓦堆积。

T114坑共出土四只大缸，今日拍照、绘图。

1978年5月16日　星期二　晴

邗江工地出工人数27人，"二招"工地出工人数仍为12人。

邗江工地重要发现：T112坑西南的砖墙基附近出土瓷缸（残）和乱骨；西北部出现砖砌水井（用竖立砖单层砌成井围）。

T113坑内东壁下出现灰坑窖穴，正清理中。出土小釉下绿彩瓷执壶1件。

T114坑内出图2三彩小瓷执壶1件。

1978年5月17日　星期三　阴雨

邗江工地出勤工人数为27人，下午开工后约一个小时后因雨停工。

今日T112坑内内挖井内的泥土，深2米处出水，暂停下挖。

T113内南壁下发现一钵一罐，钵盖在罐上，此种现象已分发现多起，可能为当时一种迷信仪式。东壁下的窖穴为圆形，周壁光滑，向东有门道，上层填灰土，出青瓷、黄瓷、白瓷片和碎砖瓦，深0.8米，窖穴口直径为2.2米。

T114内大部分见生黄沙土，不含遗物，可能将到底，深1.2米。

1978年5月18日　星期四　晴

邗江工地T113内的窖穴在深0.8米之下转为黄沙土，遗物渐少。深至2米以下地下水渗出，流沙塌方严重，乃止发掘。东壁缺口，并不是门道，而是穴边不整齐所造成的误解。

T112坑的西北隅，在乱砖瓦堆积中出土一件兽形酱釉瓷器（残），足部短缺。

今日为工人领工资所应办的手续问题，尤振尧同志去扬博访问会计。据说，农村劳动力要把款汇到生产队去，而生产队多是对银行有贷款的，因此，银行就会把贷款扣下，工人就会拿不到现金。这件事对工人情绪影响很大，甚至有些人就不想做工了。

1978年5月19日　星期五　晴

邗江工地出工人数为29人，"二招"工地出工人数为11人。

"二招"工地坑深至 3.1 米。在 2 米左右近代瓦砾层结束,下面是黄沙土,虽仍有瓦砾砖瓦块,但不像上层那么密集了。今日作深至 3.1 米,除昨日出土的高足青瓷盘(失盖),四系罐(残)外,今日又出土了 2 件青瓷器盖和黑釉带柄的执壶,都是唐代物。看起来已进入唐代文化层了。

邗江工地今日 T114、113 两坑均到底,为黄沙土,局部地方有灰坑,较深,继续清理。唐代文化层一般深度是 1.2 米左右,T114 西南一灰坑较大,亦较深,压在 T113 隔梁砖铺路面之下,出铜钱数枚和瓷片。T112 坑的北壁下亦出一灰坑,形状不规则,但较深。

T113、114 均向北部扩开 3 米×10 米探方。

对于如何付工人工资问题,因在城市考古,银行防止通货膨胀,尽量采取转账付款,而工人则很难拿到现金,引起其情绪不安。

1978 年 5 月 20 日　星期六　晴

和尤振尧同志研究支付工人工资的办法,采取直接把农村工人的工资汇向信用合作社,由生产队领取。今日把工人取得的生产队工资收据寄院会计室,并付信说明这项款(包土方工程工资 1100 余元)的用途,请按指定地点汇出。

"二招"工地深度已达 3 米多,黄灰土,瓦砾显著减少。出土青釉碗 3 件。有一件是完整的,余 2 件虽亦完整,但因工人不慎被掘破。另有小猴面和三彩瓷片。看起来这里不是河道,而是唐代遗址。

邗江工地,T113、114 连续作 3 米×10 米的扩方部分。T104 又出一口大缸和 T114 出的并列(南北),此缸位于北端,缸底有沉淀物,似秕糠,黄绿色,还出磨刀石、大板瓦各 1 件。

T103 内过去发现的砖灶已全部露出来,灶面偏西有红烧土,东面有梯形通口,可能是烟囱所在处。T113 的土窑决定不向下挖。

T112 内西南墙基已找完,西面残缺,偏北的只存个别砖块,但可推测出是另一间房的残迹,合南间共为两间,但又互不相同,今日亦开 3 米×10 米的扩方,名 T102。

T113 东南隔梁上的砖铺地面已全部找出,仍为人字形铺垫法,但边缘残缺不全。

T112 方基附近的灰沟内,出一件铜官窑的瓷罐,已破,但可复原。

1978 年 5 月 21 日　星期日　晴

邗江工地 T114 扩方部分到底,无特殊发现。T112 扩方部亦到底,共出土炉灶 3 座,还有一座只有一半,另一半依附在其他灶上。这些炉灶又距前几天发现的炼炉很近,可能都是作坊的遗迹。

T112 扩方,灰土瓦堆很多,兼出唐代瓷片,还有牛骨(加工后余料)。南壁墙基拆除后西部地面下又有灰坑,墙基的砖型较大,非一般的唐砖可比。墙基与灰坑显然有时间先后之别。

1978年5月22日　星期一　晴

邗江工地因昨日T113、114扩方结束,工人大量裁减,今日T112只留12人工作。工人的三个介绍人开会,决定等工作最后结束时一次发放工资。

T112扩坑照常进行,同时作西南部灰坑,出土骨笄1枚。

朱江、蒋华、徐良玉等同志来工地参观,认为炉灶是炉,而不是灶。

"二招"工地出土足瓷砚、青瓷杯、碗等,至晚坑底见黄沙土,为到底现象。

"二招"探坑已可确定市革委会门口的河道没有通向此处,而证实这里和北部市革委会、南部人武部同为唐代遗址的分布区。

1978年5月23日　星期二　晴

邗江工地续作T112方内的灰土部分(北部扩方范围和西南部),直至见黄沙土为止。西北部的两口砖井,先发现的一口较大,后发现的一口较小,打算把一口较大的挖到底。

"二招"工地探方今日下午已见底,为黄沙土,不再向下挖,但有水银出土,不知何故?

为工人结算工资事,很费脑筋。今日由两个青年同志(郭礼典、刘惠英)收方,用数学上的方法正确地折算实掘方数,然后按方计价。和工人代表谈妥方的包价,每方约0.6元,挖方填方共计约千余元。

1978年5月24日　星期三　晴

访问"二招"负责人,戴指导员和李所长均因病不在办公室,晤潘同志,告诉他发掘已告结束,马上即回土。潘同志电话向李所长报告,没意见。

给南京院内周光仪同志通电话,说一项包工经费1150元已汇爱国生产队,另一项经费1000元汇扬博(这是料想不到的)。

邗江工地今日仅留工人8名,作砖井附近的灰土,并拆除砖井一半,准备向下挖去。"二招"工地开始回填土方。

1978年5月25日　星期四　晴

今日邗江工地计算核对工资,由于此次发掘工人来源复杂,多是个别人即开一张收款收据,因此必须把收据收齐,始能发工资。工资总额487余元,尚有少数人收据没有送来,T112方砖井因流沙严重,停止发掘。

邗江工地共做工376.25天,工资487.83元。

"二招"工地挖掘工资约800元,回填工资按每方0.6元计算,包工费300元,合计

1100 余元,汇来款 1150 元,尚余 22 元余。

    1978 年 5 月 26 日　　星期五　　晴

    接院中周光仪同志来信,谈汇款情况,还说国家文物局已批准唐城发掘经费 50000 元。

    "二招"工地续填土。

    根据昨晚开会决定,今日开始发放工资,并整理各探方,灰坑出土瓷片,分类统计,选取标本。钱锋同志今日来扬州,是姚迁派来支援的。

    1978 年 5 月 27 日　　星期六　　晴

    继续整理瓷片,出土青釉器皿特多,多为粗瓷,器形以碗、钵较突出,其次为酱釉、黄釉、白釉、黄绿釉、绿釉和三彩等粗细瓷片。上层也有少量影青瓷片,铜官窑的壶类亦为常见品,白瓷多为精品,怀疑其时代较晚,可能至五代或宋,下层少至绝迹。

    继续发工资,邗江工地将发完。

    1978 年 5 月 28 日　　星期日　　阴

    邗江工地继续分类统计瓷片,并选取标本,完整或大体完整的文物,另外单项登记。今日除 T112 方外,都已搞完。

    工资今日发放完毕,款账对头。

    "二招"工地继续填坑,出土瓷片编号统计一日进行完毕。

    1978 年 5 月 29 日　　星期一　　多云

    今天上午,继续把 T112 方出土瓷片统计完毕,全部完整文物,亦造表登记。

    与李文海同志访问邗江建筑工地负责人李、徐二同志。谈填坑问题,商妥不能超出发工资,不能用夯实名义,定工资费为 400 元,由他们出收据,用银行转账办法付款。

    "二招"工地坑已填平,但要求高出地面一层,以防止土下陷。

    与尤振尧同志于下午 2:00 访问扬州市城建局,发现唐城范围的铁路线,正线是经小陆庄与铁佛寺之间穿子城(牙城)而过,仍未能彻底避开城垣。城建局同志希望早日解决路线问题,倾向于内线。说外线与内线相差 1.3 公里,要多走这么多路,交通运输部门和人民群众是不赞成的。第四设计院下月 6 日就要把方案带到北京去,希望我们赶快向上请示决定。

    又访问市文化局陈亦絮局长,据他谈,已开过会,文化单位表示三点意见:1. 唐城是仅次于长安的名城;2. 为了现在城市的发展,铁路改线是必要的;3. 国际友人很注意这一古迹,不赞成铁路穿城而过。对于唐城考古,希望早日行动,作出成绩,掌握主动权。

1978年5月30日　星期二　阴偶雨

部分同志去扬博参观陈列室。

尤振尧和我留招待所,工人继续填坑,加高20厘米。请"二招"负责人验收,表示满意。

1978年5月31日　星期三　雨

访问扬博,晤苏尚门馆长,回报工作,并听取关于唐城发掘的意见,苏馆长仅提出:"下次多来些人。"

各探方小结写完,将其与绘图、照相、瓷片统计表、器物登记表、灰坑登记等一起分装资料袋内。

预购去南京车票,准备托运瓷片标本。

晚,马馆长偕李万才等同志来招待所访问。

南京江苏地震局谢同志持介绍信来访问,据说是汪遵国介绍来扬州参观唐城发掘的。

1978年6月1日　星期四　晴

上午,尤振尧、刘惠英、韩建立、郭礼典四人由扬博李久海同志陪同,去调查唐城,着重看铁路线路。

陪江苏省地震局谢、黄二同志参观考古发掘现场,包括唐代木桥、木船出土地点、手工业作坊、汶河路等处。

校阅各探坑小结,发现文字表达能力均较差,无可奈何,但存资料而已。

下午,瓷片三箩,送车站托运南京。尤振尧、韩建立去扬州博物馆结账。扬州博物馆提出结余经费700余元,给他们作发掘隋炀帝陵用的问题,我们无法回答。

1978年6月2日　星期五　晴

一切准备就绪,上午把招待所的宿费结算清楚,用银行转账的办法付清。

下午13时许大家去车站,14:00车出发南京,17:30到达。

陕、川、渝地区参观与考察

(1979年4月3日~4月30日)

1979年4月3日至12日与汪遵国、姚迁参加了在西安举行的全国考古规划与考古学会成立大会,会议期间先后参观了乾陵、昭陵、咸阳博物馆、秦始皇兵马俑坑、半坡等古代遗址,13日至30日沿返还的途中又选择性的考查了陕、川、渝地区的一些历史遗迹和博物馆。

1979年4月13日　星期五
上午11时离西安人民大厦乘12时火车去绛帐(车站),然后换乘汽车去扶风。在扶风县文化馆参观西周遗址铜器陈列,以后又参观法门寺,再去西周遗址发掘工地。

1979年4月14日　星期六
参观西周遗址发掘工地。
陈家陈列室尹威平同志:西周建筑用板瓦、筒瓦和瓦当,板瓦正面有绳纹,两乳钉或一乳钉。早期板瓦双面绳纹,乳钉短。筒瓦为半圆形,瓦当表面有重环纹。
一号窖藏:卣、尊、匕、盨、豆、鬲(商器)、玉器、蛤蜊,共出103件。器有铭文。(微氏家族)
墙盘:(铭文284字)夔凤纹。填细云纹。
㝬器:方座盖簋8件(懿王至孝王)。
白先父器组:鬲10件,瓿9件,方鼎1件,其下层有门,门上有刖刑人守门,另1圆鼎亦如此。爵3件,斗3件,壶1件。
齐家十九号墓:玉器、铜器、陶器组成。铜盘、盉成套,鼎、卣、尊、爵、瓿、尊、觯、甗等33件,中期偏晚。
凤雏、双崖、召陈、齐家均有遗址发掘。
召陈村发掘宫殿8座。6000平方米,5号保存最好,3号柱基排列整齐,东西7排,南北2排,每排6个。中部房较大,每房有墙隔离,重檐,南、东、西三面有台阶,可能有门。
扶风法门公社李村出土大克鼎。岐山京当公社礼村出土毛公鼎和禹鼎。

岐山礼村：西周墓葬发掘于1976年开始，五个点的西周墓葬，还发现一个制骨作坊，目前已基本结束，正处进行整理、编写报告阶段。

凤雏宗庙村：为西周早期宫殿，南北长452米，东西宽325米，院落三进。房32间，分东门屏、前院、东西房、门道、中院、两厢、前堂，前堂后东西小院，中有过廊，最后有两后室，其间有排水道、窖穴分布。材料为柱础石、土坯。在西边前厢房有一长方形的灰坑是作厝处理的。存放有出21片甲骨文，字细小，另外还有骨雕、玉雕、贝壳、陶器等。

法门公社（扶风）与岐山京当公社相隔一沟（刘家沟），此沟为西周以后形成的。京当公社贺家村M113出为西周初期的原始瓷豆1件、鼎2件、1件、大蚌（漆盘托）1组。

下午返西安，夜2时许抵人民大厦。

1979年4月15日　星期日

上午8时许，和浙江、江西、广西、贵州、云南等十多位同志乘车去四川成都。沿途经过秦岭山区，饱览山区风光。

1979年4月16日　星期一

上午8时半到达成都，文物局、博物馆负责同志在车站迎接。寓滨江招待所。

下午，一行参观杜甫草堂、武侯祠、王建墓。

1979年4月17日　星期二

参观都江堰、二郎庙、离堆和宝瓶口等处名胜古迹，中午在县城幸福饭店就餐。

1979年4月18日　星期三

参观新县城。

一、桂湖公园杨慎（升菴）祠及其著作陈列。

二、宝光寺罗汉像，此佛寺保存的最好。

1979年4月19日　星期四

上午。四川博物馆：

1. 汉源县富林镇旧石器晚期文化遗址。1973年发掘，千件石料，少量石器，动、植物化石、木炭、灰烬和烧骨。

2. 资阳同心公社鲤鱼桥（旧石器晚期），1973年试掘出土燧石打制尖状器和刮削器。

3. 大溪文化：1958年发现，位于巫山大溪镇西，面积达9000平方米，发掘了500平方米，距今五千年左右。发现的器具有：

①石斧：椭圆形，较扁平（断面），弧刃。

②扁平穿孔斧

③条形弧刃蚌镰

④长方形石刀

⑤印石打制石锄

⑥石球：磨光

⑦石矛：穿孔、磨光、叶形。

⑧石镞：扁薄，尖三角形，有铤。

⑨牙鱼钩

⑩骨梭

⑪动物：牛、猪、鹿骨骼。

陶器：

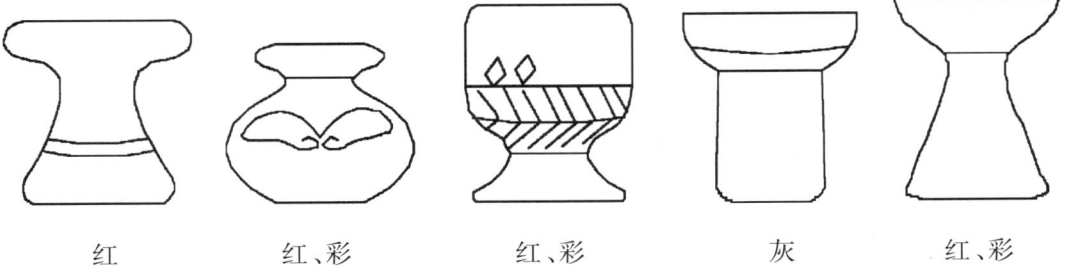

| 红 | 红、彩 | 红、彩 | 灰 | 红、彩 |

纺轮：陶、石、骨三种。

骨针、骨凿、骨椎。

玉玦、石凿、石锛：不发达，小件。

玉璜，松录石坠，宽扁式璜发达，制玉技术较精。

彩陶：

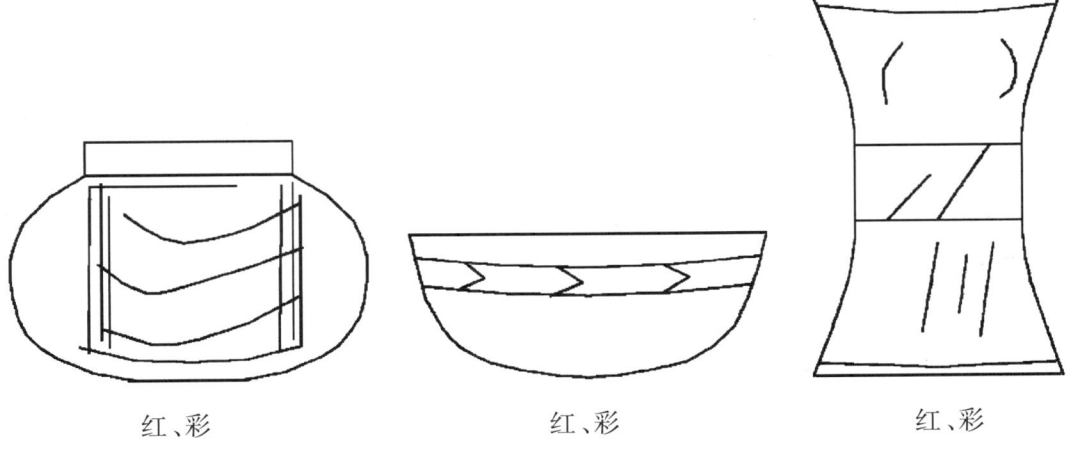

| 红、彩 | 红、彩 | 红、彩 |

陶球，人面形玩具，猪头形玩具。

新中国成立以来新石器时代遗址发现百余处,以忠县淯(干)井沟,西昌礼州和理县文物较多。

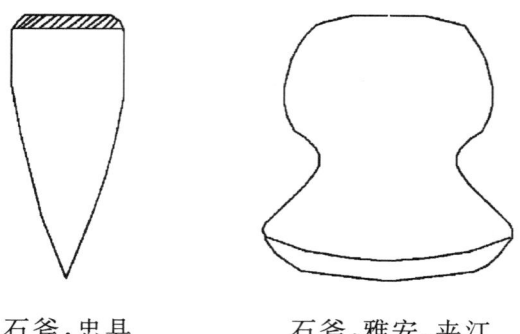

石斧,忠县　　　石斧,雅安、夹江

彭县竹瓦街出土铜器(窖藏)。

无胡戈、矛、锛、尊。

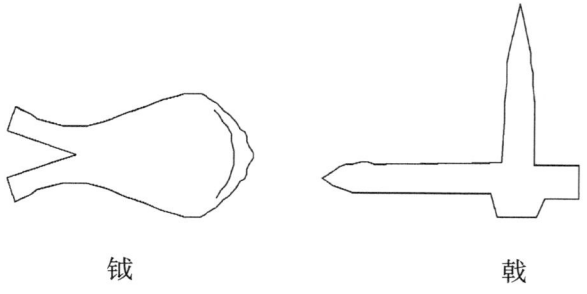

钺　　　戟

罍(兽形盖)、父己、父癸觯。

成都青羊故宫出土陶虎,可能与开明氏蜀国图腾崇拜有关。

广汉出土大型玉琮、璋、圭、璧,属战国时期巴蜀文化。另有漆器、绳纹陶器、铜印章、铜戈、铜剑(图腾纹)、钺、矛。

涪陵小田溪出土汉代铜壶、罍、豆、钺、镩均为大件。

成都天廻山、宜宾出土的陶俑。

峨眉出土石俑有乐人、侍俑、鸡、猪等。东汉石刻图:织机、酿酒、贷粮、饮客、杂技。

前蜀王建墓,后蜀孟知祥墓。

1955年华阳出土《宋录》黄彩陶盆。1959年德阳孝泉镇出土银器117件。1972年成都凤凰山朱悦燫墓。

下午参观川大陈列室。川大共有五个陈列室:1. 历史文物室;2. 革命文物室;3. 民族文物室;4. 古书画室;5. 石刻室。

代表文物有:广汉太平场遗物大石璧,礼县西汉双耳陶罐,茂汶姜维城、大溪、建山寨出土彩陶,邛崃窑宋彩瓷。

1979年4月20日　星期五

上午10时许,我与姚迁、汪遵国乘成昆快车离成都去峨眉,13时半到达。同行的有南大、浙博诸同志。陪同我们前往的还有川博何、贺二馆长及园林管理局的王局长。下车后,直至报国寺吃午饭,并宿寺内。

据传该寺建于明万历年间,清康熙时重修,山门有康熙御书"报国寺"匾额。此寺主要殿宇有弥勒殿、大雄殿、七佛殿、藏金楼等,整个建筑群依地势逐级升高,规模宏大,气宇轩昂。殿内诸多佛像也保存完好,金碧辉煌。因游览人多,专门设有食堂和宿舍。寺内设有文物陈列室、书画室、动物标本室。文物中有巴蜀文化石器,所见均为卵石石片,打制的有有柄石斧和石钺,铜器主要有锯、斧、戈、矛和少量容器。以"以人祭虎"戈为少见。以上石、铜器均为本县符溪、柏香林出土。寺内有一座万历年间所铸的十四层铜塔,高7米,上塑佛像4700余尊,由前胜积寺移来。

晚,参观附近伏虎寺。

1979年4月21日　星期六

上午坐汽车行约10公里至十桥附近,下车步行,游览了青云阁和黑白二泉水,后至广佛寺午饭。下午步行向洪椿坪出发,经古栈道,崎岖难行,"一线天"是奇景之一。17时到达,洪椿坪又名"千佛禅寺",位于群峰环抱之中,林木郁郁葱葱,幽清静雅。因每当夏季,山峰之间,云雾蒙蒙,如同细雨,故又有"洪椿晓雨"之称。该寺始建于东晋,明代重修。

1979年4月22日　星期日

早饭后出发由原路返青云阁,然后再由青云阁西北上山,至万年寺,全程十八里。万年寺即圣寿万年寺,寺内铜铁佛像为全国重点文物保护单位,砖殿为省级文物保护单位。今砖殿(明代万历年间建)已被改为喇嘛式建筑(1946年被焚毁),现有殿宇两重,为1953年重建。殿里有北宋铸造普贤菩萨骑六牙白象铜铸像一尊,高7.3米,重达62吨。周围壁上各层佛像均为铁胎,铸工精细。寺内后殿供三世佛(释迦),亦皆铁铸,新修。寺僧宽明讲述峨眉风景甚详。

1979年4月23日　星期一

万寿寺早饭后出发去净水公社桂花场,有微雨。

在桂花场候车时,大家购买中药,黄连、党参皆本地特产,一般城里难以买到。9时半乘车至峨眉县,然后换车去乐山(12时半),下午14时许到乐山。穿过乐山轮渡至大佛寺,晤文物保管所负责人,参观寺院和著名的石刻大佛。

大佛为依凌云山栖鸾峰断崖凿成的一尊弥勒坐像,坐像头与山齐,脚踏大江,高70余米,手指长9米,耳长7米,面对岷江、青弋江和大渡河的交汇处,雍容大度,气宇雄伟。周围石壁上还刻有无数小佛，传为唐开元至贞观年间凿成。大佛寺又名凌云寺，寺内建筑和佛像都保存基本完好。

在大佛寺晚餐后，当晚于夜色中下山，途经麻浩汉代岩墓（省保护单位），有郭老题字，闻已复原陈列，可惜于夜色苍茫中未能一看。

经过铁索桥，沿盘肠石阶小径登乌尤寺，此时天已俱黑，幸有梅、牟二同志扶持，始得安全入寺。因前有大佛寺的电话联系，该寺已有准备，服务人员早把宿舍布置妥善，寺内导游人窦同志带我们登高观看夜景，对岸乐山市区灯火辉煌，别有风趣。夜请编能老方丈讲乌尤的掌故，获知该处山为一体九峰，峰峰青翠。关于离堆的由来，方丈说，历史上大佛寺所在的凌云山与乌尤寺所在的乌尤山两山相连，战国秦昭王时，蜀郡太守李冰为避沫水之害将其凿开，以分水势，故又名离堆。关于"乌尤"的由来，方丈列举多项文献考证，旁征博引，颇使人迷惑不解。乌尤之名有三说，以老方丈的第一说乌尤是由于最早该寺供有乌尤佛故名。另外，大佛与乌尤都属于禅宗。

1979年4月24日　星期二

由乐山乌尤寺渡江至乐山市，乘汽车至夹江县，再专乘火车到成都，已晚18时许。

1979年4月25日　星期三

四川佛徒朝山进香，有"上朝峨眉，下朝宝顶"之说，这次去的正是宝顶。18时许去成都南站赴大足。车误点，9时许始离站至邮亭铺已下午16时。有成都博物馆高同志陪同，曾中懋同志自大足来接，即乘汽车至县城县招待所住宿。

1979年4月26日　星期四

上午参观大足宝顶山摩崖造像。宝顶的石刻分布广泛，共13处，造像数以万计，其中以幽深的大佛湾最为集中。这里的石刻以宋代雕刻最富特色，创始人为蜀中明僧赵凤智。石刻从构思到造型极具浓郁的生活气息，故事性、趣味性强，这一特点在全国石刻艺术中最为突出。从创作风格上看，其继承了唐代的艺术手法，构图线条流畅，人物富于感情也有夸张，喜怒哀乐都很逼真。我们先后浏览了：1. 六道轮回图；2. 赵智风本人造像；3. 华严三圣像（一佛二菩萨）；4. 千手观音像（镌于八十多平方米的岩壁上，千余只手各持法物，统一对称，如孔雀开屏，令人赞叹不已）；5. 释迦涅槃圣迹图；6. 九龙降水；7. 释迦诞生；8. 父母恩重图；9. 地狱变像图；10. 柳本尊行化图；11. 圆觉洞（洞口有巨狮像，洞右有牧牛图，十人十牛，栩栩如生）。

总的说来，石刻保护尚好，但由于历经时间久远，受风化和侵蚀现象较为严重。

四川石窟寺以广元、大足居多。宝顶山位大足县城东北，约16公里，有保管所，为全国重点文物保护单位。

下午参观北山石刻。北山位于县城以北2公里的北山顶部，设有文物保管所。

北山石刻创始于唐景福元年,经五代、两宋共250余年完成。北山石刻共有五处,以佛湾较为集中,造像3664幅,碑碣7处,题记10处,经幢8处,壁画1处,有龛窟264个,其中最有名的该算心神车窟观音像了,窟中八驱菩萨布局严谨,雕刻的丰腴圆润,典雅大方,实为此间石刻之精华。

179窟的两边坐像与保圣寺塑像相似。

南山亦有石刻,但以碑记著名。

1979年4月27日　星期五

今日乘早7时半汽车离大足赴重庆,途经铜梁县、璧山县和巴县境,行车达160余公里,下午1时半到达重庆。先晤重庆博物馆官伟勋馆长、宁荣章秘书等,被安排在朝天门重庆饭店住宿。四川博物馆的曾中懋同志一路陪同我们送到重庆,当即告别离去返大足。

今日晚饭未吃,因肚子有病,晚饭后仅吃面食一两。

1979年4月28日　星期六

上午,参观重庆博物馆历代工艺美术品陈列(枇杷公园)

陈列共分六个单元:1.青铜器;2.陶器;3.石刻、砖画;4.绘画;5.刺绣;6.工艺品。代表性展品有:

1. 巴蜀青铜器:錞钎2件,钟(甬栖、素面),铜剑:纹饰有变形饕餮纹(虎纹),手心纹,可能与巴蜀文化早期文字有关。铜戈:有虎纹和 ⌒ 纹。铜矛:有巴蜀纹。铜钺:

错金银铜犀牛带钩。

2. 重庆冬笋坝船棺葬,楠木船长达五米,陪葬品有陶罐、铜剑、钺等。

3. 成都琉璃厂出土邛崃窑录彩瓷碗、盘。

4. 广元窑:黑釉瓷居多,有兔毫盏、玳瑁釉大盘,还有白釉黑花瓶(宋代)。

5. 彭县窑:白瓷,胎薄、釉润,有暗花。

6. 石刻说书俑

7. 北魏、隋唐石砚、观音菩萨像。

革命文物陈列未及看。

下午,参观库房瓷器和古画。晚,看重庆市夜景。

1979年4月28日　星期日

上午,重庆博物馆备车,由官馆长和龚同志陪同参观访问。

一、歌乐山"美蒋罪行展览馆",及"美蒋特种技术合作所"特务机构杀害革命烈士的罪行展览。

二、渣泽洞牢房和白公馆牢房。

许晓轩（江都人）、许建业（《红岩》中的许云峰）烈士、江竹筠（即《红岩》中的江姐）的牢房在渣泽洞楼下第一间屋，距审讯室很近。

三、红岩村13号为中共代表团周总理及董必武、邓颖超等同志以及毛主席住过的地方，这里有一棵古老的"阴阳树"标记。不远处设有展览馆，陈列着当时中共代表团与国民党谈判的情况。叶副主席于今年4月15日下午曾来此并题诗：

  虎穴坚持神圣业，

   几人鲜血染红星。

四、曾家岩中共代表团原址，亦为叶副主席、董老等居住过的地方。小楼与南京梅园新村的住址相似，背临嘉陵江，附近有张治中公馆，毛主席也偶然住宿那里，今日闭馆未能参观。

1979年4月30日　星期一

今日全市放假，街头特别热闹，市中心地区公共交通停顿。

全体同志9时至市博辞行。我与姚迁又参观了陈列室，服务部，11时告辞诸位领导，返重庆饭店。

下午，大家街头购物，自由活动。

已买好5月1日船票（东方红49号），明日起程直达南京。

在苏州参加江苏省考古学会第二次年会

(1981年11月9日~11月17日)

1981年11月9日　星期一　晴

今日乘303次沪宁快车启程去苏州参加1981年江苏考古学会年会。同行的有罗宗真、王淮生、祁桂菊、郭群、王正本、缪祥山、朱江等同志。

下午1:30到达苏州，晤陈玉寅同志，宿阊门饭店。

1981年11月10日　星期二　晴

上午，偕朱江、陆九皋、罗宗真等同志去苏博参加预备会。苏博张英霖、书记陈思冠同志参加。这次预备会把会议名称，即"江苏省考古学会1981年年会及吴文化学术讨论会"，以及出席人的问题、主席团的问题、开幕式的问题都定下来了。

参观"吴文物联展"。

1981年11月11日　星期三　晴

召开省考古学会理事会，到会人数19人（超过半数），尚有部分理事未报道。

会上作了1981年工作的回顾和明年工作打算的介绍，并公布了经费收支情况。推选了新会员入会申请审查小组，讨论增补理事谢孝思和顾问姚迁。

1981年11月12日　星期四　晴

上午，举行开幕式。苏州文化局长、谢孝思先生和社联副主席王胜浜先后讲话。

下午全体与会者参观苏博举办的"吴文物联展"。

今日统计到会正式会员68人，列席代表23人，工作人员12人。

1981年11月13日　星期五　晴

今天分四个小组讨论，要求普遍发言，谈观点。

1981年11月14日　星期六　晴

今天大组会。由小组推选代表发言。

上午论文交流：刘建国（刘兴代，镇博）《论太湖越族石墓》，肖梦龙（镇博）《试谈吴国土墩墓》。

晚，吴文化研究会筹备组召开会议。

1981年11月15日　星期日　晴

上午，全体代表乘车至上方山参观苏博发掘的一处吴越时期的防御设施。该遗址位于山顶，利用石块建成的壕沟形，前面设有通道和封闭式门，中部略宽，壁有烟迹，出原始青瓷器和印纹陶片。后又参观越城，各代表采集了标本，归来时又参观了盘城。

下午，大会继续发言。有刘和惠、商志馥、孙维昌等同志。

1981年11月17日　星期二　晴

省考古学会1981年年会闭幕词

同志们：

江苏省考古学会1981年年会及吴文化学术讨论会，在省社联和苏州地方领导支持和关怀下，于12日开始，经过五天的学术交流活动，即将圆满结束。

这次会议出席代表和列席人员共94人。代表中有来自本省各地文物、博物馆单位，有南京大学、江苏师范学院、徐州师范学院、扬州师范学院，还有一部分业余爱好考古的同志们。

来自外省市的有：上海、安徽、浙江、江西等文博单位，还有北京大学、南开大学、浙江大学、中山大学的同志们。大家来到苏州，齐聚一堂，共同探讨学术问题，使我们这次会议开得气氛热烈，生动活泼。

这次会议收到论文54篇，体现了这次会议的中心议题。这些论文以考古学为主，结合历史文献、民族学、人类学、语言学、历史地理学，对吴文化面貌、分区、分期、青铜器特点、社会性质、文化渊源进行了广泛的探讨，反映了我省近年来考古发掘的丰硕成果，体现了我国吴文化研究的新水平。这些论文，我们在会议结束后，就要编写成集，我们相信出版后，在我国史学界、考古界一定会引起重视。

我们这次会议，充分体现了"百花齐放，百家争鸣"的精神。会议期间，大家就关心的多种议题展开了极为热烈的讨论。例如，关于吴文化的起源，有宁镇地区和太湖地区两种看法，各有一定的道理，通过相互交流，对我们今后的研究一定会起到促进作用；又如对太湖地区山顶上分布的石结构遗存，镇江、无锡、苏州都进行过发掘，对其性质提出军事设施、石室墓等多种看法。我们会议期间就参观了苏州博物馆在上方山顶上的发掘,大家在现场就纷纷发表意见,并对今后的发掘提出了建议,这就对今后的考古发掘起了推动的作用,也正是我们这次讨论所要达到的目的。

考古学要达到科学地恢复历史的任务,必须要同其他各种科学结合起来。在会上,苏州的一位中学教师就从吴语同越语的比较来探讨吴文化所属的民族;上海自然博物馆的黄象洪同志从古遗址出土的人骨鉴定来证明是否属于古越族,这些都给我们以启示,说明科学研究是需要互相配合,互相合作的。

会议除讨论吴文化这一重点之外,内容还涉及到北方新石器时代、商、周和汉代的考古,有连云港市孔望山摩崖造像的研究,有明、清史迹和古代家具专题研究等等,这些论文丰富了年会的内容。

会议马上就要结束了,对吴文化的研究还没有结束。恰恰相反,它正是还刚刚开始,有许多学术问题都有待于我们去解决,希望考古学会的全体会员继续不断地作出贡献,更希望外地的兄弟单位和同志们给予联系和支持,大家携起手来,共同把吴文化研究推向高潮。

按:

按照南博考古工作规则,凡参加野外考古发掘与调查必须有详细日记,由于遭遇"文革"浩劫等原因,目前仅赵青芳先生而言,至少有下列日记下落不明:1959年海川地区考古调查、1960年吴县梅堰考古发掘和苏州越城考古发掘、1961年淮阴地区考古调查、1962年射阳湖周围考古调查、1964年刘林遗址二次发掘、1965年丘湾商代遗址第三次考古发掘和涟水三里墩汉墓发掘。

忆曾昭燏先生

曾昭燏先生,湖南湘乡县荷塘乡人,生于清末宣统元年(1909年)。1933年毕业于前中央大学中文系,1933～1935年间,曾在金陵大学附属中学教书。1935年留学英国,在伦敦大学专攻考古学,1937年获硕士学位并任助教。1937～1938年对欧洲几个国家的博物馆进行考察。曾在德国柏林国家博物院和慕尼黑博物院学习,1938年从法国回国。她在国外时期,1937年于伦敦大学曾写有《中国铜器铭文礼花纹》一文,1937年于柏林曾写《论周至汉之首饰制度》一文和《博物馆》专著一册。她不但是我国著名的考古学家,而且也是我国博物馆学家之一。新中国成立以后,她担任过南京博物院副院长、院长,华东文物工作队队长,江苏省文物管理委员会副主任,中国科学院考古研究所学术委员,中国人民政治协商委员会委员,第三届全国人民代表大会的代表,江苏妇女联合会副主席等职务。

1938年9月,正当我国抗日战争时期,她从法国马赛港返回我国云南昆明,任前国立中央博物院筹备处专门设计委员。1939年3月间与我国另一著名考古学家灵金鼎先生等,对云南大理附近的古代遗址进行考察,点苍山之麓和洱海之滨,留下了他们辛勤劳动的脚印,通过这次考察,共发现古代遗址38处,古代墓葬17座,经过有选择的科学发掘,分别被定为史前期和南诏期两类文化遗存。1942年编辑出版了《云南苍洱境考古报告》一册,这本书对研究云南地区兄弟民族的历史提供了很有价值的资料。特别是在本书的后一部分,昭燏先生执笔的《点苍山下所出古代有字残瓦》一文,以实物结合文献记载,详加考证,提出一些精辟的见解,对于研究南诏史具有很重要的参考价值。

1940年后,她随所在单位由昆明迁至四川南溪李庄,在此期间她重新整理和发表了《博物馆》一书,还参加了四川彭山汉代崖墓的发掘。

1949年新中国成立后,考古事业博物馆事业受到党和人民政府的重视,国立南京博物院迅速建立,她被任命为副院长,为了充实藏品、开展科学研究和向群众进行宣传教育,她着重抓了田野考古和陈列开放两件大事。这时期她的工作积极性得到充分发挥,工作精神特别旺盛,常常是废寝忘食、夜以继日地学习和工作。从1950年开始,她组织和领导了南唐二陵(即李昪和李璟的陵墓)的发掘,并和全体工作人员同住在荒僻的祖堂山下幽栖寺内,每日奔走于驻地和工地之间,过着艰苦的野外考古生活。发掘工作结束后,及时组织人力编写发掘报告,一部大型的专著《南唐二陵》,就是在她的主持和亲自参与之下编写出版的。这本书重点介绍了二陵在建筑装饰彩画上的成就,对大量出土的男女陶俑、动物俑、人首动物身俑等进行分析研究,联系古代宫廷制度、服饰制度和雕塑艺术,作了必要的推论,是研究我国五代史不可缺少的参考书。

1956年前后,昭燏先生担任南京博物院院长职务,而且还在南京大学历史系讲授《考古学通论》和《秦汉考古课》,工作更加忙碌,但她的工作态度仍然是兢兢业业、勤勤恳恳的,一心为社会主义考古事业和博物馆事业作出自己应有的贡献。

她在编辑、阅读文稿和自己写作方面,态度是十分严肃认真的,对每一篇文稿,总是句句、字字订正,为了不使其遗漏,有时竟然要读出声来,既使一个标点符号,也要反复考虑它是否使用妥当。至于对整篇文章的结构和逻辑性,更是要求严格,她的这种治学态度是非常可贵的。

1954年华东文物工作队山东组在沂南县发掘了一座古画像石墓,这墓的建筑结构雄伟,雕刻技法特殊,画像内容丰富,无论从历史艺术和建筑的角度去看,都是极好的研究资料。昭燏先生为了及时把考古报告编写出来,特别组织了一个写作班子,自己任总编辑,而且负责执笔其中"论全部画像石的内容"、"关于出行图的考证"、"关于乐舞百戏图的考证"、"关于历史故事的考证"、"关于神话人物奇禽异兽的考证"、"画像石墓在艺术上的价值"、"画像石墓年代的商榷"等重要章节,使这部考古报告更加增色。《沂南古画像石墓发掘报告》于1956年出版,这部书可与《南唐二陵》发掘报告媲美,并称为姊妹作。

众所周知,考古学文化中以几何印纹陶为特征的文化遗存,在江苏境内行较广泛的分布,从20世纪50年代初开始,南京博物院的考古工作者即对该项文化遗址进行了普遍训查和重点发掘,例如江宁县湖熟镇的老鼠墩和前岗。南京市的锁金村、迈皋桥和安怀村等遗址。在占有大量实物资料的基础上,昭燏先生和尹焕章同志合作写出《试论湖熟文化》一文(《考古学报》1959年第四期),首次提出"湖熟文化"的命名,把研究所谓"几何印纹陶文化"这方面的工作向前推进了一步。其次,在文中还提出"湖熟文化应是江南土著人荆蛮族的文化",这一论断是有充分科学依据和说服力的,至80年代,接受这种观点的考古工作者越来越多起来。

20世纪60年代初期,昭燏先生与尹焕章同志合作,从系统地整理江苏地区考古资料着手,写出《古代江苏历史上的两个问题》,发表于《江海学刊》。此后,她感觉到该文中涉及的问题较多,尤其对邻省的考古情况不够了解,认为有必要到江苏以外的地方去参观访问,以便更广泛地搜集资料,充实这一课题的研究工作。果然在两年之内,她走访了上海、浙江、广东、山东、湖南、湖北和江西等七个省市,参见了各省博物馆的展品,文物管理部门的藏品,以及不少古文化遗址。此外,还频繁地与各地考古界的同志们接触,交换意见,然后于1963年又对《古代江苏历史上的两个问题》作了补充和修改,作为《江苏省出土文物选集》的前言发表。这篇文章可以说是建国14年来江苏地区考古的综合研究成果,也可以说是利用考古发现的实物资料印证有关文献记载对江苏古代历史问题的一次较充分的探讨。

时至今日,昭燏先生已逝世17个年头了,以上对她一鳞半爪的回忆,仅仅表达了我的一点心意。她生前的工作精神,以及对考古研究所作的贡献,给我们留下深刻的印象,是永远不可磨灭的。

《文博通讯》1981年第5期

我的回忆

——抗日战争时期的中央博物院筹备处

1933年4月国立中央博物院筹备处成立后,不久就开展了具体的筹备工作,一方面组织建筑委员会,选定南京城东部的半山园一带为建院场地,设计分建自然、人文和工艺三馆,先从人文馆大厦的建筑着手(即今日的南京博物院),以后陆续完成全部工程。另一方面以古物陈列所的藏品为基础,并通过接受当时捐赠、向私人收藏者收购、调查征集和田野考古发掘等多种渠道来搜集展品,打算先把人文馆建设起来。

1937年初我从河南古迹研究会调任这个博物院筹备处的工作,后被派回老家河南参加辉县的考古发掘。那时考古队的领队是郭宝钧先生(即博物院筹备处的总干事),这是用博物院筹备处经费和人力组织的一次发掘。

辉县是河南地下文物丰富的地区之一,商、周和汉代的遗址、墓葬多不胜数。我们这次发掘的目的是想挖一些战国时期的铜器墓,选择的地点是辉县城郊琉璃阁一带,在附近村庄上组织了几十名工人,采取用"洛阳铲"钻探的方法找墓,开工很长时间,结果找到的全是汉代土坑墓,随葬品也都是些大量的、重复的一般陶器。我们心里有点着急了,准备减少一些民工逐步结束这里的工作。忽然有一天一名工人向我报告,他已探得"铜器坑"(按即战国墓),我跟着他跑去查验,并问他怎样证明这里是"铜器坑"呢?他就用探铲向地下铲出一撮土来让我看,原来这是一种黄色土中含有红土星的所谓"五花土"。我还是有点不理解,决定在这里开探坑、找墓边,挖下去看看,后来果然得一战国大墓,这座墓全深约十米,从墓壁的纵剖面获知,这里的自然土层堆积是:上层约二米是黄土,黄土之下是红土。汉代人在这里造墓,一般都只挖到黄土层,因此地面钻探的汉墓不可能见红土;而战国时期造墓多深达十米,所以红土必然被翻动并与黄土混合成为"五花土"。受这一事例启发,使我们总结出一条经验来:无论搞什么事情,都要掌握它的规律,事情的规律是客观存在的,按规律办事的人,就容易把事情办好,就容易达到如愿以偿的目的,搞考古的人要掌握地层结构的规律。由于在辉县琉璃阁考古发掘中,我们掌握了汉墓和战国墓存在的地层规律,所以发掘工作的后一阶段,连续清理大型战国墓五座,一般战国墓四十四座,出土文物数千件,其中多半是青铜器和玉器。发掘后推证这是一处战国时期魏国贵族的葬地,其时代约当公元前445～公元前225年。

"七七"事变后,辉县考古发掘被迫停止,部分人员疏散。原在南京的博物院筹备处从此走上一条迂回而坎坷的道路,伴随着前中央研究院历史语言研究所向西南迁移。由南京到长沙,转武汉,于1938年到达重庆。在重庆沙坪坝重庆大学附近建造了一处临时仓库式简的易房屋,作为储存物资和办公的地点。

我是1939年赶到重庆的,那时的重庆虽距抗日前线尚远,但由于日机昼夜连续轰炸,人心惶惶不安,"大隧道惨案"使人触目惊心,其原因除日寇兽性发作之外,还有谁要负这个责任呢?这是人所共知的。尹焕章同志比我早到几个月,这时我们住在一起,而且共同钻山洞躲过敌机轰炸。就在这年,他被派往乐山文物仓库工作,我也因重庆办事处的撤销而随迁去昆明。

昆明是我国西南边陲的重镇,我来到这里后接到家里的信,都说我去"云南交趾国"了(意思是距离家乡太远),其实这是误会,云南毗邻古代的交趾这是事实,但不等于就是交趾。这里地处高原,气候宜人,素有"四季如春"之称,而实际则是每年春秋季节较长,夏冬季节甚短之故,所以漫山遍野,繁花似锦,尤其是那些斗色争艳的野生杜鹃,格外惹人喜爱。但是日本侵略军的战火在祖国大地上燃烧,中国人民正在遭受灾难,哪一个人还有心情来欣赏这里的美好景色呢?为了避免日本飞机轰炸,中央研究院历史语言研究所选择了远距昆明十余里的郊区龙泉镇(又称龙头村)为驻地,中央博物院筹备处则设在龙泉镇附近的起凤庵。起凤庵是个只有几十户人家的小村子,村子的背靠山坡。庵内有个四合院,共十多间房屋,东西相对的是楼房,这些房屋除庵内尼姑占了一少部分外,大部分都让给我们作办公主用了。当时的工作人员不足二十人,有的住在龙泉镇,有的住在村子里,他们都是有家眷的,只有我们三四个单身汉住在庵内,我们吃饭是相互合作自炊的。这村子在夜深人静时常闻狼嗥,大狼小狼之声清晰可辨,一时间颇使人生畏。但白天又显得十分幽静,在办公室窗前可以看见松鼠在树上跳跃。这个时候,博物院筹备处的研究工作,以及各项征集、调查、发掘工作照常进行。李济先生(中央研究院历史语言研究所考古组主任兼中央博物院筹备处主任)正进行着河南殷墟考古资料的研究。郭宝钧先生(筹备处总干事)在编写他的辉县考古报告。王振铎先生研究的专题是汉代车制,他从古文献中查阅了大量资料,不但撰写论文,而且还亲自动手制作模型。庞薰琹先生研究的项目是苗民的服饰艺术,他不辞辛苦地奔赴贵州苗民居住地区作调查,搜集实物标本,以他高水平的艺术手法绘制出张张精美的彩色图案。李霖灿先生被派赴丽江一带纳西族居地,为博物院征集该族的象形文字经卷,收获也是很大的。吴金鼎、曾昭燏和王介忱诸先生,是1938年从英国学习后回国的,从香港直接到达昆明,担任博物院筹备处工作。他们都是从事考古的专家,回国后考古的兴致很大,当时就投入大理一带的新石器时代遗址调查,翌年动手发掘,共发现遗址十二处,古墓十七座。他们发掘了其中马龙遗址、消碧遗址、佛顶甲址、佛顶乙址、中和中址、龙泉遗址等六处,经过整理研究,认为这一地区的文化面貌与中原地区有很大差异,地区性的特点较明显,因遗址分布于点苍山之麓和洱海之滨故取名为"苍洱文化"。苍洱考古的报告已作为博物院筹备处的专刊出版,这无疑是对我国西南部考古的一大贡献。

1940年春,博物院筹备处理事长蔡元培先生不幸在香港病逝,噩耗传来,大家都甚感悲痛。为此在龙泉镇中央研究院历史语言研究所图书馆所在地召开了追悼会,傅斯年向大家介绍蔡元培先生的事迹和对我国文化、教育的卓越贡献。仪式虽然简单,但意义十分重大。我们从此失去了一位德高望重的博物馆事业创办人。

这年6月,日寇大举侵犯越南,滇越铁路交通中断,日本飞机肆无忌惮地盘旋于昆明市上空,狂轰滥炸,人心惶惶不安,形势恶化,云南已非安全之地,驻滇的各教育、文化和科研单位,已决定向川贵回迁。历史语言研究所与博物院筹备处合议,决定向川西迁移,多选定南溪县李庄镇及其附近为驻地,那时滇、黔、川之间只有公路可通,而公路又多是盘山险道,当汽车行进时,忽而盘上高入云中,忽而盘下又入深谷,所经毛毛山,十八盘,赤水河等处,都是险要之地。沿途多急转弯,如两车对开于此处相遇,一不小心,即会被撞而落入狭谷。所以一路之上,每个人的心情都很紧张,只有晚上到达宿站时,才能松了一口气。

我们初到南溪时,办公地址和宿舍都设在李庄镇附近乡下一家姓张的大院内,那时中国营造学社也住在这个村子。以后博物院筹备处嫌房屋不够用,又把办公处迁到李庄镇上的张家祠去了。李庄位于南溪县与宜宾市(叙府)之间,面临长江,背靠群山,是张姓大家族聚居的地方。在国难当头的岁月中,这个多年平静的山村沸腾起来了,原在上海的同济大学也迁到镇上开课,中央研究院社会研究所驻在镇南一个村子里,历史语言研究所选中了镇西山区板栗坳为它的驻地。这些高等学府、文化和科学研究单位,使这个荒凉的小镇骤然间变得生机勃勃起来。

张家祠占地面积并不大,进大门有一个四合院,过厅五间,大殿三间,东西厢各三间,这些房屋都是砖瓦结构,非常坚固宽敞,略加装修,作为办公室是很适用的。院子周围还有些附属房屋,一排木结构的粮食仓库被用作单身人员的宿舍,筹备处的李济主任也住在院子的东边,他本来兼任着历史语言研究所考古组的主任,现在住这里对筹备处工作的领导是很方便的。由于张家祠大院的地面较高,所以我们站在院子的平台上,就可以看到滚滚长江向东流。面对这种情景,未免要引起我们这些下江人远离家乡,妻离子散的伤感。

这一时期的博物院筹备处,有五年时间安定,人事上有去有留,总的说有所增加,工作范围也较前扩大,所以在抗日战争时期,被称为"扩充阶段"。

川康民族考察团的工作已进行了多年,工作人员跋山涉水深入大小凉山少数民族地区,作历史地理、经济生活、社会组织、工艺技术、宗教信仰、语言文学等各个项目的考察,并搜集到大量生产工具、生活用具、服装饰物和经卷等实物标本。他们曾选择乐山县大佛寺为临时驻地,写成考察报告十四篇,约百万言。

四川省旧手工业调查,是一个新开展起来的项目,先从自贡市的盐业调查入手,工作人员通过采访记录,照相绘图,制作模型,搜集了十分丰富的资料,并写成文字报告。

云南丽江纳西族的考察，告一段落后，来李庄整理材料，而且聘请了一位纳喜族的"东巴"（即巫师）随来帮助整理搜集到的象形文字经卷，写成《纳喜族文字字典》一部，当即油即出版。

室内研究工作中，汉代车制的研究基本告成，模型制作完备，论文已经写出，待进一步补充修改，李济主任和曾昭燏先生还在这期间，编写了一本《博物馆》，这是研究博物馆学的早期成果。

中国营造学社在这时也参加了博物馆的筹备工作，包括吴恩成、刘敦桢、刘致平先生等在内的一些著名学者专家，他们的任务是考察四川的古代建筑及装饰艺术，测绘古代建筑图，写出报告和论文，做出了很大的成绩。

筹备处驻李庄期间，还拟订过一个四川考古的庞大计划，如果按照计划去执行，考古人员的脚步几乎要走遍四川全省各地，但是受时间人力的限制，结果只实现了计划中的一部分，即岷江流域彭山汉代崖墓的发掘。

考古队的组织名叫川康古迹考察团，团长由吴金鼎先生担任，先后参加这次发掘的人有夏鼐、曾昭燏、王介忱、陈明达先生等，我是最后一个参加的。工作站设在彭山县东北双江镇附近的寂照庵，那是个很幽静的地方，依山傍水，周围修竹成林。我们与和尚生活在一起，晨钟暮鼓，无形中成为我们作息时间的依据。

四川省汉代崖墓的分布很广泛，嘉陵江、沱江和岷江流域都有发现，但以乐山和彭山两地的崖墓较集中，而且典型。彭山崖墓最早被人发现时，误解为"蛮子洞"，认为是古代民族的洞穴住室。20世纪初法国人色伽兰曾经来彭山作崖墓的调查和发掘；20世纪30年代美国人葛维汉也到这里搜集过文物。加上历年来因古董商人收购文物而引起的盗掘，致使这里漫山遍野的崖墓遭受严重破坏。这不能不使我们深为遗憾。虽然如此，这次发掘还是有很大收获的，从1941年6月到1942年3月，不到一年的时间，共清理了七十六座崖墓，砖室墓2座，出土文物数百件，其中以陶俑最为丰富，男俑、女俑、武士俑、侍女俑、奏乐俑、舞蹈俑、乳儿俑等无不具备。各种陶制的动物像也很多，如鸡、犬、豕、马等，其中尤以陶制奔马，形态极为生功。另外，还在随葬品中发现一件陶制的佛座，是汉墓发掘中仅见的，为研究佛教传入中国增添了新资料。彭山崖墓发掘对研究汉代建筑和建筑装饰艺术，也提供了很多珍贵资料，例如崖墓建造的主体结构是石室，但还采用了砖瓦作为补充。建筑装饰方面的浮雕，有各种动物和人物形象，其中某些创作，在封建社会可算是很大胆的。

牧马山汉墓的发掘算是彭山考古的结尾。在这里发掘是有风险的，因为这地方一是土匪多，二是"袍哥"不好应付。"袍哥"们都是带手枪的，他要到工地下坑参观就不便阻拦。有一天上午，我刚要离开住处去工地，忽然有个人喘着气跑来，见了我就说他的一担棉纱在工地附近被土匪抢劫了，要求援助。我问房东（一个农民壮年人）怎么办，他说去看看，就从屋里取出枪跟那位被劫的人去了。经过一阵枪声后，不久房东回来了，我问他事情如何？他说，劫纱人跑了，大家都是熟人，不必见面，照常开工好了。

以后我才知道牧马山历来就是个土匪时常作案的地方。这里的汉墓和崖墓不同,是地面有封土堆的土坑墓,墓的规模是中型的,由于早年盗掘破坏,出土文物极少。所以彭山的考古工作,到此时就告结束了,人员陆续返回李庄。

李庄是个村镇,交通不便,群众文化教育比较落后。当我们初迁来的时候,由于历史语言研究所人类学研究组雇民工向山里驻地运标本箱件,途中休息时,民工偷看箱中标本,发现里面是些刷洗干净的人头骨多大为惊骇,但又以为是中央机关的东西,不敢明问,但有怀疑,所以就在镇上茶馆里暗暗议论,说是研究院吃人,一时之间谣言四起,传闻甚广。因此,破除迷信,普及科学知识,就成为当务之急。历史语言研究所及时在驻地举办了小型标本展览,以实物说明人头骨是从河南安阳殷墟考古发掘得来的,是研究体质人类学的需要,这样谣言才得平息。

以此为开端,博物院筹备处亦深感本身的业务除开展调查征集工作之外,亦有举办展览的必要。按当时条件一无专门陈列室,二无陈列设备,只能因陋就简,利用过厅三间,以条桌代陈列柜,按小规模的专题布置展出。先是举办旧石器展览,陈列品是法国考古学家摩梯耶父子从世界各地征集的珍贵品,后来以优惠价格出售给我国。展览的目的在于说明人类的起源,人类最早是怎样制造工具和使用工具的。这个展览曾经哄动了李庄镇,收到了较好的效果。以后还连续举办了周代青铜器展览,少数民族服饰展览等。

1943年还在重庆办过一次展览,内容是旧石器和周代的青铜器,比在李庄举办展览的规模大,而且用了很多辅助性的资料。博物院筹备处主任李济还专为展览写了一篇文章,叫《远古旧石器浅说》,用通俗的语言和科学的观点阐述了人类如何开始使用石器、石器制造方法、石器的演进、早期人类在地球上的环境以及石器在中国等问题,更加使这个展览增色。

抗日战争期间,我随博物院筹备处转辗于川、黔、滇各地,过了几年漂泊生活,见闻经历虽多,但因年老记忆力衰退,许多事都已模糊不清了。杂乱地写了这些,作为我迎接南京博物院建院五十周年的一片心意。

《文博通讯》1983年第1期

忆曾昭燏先生二三事

曾昭燏先生逝世已经是整整二十个年头了，每当我们想起她的生命这样短促，总觉得万分惋惜。

新中国建立后，虽然她在南京博物院的领导岗位上，作出了巨大的成绩，但时间毕竟太短了。她那渊博的知识，特别是博物馆学和考古学方面的才能，都远远没有得到充分发挥，值此国家四化建设进入高潮之际，各项事业急待开创新局面，从人才的可贵来说，又怎能不让我们对她怀念呢？

我虽然在《考古》上曾经写过一篇纪念她的文章，但总觉得要说的话没有说完，现在再记二三事，来进一步表达我的思念之情。

昭燏先生爱国心切。1938年日寇侵华，当时她正在国外学习，困难当头，不愿在国外久留，决心返回祖国怀抱，与祖国人民共患难。1949年南京解放前夕，国民党政府迁往台湾，先生的许多亲朋旧友，多是些有权势的显贵人物，劝她随同前往，但她终不动摇，决心留守博物院迎接解放。当人民解放军代表进驻博物院时，她带领全院工作人员夹道欢迎。在她担任全国政协委员期间，多次对台湾广播讲话，以满腔爱国之热情，向台湾的亲友们宣传社会主义经济建设的成就和文化事业的发展，对争取台湾回归祖国作出了应有的贡献。运台文物曾经一度想转移到美国去，消息传来，举国上下无不愤怒，特别是文化界著名人士，纷纷表态，坚决反对。昭燏先生更是不能容忍这种败类行为，她主动参与发表联合声明，向台湾当局提出严厉警告。

昭燏先生在工作中很能吃苦耐劳，并注意以身作则，言传身教。1960年冬季，江苏境内出现一个文物考古工作的高潮，苏南和苏北不少地区都有考古发掘的任务，南京博物院的工作人员几乎全体出动参加各地工作。这时候昭燏先生精神特别振奋，她冒着风寒，往返奔走于大江南北，对各个工地进行认真视察指导。那时吴江县太浦河水利工程中发现一处新石器时代遗址，挖土工程正从遗址中心穿过，工程进度快，抢救文物工作特别紧急。昭燏先生这时以全国政协视察团委员的身份来到工地，她放弃了地方上为她安排的舒适生活条件，坚决要求到工地去，和大家同吃、同住、同劳动，住的是拥挤不堪的茅草屋，饮的是小河沟的流水，还常常买点菜慰劳同志们。工地上全是从河底挖出的烂泥堆积，走路十分困难，脚上的鞋子常会被烂泥粘掉，但她对这些完全不顾，手中握着棍杖，跋涉在泥泞的土地上，和年轻的考古人员一起，并肩作战，开展文物征集和发掘工作。白天的疲劳并没有把她累倒，至夜晚还要在煤油灯下，尽心帮助同志们整理出土文物，进行编号登记。通过她这样的行动，大大激发起同志们的工作热情，克服了工作中的各种困难，提高了工作效率，使不少初次参加田野考古工作的青年同志们，学到许多文物知识和工作方法，体会到考古是一门科学，必须以严肃认真的态度来进行工作。

"饮水思源"，昭燏先生对她求学时代的恩师，始终是非常尊敬的。她在前中央大学学习期间，拜胡小石教授为师，专攻文史。由于接受胡教授的精心教导，加上她自己的勤学苦练，所以她有很深厚的文史基础。虽然以后她又出国留学，对博物馆学和考古学产生了浓厚兴趣，回国后担任了这方面的重要工作，但她在学术研究方面，仍然非常虚心，始终不忘恩师对她的栽培，在她任南京博物院院长期间，特别聘请胡小石先生作为顾问，便于及时求教，即使她所主编的《南唐二陵》和《沂南汉墓》两本大型考古报告，以及和尹焕章同志合写的《古代江苏历史上的两个问题》，全都征求过胡先生的意见。1962年春胡先生病故之后，她又为他亲自撰写墓志，督工铭刻。这些事都说明她对师长尊敬之心始终不渝。

昭燏先生对干部十分爱护，而且很注意培养。全院无论哪个人遇到困难，她知道后，总是亲自去察问，主动给予帮助。她认为对待干部绝不能单纯的使用，一定要在使用中注意培养。本来她的日常工作已经十分繁重，但仍然挤出业余时间来为一些年轻同志补习外文。院内同志们编写的考古报告和论文，在送出发表之前，都要经过她亲自审阅。她的审稿态度和方法，是非常认真的，撰稿人必须坐在她的身旁，然后将稿件摆在面前，先将全篇文章的结构和章节讨论一番，再按照顺序逐段逐句进行阅读，而且还读出声来，对一些有疑问的句子，要读上两三遍，以便加以订正。即使是一个字或一个标点符号用的不够恰当，也不肯轻易放过。她很强调文章的文法和逻辑性，所以有些文稿经过她审阅后，还要求作者反复修改，然后才能作为定稿，送出发表。她这种科学态度和严谨作风，对从事写作的干部产生了极大的影响。

1984年12月21日作于清溪路

《文博通讯》1984年第6期

考古、博物馆事业和她结下终身姻缘
——回忆前南京博物院院长曾昭燏先生

在清宣统元年(1909年)曾昭燏先生出生在湖南湘乡荷塘乡的书香官宦世家。她是曾国藩大弟曾国潢的长曾孙女、著名化学家曾昭抡教授的大妹。青年时就读于长沙艺芳女子中学,1929年入南京大学外文系,次年转入国文系至毕业。1935年自费于英国伦敦大学研究院习考古学,1936年获学士学位,去柏林德国国家博物院实习博物馆学,同时参加柏林地区及什列斯威格田野考古发掘。1938年任伦敦大学考古学助教。

这年,日本侵略军的铁蹄践踏着祖国大地,南京、武汉、长沙等地相继沦陷,正在这国难当头之际,昭燏先生终止了她在欧洲学习考古和考察博物馆的活动,放弃了在伦敦大学考古学院担任考古学教学的工作,决心回国与祖国人民共患难。她从香港经越南到达昆明,受国立中央博物院筹备处之聘,担任了专门设计委员的职务。1939年3月,她和吴金鼎先生等同至云南大理参加苍洱境内的考古发掘工作,这可以说是她自国外学习先进考古技术和方法后在国内第一次开展田野考古实践,发掘的目标是新石器时代遗址,从1939年3月至1940年9月的这些日子里,共发掘马龙遗址、佛顶甲乙二遗址、龙泉遗址和白云甲遗址等五处,取得大量实物资料。这是我国考古学家在云南地区第一次用科学方法进行的"锄头考古"活动。1940年的下半年,她随中央博物院迁移到四川南溪县李庄镇。1942年地和吴金鼎先生合编的《云南苍洱境考古报告》出版,该书分甲、乙两编:甲编为新石器时代考古,乙编是昭燏先生一人执笔的,内容为"点苍山下所出古代有字残瓦",时代约当南诏。这部考古报告的发表,对研究云南地方历史提供了很有价值的资料,是我国边疆考古的重要收获。

动手筹办一次展览会,内容为远古时代的旧石器,这批展品是法国考古学家摩梯耶父子从世界各地搜集起来的,以后转售给我国,当时收藏在中央博物院。展出的目的是向当地群众宣传博物馆的性质和作用,增进群众对博物馆的认识。这次展览是很成功的,使村镇上数千名观众接受了一次历史科学和考古知识的教育。

这期间她和筹备处主任李济合作,编写并出版了《博物馆》一书,该书内容分绪论、组织、管理、建筑、设备、收藏、保存、研究工作、教育工作、战时工作等十章,扼要地叙述了博物馆工作各个方面的基本知识,是一本开创性的博物学研究书籍。

1940~1943年,中央博物院与中央研究院历史语言研究所合作,拟订一项四川境内考古的庞大计划,按计划首先对成都附近彭山县的汉代崖墓进行发掘,昭燏先生以很大的精力参与此项工作,她不但亲自主持发掘许多座崖墓,而且在发掘结束后,还及时进行室内整理工作。在正式发掘报告编写出来之前,她提前写出了《从彭山陶俑中所见汉代服饰》论文一篇。照她的说法,"研究汉代服饰,本不是一件容易的事","想要从抽象的而且不详明的文字中体会出实际的而繁多的物象来,几乎是不可能的"。因此她认为必须采用的研究方法,"便是如何能使实物和文献互相印证",即"凡文献上的描写和实物的形状相符合的,可以说是一件东西"。这充分说明她在这篇文章中立论是十分谨慎的,而且也是相当准确的,同时也反映了她治学态度的一个方面。

抗日战争胜利后,昭燏先生随中央博物院迁返南京原址,这时她除了仍担任专门设计委员外,还兼任总干事职务。那时的院址,原来大楼建筑尚未完工,又遭日本侵略者轰炸破坏,呈现出一荒凉景象。在极端困难的条件下,昭燏先生千方百计争取时间,开展业务活动,先后办过两次展览,一次是汉代文物展览,另一次是院藏青铜器展览,这两次展览都是借用外单位的场地展出的。1948年春,院内陈列室初步建成后,又与故宫博物院联合举办了一次规模较大的文物展览。

南京解放前夕,国民党政府纷纷向台湾迁移,她的许多亲朋都劝她同往,但她坚持留下来,这是她一生中又一次政治上的转折点。

南京博物院在1950年3月正式建立,徐平羽同志任院长,昭燏先生任副院长,不久又被任命为正院长。1950年开始对南唐二陵(即李昪和李璟陵墓)进行考古发掘,昭燏先生亲自领导这项艰巨工作。发掘工作结束后,她又及时组织人力编写报告。报告中对南唐时期的建筑特点、埋葬制度和随葬品都作了详尽的介绍。此外,还结合文献资料,对当时的宫廷制度、服饰制度以及雕塑彩绘艺术作了精辟的论证。《南唐二陵》是研究南唐史不可缺少的参考书。

在50年代,她先后兼任治淮文物工作队和华东文物工作队队长的职务,筹划治理工程中的文物工作和华东五省的重点考古发掘。

山东省沂南汉画像石墓的发现,引起了她的重视,该墓发掘完毕后,为了出版一部较好的报告,昭燏先生自任主编,和参与发掘的同志共同编写出《沂南古画像石墓发掘报告》一书,该书中许多考证都是昭燏先生执笔的,和《南唐二陵》同样是一部大型的考古报告专书。

自1950年至1954年,南京博物院作为一个重要的教育宣传阵地来说,它在举办各种陈列展览方面从未间断过。规模较大的展品较多的基本陈列,最早是《社会发展史》,不久改为《中国历史文物陈列》,60年代初,修改为《江苏历史陈列》。所有陈列展览的计划书无不经过昭燏先生反复考虑提出修改意见,然后才确定下来的。

在考古学研究中,她与尹焕章同志合作,写出两篇很重要的论文,一篇是《试论湖熟文化》,这篇文章是在占有大量考古调查和发掘资料基础上撰写出来的综合性论述,湖熟文化作为一种独特的地方性考古学文化流传至今。另一篇是《江苏古代历史上的两个问题》,这是她自己比较满意的一篇著作,文章不但集中了江苏地区的考古成果,而且还采用了东南各省的考古资料，广征博引，印证历史文献，对江苏古代史的研究作出了新的贡献。

昭燏先生重视博物馆理论指导实践的作用，不但早年有《博物馆》专著问世，多年来更是自己躬亲实行。

首先是重视藏品的征集。她视历史博物馆的考古工作如生命线，在任务的确定、队伍的组织、工作的计划与开展，她都亲自参加。1956年，又决定把民俗学工作列入藏品征集的第二项科学征集途径，因为她在欧洲博物馆事业特别发达的德国实习过博物馆工作，在慕尼黑见习过博物馆学课程，看到过很多博物馆民族学陈列，认识了民族学工作的重要性。50年代初，代文化部文物局草拟、制定过民族学博物馆征集大纲。此时就在该院"十二年远景规划"中列出一批民族学专题，组织考古、民俗训练班培训专职人员五六十名，在江苏、浙江做民族学调查征集。该院改定为江苏省的历史、艺术博物馆之前，她就认识到明清画坛几为江浙书画家垄断的局面，开始了院藏古代书画的征集工作。到1960年，书画藏品数字达到三万多件，经文化部组织张珩、韩慎先、谢稚柳三位专家逐一鉴定，确定第一批入藏的书画一万多件，其中一级藏品为192件。明清以来"吴门画派"飞"扬州八家"、"金陵八家"、"海上画派"的作品齐集该院，在收藏质量上被评为全国第三位。

科学研究是博物馆第二个职能。昭燏先生极为重视，科研人才，不但延揽到院，而且聘请顾问，向院外学者专家虚心求教。例如在编著《南唐二陵》发掘报告时，需附俄文、英文提要，她虽奋发学习俄文，在编写提要上一时还不够用，但对英文，则熟谙而可运用自如，为保证文字质量的高度准确性，特另请孙明经先生承担而不自撰。于古典文史、金石甲骨、考古与书画鉴定之类，求教胡小石先生，于建筑艺术考古之类，求教于刘敦桢先生。凡有便，就邀请专家学者到院讲学，50年代初到60年代中，十年之间，应她邀约莅临该院做专题学术演讲的，就有王冶秋、佟柱臣、冯汉骥、胡厚宣、吴定良、沈从文、苏秉琦、贾兰坡、罗尔纲、陈中凡、朱偰、王朝闻等，达二十次之多。她自己，也先后在南京大学、北京大学及上海、西安、敦煌等地任课或讲学。

博物馆另一个职能是宣传教育。她对于陈列展览十分强调，她主张基本陈列要不断修改，常改常新。凡权威、专家、负责同志、外宾国宾，她都亲自讲解。她在国内博物馆中，属率先建立群众工作部门的单位之一，又组织了"南博之友"，注意征求改进工作的意见。

昭燏先生深入业务实践，曾参加田野工地上的测绘、库房藏品的登记编目、展览室的现场布置、说明卡片的编写。她不玩古董，还把自己收藏使用的同治瓷茶具、民族工艺的藤编桌椅捐给国家。遇到任务，不管北京、上海，说走就走，常更漏已尽，还在办公室伏案疾书。她节约得很，自己出钱办公事，私事从不用公家纸张。凡此种种，都是留给后人的好作风。她在60年代初，曾致力于台湾回归祖国的行动，现在香港问题已经解决，她如有知，一定是会悬心盼望，以期底于成的。

昭燏先生曾执着地追求加入党的组织，可惜未能实现而弃世了。她是在思想苦恼中不得解脱而离开人世的，时间是1964年12月22日，终年五十四岁。她生前是很多学术与政治职称的获得者，直到被选为第三届全国人民代表大会代表。她一生未婚，把她的毕生精力，都献给了我国的考古、博物馆事业。她曾诵读胡小石先生题陈含光画杨柳的一首诗：

淮水东边旧时月，
曾照畸人画柳枝。
今日春光君不见，
无边金缕燕来时。

今日春光虽然看不见了，她魂梦萦绕的文博事业确已大大发展了，她如有知，一定是非常欣慰快乐的。

《文物天地》1986年第5期

忆郭宝钧先生

郭宝钧先生，别名子衡，河南省南阳县人，生于1893年12月25日，幼年丧父，家境贫寒，依靠祖母和母亲做针线活助家庭生活。先生天资聪颖，幼年时即知用功读书，考入中学后更加发奋进取，成为全校的高才生，受到师辈的赞扬，当他升入高年级时，就被破格提拔为低年级的教员，后以优良成绩完成了中学阶段的学业，考入北京师范大学国文系，在极为艰苦的生活条件下，继续努力学习。1922年毕业之后返南国家乡，任河南省立第五中学校长，数年后又去开封任河南省教育厅秘书、督学职务，同时还在河南省女子师范学校和北仓女子中学兼课。1928年，前中央研究院在蔡元培院长领导下，筹备河南安阳殷墟的考古发掘，先生代表河南省参加了第一期发掘工作。此后由于他对历史学和考古学产生了浓厚兴趣，开始受聘于中央研究院历史语言研究所，又作为该所的工作人员，多次参加殷墟发掘，收获很大。曾撰写《B区发掘记之一》和《B区发掘记之二》两篇考古报告，在报告中提出"殷人版筑迹之判定"和"殷墟淹没说之修正"两点见解，对解决殷墟发掘中存在的有争议的问题，起关键性的作用。李济先生（著名考古学家、当时任历史语言研究所考古组主任）在他的《安阳最近发掘报告及六次工作总估计》一文中说："版筑的存在证实后，我们对于商朝建筑的研究，又鼓起新的兴趣来。这是我们发掘殷墟的历史中一个极重要的特点。"给B区的工作给予相当高的评价。

30年代初，中央研究院与河南省政府合组的河南古迹研究会成立，先生被派驻该会。主持业务工作，按会章规定，划安阳的研究院工作区，河南所属其他各县，均为古迹研究会的工作范围。所以自此以后，先生即担负了河南考古的繁重任务。

1931年，豫北浚县盗掘古墓成风，大量古代青铜器被古董商人收购，并转卖给国外。中央研究院即派先生前往调查，事后决定以河南古迹研究会名义计划发掘。从1932年春开始，至1933年冬止，共进行了四次发掘，均以先生为领队，在浚县辛村一地即发掘西周贵族卫康叔后裔的墓葬80余座（其中有8座是大型公侯墓，6座是中型公族墓，14座车马坑，54座小型墓）。这在当时周墓发掘中可算规模最大的一次。先生领导如此大规模的发掘，除了严格要求工作人员遵守田野发掘操作规程，提高工作质量之外，还要耗费大量精力以应付当时地方的恶劣势力，否则不但工作受阻，就是文物亦难免遭受劫掠。浚县辛村的考古发掘结束后，编写出《浚县辛村古残墓之清理》，发表于《田野考古报告集刊》，以后又写成《浚县辛村》专书。

1930～1932年，中央研究院历史语言研究所组织了山东省历城县城子崖新石器时代龙山文化遗址的发掘，先生参加了这次工作，在工作方法上提出了许多好的建议。以后又和梁思永、吴金鼎等合编大型考古报告《城子崖》。

1934年，先生制订河南西部考古计划，派河南古迹研究会工作人员，沿豫西部邙山作考古调查，发现新石器时代仰韶文化遗址多处，并选择青苔遗址，傲王顶遗址和塌坡遗址三处进行了小规模的试掘。

1935年，又制订了河南北部地区的考古调查计划，派人对温县、修武、获嘉、济源、武安等县作考古调查，发现许多新石器时代遗址。

1935年冬，河南汲县山彪镇，因盗挖古墓引起纠纷，先生率工作组前往清理发掘。这是一座战国大型积石炭墓，清理结果，收获甚丰，共出土青铜器1447件，其中最可贵的为水陆攻战纹鉴二件，纹饰均用紫色铜镶嵌，人物表现生动逼真。先生对此鉴曾有详细论述，称作战双方为两个部族，蓄发者为中原部族，短发者为吴越族，并引用文献资料作考证。此大型墓发掘的同时，还发掘车马坑一座，小型墓7座。对墓地时代的推断，认为是战国魏的贵族墓地。此次发掘后期，在当地举办了出土文物展览会，向群众宣传历史知识。工作结束时，遇到了匪徒惊扰，先生指挥有方，措施果断，连夜起行，幸免于文物被劫持。

1937年春，先生组织考古工作队，对辉县琉璃阁附近战国时代古墓群进行发掘，共清理大型墓5座，普通墓44座，出土铜器、玉器等数千件。后因日寇侵略我国，卢沟桥事变，发掘工作被迫停止。

1938年，前中央博物院筹备处迁四川重庆沙坪坝，电请先生前往任总干事职务，随后又迁滇，1940年再次迁四川南溪李庄。数年间漂泊不定的生活，几乎使先生精力消耗殆尽，但其仍昼夜不息的坚持工作，每日半天处理公务，半天整理考古发掘资料。由于过度劳累，在昆明期间肺炎病发，几乎危及生命。

1943年11月，前中央博物院筹备处，在李庄镇和重庆两地先后举办文物专题展览，石器部分由曾昭燏先生负责设计陈列，青铜器部分由先生设计陈列。所展出的青铜器即是浚县西周墓和汲县战国墓出土的精品。当12日在重庆展出时，当天的《新华日报》曾以《人类的远祖怎样生活——请看古代石器铜器》发表消息，并写出短评"从古代到现代"。1944年，先生自四川离职返南阳家乡，任宛南中学校长。1945年南阳沦陷，日伪各处找寻，先生避而不见，将考古资料及手稿藏之假墙中，携家属避居深山，直至日寇投降。1946年抗日战争胜利之后，历史语言研究所迁返南京，又聘请先生到所任研究工作，先生重新将过去经手发掘的文物资料开箱整理，亟待编写出考古报告，但截至1948年，历史语言研究所酝酿迁台，先生不愿随同前往，即辞去职务，经浙、赣绕道至武汉，曾在武汉大学任教。

先生在20世纪30年代至40年代期间，除主持参加田野考古，编写考古报告，还利用空暇时间，撰写了大量论文和专著，如《古玉新诠》、《宫闱燕居图奁整素描》（该器现存南京博物院)、《古器释铭》、《戈戟余论》、《薛氏款识齐侯钟铭读法考》、《由铜器研究所见到之古代艺术》、《中国古铜器学大纲》,等等。

新中国成立后,先生精神更加旺盛,努力学习马列主义,改造世界观,勤奋工作事为社会主义革命和建设服务。中国科学院考古研究所成立,先生被任为该所研究员。

60年代前半期,先生连年奔走于田野考古工地,主持或参加多次规模较大的发掘。1950年,主持安阳武官村大型殷代墓之发掘,并于翌年编写出《1950年春殷墟发掘报告》。

1950～1953年,三次参加考古研究所组织的河南辉县琉璃阁、固围村、百泉等地古遗址和古墓的发掘。第一次夏鼐所长为总领队,先生任副总领队,第二和第三次均以先生为总领队。这是解放后全考古所总动员的规模最大的发掘。发掘的目标既有商代遗址,又有大型战国墓和大型汉代墓,出土文物甚多。以后集体编写发掘报告,先生负责其中固围村区1、5、6号战国墓,赵固区1、2、6号汉代墓及百泉区汉墓的编写工作。他在战国墓报告中特别提出《石雅》附录章鸿钊著《中国铜器、铁器时代沿革考》断定"春秋战国之间"是中国"始用铁器时代",言之有据。《辉县发掘报告》专书于1956年出版。

1952年,先生参与文化部社会文化事业管理局、中国科学院考古研究所和北京大学历史系联合举办的第一届考古人员训练班的实习发掘,先后在郑州二里岗发掘商代早期遗址,在洛阳发掘古代墓葬,以后又写出《1952年秋季洛阳东郊发掘报告》。

1954年,先生主持洛阳西郊汉河南县城遗址及汉墓的发掘,编写出《1954年春洛阳西郊发掘报告》及《洛阳涧滨古文化遗址及汉墓》等两篇。对洛阳地区的考古工作,先生在30年代就有过打算,那时他建议前中央博物院筹备处在洛阳设立工作站,较长期地进行考古发掘并收集必要的历史文物标本,以提供陈列和研究,故曾屡次派人前往调查筹备,惜碍于当时条件,始终未能如愿以偿。解放后先生的设想得到实现,这使他特别高兴,每和人谈及此事总是感慨万分。

50年代期间,先生还兼任了北京大学的考古专题课,把自己多年从事考古学研究的收获无私地传授给青年一代步为培养接班人而尽自己的一份力量。

从50年代后期至60年代初,先生的身体逐渐衰弱,已不适于田野考古工作,乃专心致力于室内研究。虽然生活上遇到很多困难,工作上遇到很多干扰,但他对科研工作始终不辍。先后写出《关于戟之演变》、《新郑莲鹤壶》、《殷周车制的研究》、《殷周的青铜武器》等专题论文。

先生的最后研究成果,表现在他所写的两部著作上,即《中国青铜器时代》和《商周铜器群综合研究》。这两本书可以说是他数十年来考古生涯的心血结晶。两书各有特点:《中国青铜器时代》,是在占有考古发现的大量实物资料的基础上,结合古代文献,对中国奴隶制社会进行探讨所取得的成果。《商周铜器群综合研究》一书,本来是先生的遗稿,根据他生前嘱托,由邹衡、徐自强二先生代为整理出版的。该书的特点是采用分群和界标法，对我国商周青铜进行分期断代研究，这在研究方法上无疑是进步的和比较科学的。

1971年，先生因身患多种疾病，医治无效不幸于11月1日病逝北京寓所。时间已经过去15年了，每当我阅读先生的有关论著时，他的身影不免浮现在我的面前，总是会引起我对他的深切怀念。

先生的一生，总的说来，是从事教育和科学研究的一生。他前后在中学和大学任教多年，为国家培养了大量人才。他孜孜不倦地钻研近代考古学，写下了多种考古报告、学术论文和专著，给中国历史学和考古学界留下了一份可贵的遗产。

我觉得他所写的考古报告，很有特色，很有值得学习之处。以《山彪镇与琉璃阁》而言，在每一章节里都很注意与古文献记载相联系，相互对照，既不失客观事实的报道，又能显示自己的观点。较之于单纯遗物、遗迹的罗列，更能引起阅读者的兴趣。我认为这是我们应该学习和提倡的。至于《中国青铜器时代》和《商周铜器群综合研究》两书，已有下少专家作过评价，兹不赘述。

我个人青年时代幸得先生的引荐和指导，深受教益。值此先生逝世15周年之际，谨作此文，以表达我的怀念之情。

1986年12月1日于南京
刊登于《南京博物院集刊》1987年第9辑

参加南京博物院考古工作之前前后后

（值此南京博物院建院60周年之际，我忠心地向它表示祝贺）

我是一名在南京博物院（含前国立中央博物院筹备处）工作50多年工作人员，曾经从事过南京博物院的多项具体业务工作，要说是对建院有一点贡献，那主要还是田野考古，所以我想趁建院60年纪念的机会，根据一些片断的回忆，谈谈自己对历年考古工作的感受和体会，也许会对院史研究能起只砖片瓦的作用吧。

首先要谈的是河南浚县辛村西周卫国墓地的发掘。这是自1932年至1933年进行的一项工作，主持发掘的单位是前中央研究院和前河南省政府合组的"河南古迹研究会"，时间恰在前中央博物院筹备处成立的前后，这本与院史无关。可是在抗日战争时期，这批发掘出土的文物，随当时的中央博物院筹备处向西南搬迁，划归博物院所有，并曾在四川重庆举办过展览，所以也应该谈谈当时发掘及文物出土的情况。

这项考古发掘规模很大，分两年四次进行，主持发掘的人是郭宝钧（抗日战争时期曾任博物院总干事），参加过发掘的人有吴金鼎、刘耀（即尹达）、尹焕章和我自己，傅斯年、李济曾到工地视察工作。我参加这次考古发掘，是我从事田野考古工作初次尝试，当时的感觉很高兴。辛村这个地方很偏僻，东距浚县县城约35公里，距京汉铁路浚县站约3公里，盗掘古墓之风很猖獗。这地方常年都受土匪骚扰，为了在确保安全的情况下开展工作，工作队选择火车站为驻地，并有地方武装保护。说起来也叫人吃惊，车站站长夫妇每天晚上都要带着行李到我们工作队驻处来住宿，以逃避土匪抢劫。可见当时地方的治安形势是多么严峻。我们到辛村发掘工地去，是没有交通工具的，每天都要带着背包，徒步往返在田间的路上，秋冬之季，天不亮就得动身起程，常常是披星戴月，霜染鬓发。

发掘是工作，也是很好的课堂。怎样才能发掘这里地下的古墓呢？实践给我们作了回答是：第一有大墓所在之处，断崖上往往留下比较清晰的版筑土痕迹，版筑土层层叠叠，这里有大墓存在是确定无疑的。第二是从自然地层构造中去查验，原来墓地范围内的黄土地面之下有一层自然形成的"沙隔"（即一薄层沙粒），我们可以用开探沟的方法，深挖地面之下，如遇有"沙隔"存在，就可停止再挖，因为它不会有古墓发现的可能了。如遇"沙隔"已被破坏，那就有古墓存在的可能。第三是要从辨别生熟土去发现线索。生土是自然形成后，未经人为的翻动过，土质比坚硬，土色比较纯净单一，所以也称之为自然土；熟土是经过翻动，土质比较松软，土色混杂，所以也称之为"五花土"

或扰乱土。这些探寻古墓的方法,我在这次发掘工作中都得到了验证。这里的周代古墓分布于广阔的农田里和村子内,工作组四次发掘共清理 80 余座,可分为大型、中型与小型三类。可惜的是绝大多数墓都被盗掘了,虽然如此,残留下来的随葬器物仍然不少,其中有些精品是极为珍贵的。大型的墓室长达 10 多米,宽 9 米,深 12 米,前后均有墓道,墓道最长达 30 余米,可见规模宏大。墓内填土层层加夯,土质干燥而坚硬,发掘十分困难。墓底周围有台阶,以陈列各种随葬品。此类大墓的盗掘,多是从地面作竖洞而下,至墓底后则纵横穿凿为梅花洞,所以墓中大件青铜礼器均很难幸免被盗。但我们还是从那些支柱下面得到许多器物:如精致的蚌雕兽面、金质兽面和各种动物形象的玉质饰件。我们也曾在盗洞里发掘许多残破了的原始青瓷器,器形有矮足豆、联罐等,这些都是被盗掘人遗弃的东西。现在看来这些原始瓷器,和长江下游同时代的原始瓷器非常相似,可说是南北文化交流的结晶。

中型墓较大型墓略小,无墓道,但出土遗物颇丰。据我作过的一个墓来说,曾经出土过一驾车的全部配件,都是青铜铸造,是实用的原件而不是摆器,有輨、軹、軛、衡、銮等,花纹装饰很精美,使我为之惊叹不已。中型墓也有殉葬人,有的殉葬人并不在同墓室内,而是在墓旁别辟小坑埋葬,随葬物只有头顶一件铜泡、脚边一件铜戈,好像卫士的样子。

小型墓多集中一个地方,我和尹焕章同志负责发掘,我们用开探沟的方法找墓,墓葬所在处土质土色与自然土层迥异,平面观察,墓葬边缘清楚,所以发掘非常简便。当时我们共开探沟 8 条,发现墓葬 50 座。可惜其中十之八九均被盗掘,盗掘者好像对那时埋葬制度很熟悉,每一墓室都被拦腰斩断,头部土层台上陪葬的礼器多被盗劫一空,脚端成堆的蛤、贝壳(经加工制作,可穿系,属当时货币)均原状未动,陶鬲之类,则不在盗取之列。可喜的是有一墓保存完整,随葬品全部未动,我和尹焕章都很为之振奋,待器物清理出来以后,夜幕已经降临,绘图、照相工作很难做完,如保留到明天,又恐夜长梦多,很难保护文物的安全,乃采取果断措施,先将一套青铜礼器取出(计有鼎、簋、簠、匜、爵、盂等件,刻有铭文),其他小件暂以土掩盖,并签字封坑,面交夜晚看守人。谁知夜深人静之时,我们在远离工地的住处,忽闻枪声数响,至天亮赶赴工地,始知昨晚该墓遭抢劫,遗物全被严重扰乱,使我们为之叹息不已。

浚县辛村西周卫墓(有铜器铭文可证)之发掘,出土文物以青铜器为主,若论数量之多,铸造之精,应以车马器和兵器两大类,这对古代车制和兵器演变的研究,是一批极可贵的实物资料。

河南汲县山彪镇和辉县琉璃阁两地战国墓群的发掘。这两项考古工作是分别在 1935～1937 年间进行的,出土青铜器等文物数千件,抗日战争开始后,以随前中央博物院等备处南迁至四川。

山彪镇是一个较大的村寨,东距汲县城约 10 公里,附近有太行山余脉,故地势较高。该镇西郊里许,是一处广阔的战国时代墓地,村寨中有人在这里盗掘一座大墓,因盗掘人内部争纷,闹到当时的省政府,省政府即派前博物馆工作人员前往处理,他们不顾科学发掘的重要性,竟采用从盗洞进入墓室的办法,希望能把墓内的器物全部取出,谁知该墓营造结构属于积石积炭墓,古人是为防止盗掘作了准备,在此无法进行工作,只取出一些少量青铜器而罢休。随后就由我们工作队前往清理。那是一个炎热的夏季,我们冒暑工作,光在古墓所在处开了一条十字型探沟,我清楚墓室的四边,然后顺着边壁向下发掘。墓室内填土也是加夯过的,夯沟明显可见,但不太坚硬。掘至 9.0 米左右,坑内逐渐发现四壁的木炭,原来是贴壁筑起的,厚度约 0.5 米;木炭墙向内与椁室之间填塞石子,虽坚固但易溃散,这种既防潮又防盗的措施,在两千年前已被古人采用,使我们颇感惊奇!

该墓深至 11.5 米到底,出土文物很多,仅青铜器类就有 1400 余件,可分为礼器、乐器、兵器、车马器等,其中有铜鉴 2 件,出土时特别引人注目。这是由于它的表面密布着一种奇特的图案纹饰,而这种纹饰又被一种白色的粉漆蒙蔽着,从图案的轮廓,可以模糊地看出一个个跳跃的人物形象。以后经过室内黏合清理,发现这是用红铜镶嵌工艺制作的水陆战争图(即简称之为战迹鉴),其人物描绘之生动,战争场面的逼真,充分显示出当时工艺美术工作者的创造才能(郭宝钧先生有详细描述)。它既是两件珍贵的艺术品,又是研究古代战争史的绝好资料。这两件铜鉴的出土,至今给我留下了深刻印象。

在这座战国墓中,还出土有成套的小件青铜工具,即锥、凿、削、锯、错、刻刀,外加砺石;这些工具为当时制作竹木简所必备,正和今日的"文房四宝"用途相似,不过还要复杂些,可以推知当时著书和读书都是十分困难的。这些发现,也使我耳目一新。

该地古墓发掘刚好结束,忽有村民举报,后山上有土匪聚集,企图下山劫持出土文物,我们及时决定,连夜赶制木箱,第二天运文物至汲县车站,避免了这次的劫难。

辉县琉璃阁一带战国墓地的发掘,我先后参加过两次,一次是 1935 年冬,一次是 1937 年春。这里的发掘工作,也是盗掘引起的。琉璃阁是一座古代建筑,邻近有一座大墓被盗,出了一件大铜鼎,所以我们工作队开始对这座墓进行清理。发掘工作开始,首先采取了安全措施,将坑口四周各向外扩展两米,作成三层台阶状,以防坑壁倒塌。但仍难免发生了塌坑事故,这是因为战国大墓之外紧邻一座汉代洞室墓所造成的。洞室墓上层的自然土,难以被发现,而套洞内所填为松土,引起了破坏作用。这次事故造成民工数人死亡,我和另一人员也险遭灭顶之灾,事实告诉我们,搞田野教研工作,是要有点冒险精神的。

1937 年的发掘范围扩大了,就面临着一个如何探墓的问题。我们工作队人地生疏,地下的情况更不了解,这就不得不求助于熟悉情况的当地民工,在他们钻探的帮助下,我们连续发掘了许多座东汉时代的土坑墓,出土遗物全是些一批一批的同样的陶器,逐渐厌烦起来,产生了疑问,为什么没有发现一座战国墓呢?因此我们就告诉为首的民工说(他们中有些人是盗掘能手),我们的目的是发掘战国墓,而现在挖的全是东汉墓。如此下去，我们就打算结束工作了。这样他们怕失去做工机会，就着急起来，开始报了一座"铜器坑"（即战国墓），我们表示不相信他用探铲所做出的判断，以后他们说了实话，把钻探出来的土拿来让我们看，可以明显地看出，黄土内夹杂着点点的红土屑，这才使我们悟出了其中奥妙道理，原来汉墓埋的浅，只到地表黄土层，而战国墓多深入地下10米左右，越过黄土层而到达红土层内。因此凡是战国墓所在处，被翻动过的土内必然含有红土屑，这就是奥妙的所在。其实说穿了，也不过是个地层学上的问题，我们只要掌握了这一带地层的结构，并熟悉古墓埋葬深度的规律，自然就能钻探到理想的古墓葬。这次发掘，我们共清理了战国大墓5座，普通墓44座，汉代墓20余座，出土文物数千件，青铜器和玉器都很精致。后来因为卢沟桥事变，抗日战争开始，工作匆匆结束。

1940年后，国立中央博物院筹备处迁驻四川南溪李庄期间，由考古学家吴金鼎倡议，对彭山县汉代崖墓进行一次发掘，曾昭燏、夏鼐、高去寻、陈明达、王介忱等人参加，我是最后一批前往支援的。当工作队的驻地在彭山县江口银附近的寂照寺，这里四周山峦起伏，风景如画。寺内后院有一新建楼阁，据说是当地著名士绅陈希虞先生的读书地方。这位陈老先生早年日本留学，在地方上说话很有影响，吴金鼎先生来彭山开展工作，经谭旦冏先生介绍，得到了他的热情支持，不但把读书楼借给工作队使用，而且在发掘工作上，也多方面予以协助。那个时代，没有这样条件，工作是很难做下去的。

我曾离开寂照寺工作站去到府河对面的牧马山地区执行汉墓发掘任务，那里穷乡僻壤，土匪经常出没，人们都为去那里工作而担心，可是由于去时请陈希虞老先生向地方打了招呼，所以我竟然能工作数十日，清理了两座已被盗掘过的汉墓，虽然受了一点虚惊，但总算平安无事。

发掘的汉墓是土坑竖穴，位于坡地上，推想早年地面上会有封土堆的，可现在已被夷为平地了。这里的自然土与墓室填土，很难分辨，对墓室找边非常困难。后来墓边虽然找到了，墓内夯土又很坚硬，我们发现有些土块侧面非常光滑，对这种现象吴先生称之为"竖面夯土"，使人很难理解，我认为这可能是由于地层下沉错动造成的。这座墓虽属大墓，但发掘到底时，遗物极少，仅收小件铜饰物和陶器而已。

四川彭山地区的东汉时代古墓，大概可分为三种类型：一是崖墓，集中于江口银一带的山地，由于这里的山石多为红砂岩，开凿容易，条件简便，又较土葬坚固而不受水浸，故能盛行一时。二是砖室墓，在平地作土圹，然后用花砖砌造墓室。花砖和随葬品均是珍贵的文物资料。三是土坑墓，多适用于平原地区。当时这三类葬制是并存的。

新中国建立后，考古工作有很大变化，据我自己的感受而言，以往参加的几次古墓群发掘，几乎全是由于盗掘引起的，而且多是在武装保护下进行，而新中国成立后完全不同了，发掘工作多是由配合基本建设工程或农田水利而去进行，无论是在荒村旷野工作，都不会为安全而忧虑。考古人员的培训，考古队伍的扩大，已遍及全国，再也不像过去那样少数几个单位，少数工作人员，少数几个地方考古发掘的规模了。

江苏的考古工作从1950年开始就活跃起来，南京博物院一方面发掘南唐二陵，一方面组织成立治淮文物工作队，分为苏北和皖北两个组，配合大规模的治理淮河工程进行文物考古工作。苏北组与扬州博物馆合作，皖北组与安徽博物馆合作，通过这样的组织来充实和壮大考古力量。我们每次出发工作，都是自带行李背包，沿着施工地段的河堤跋涉前进，向成千上万的民工们宣传普及文物知识和保护文物的意义。从工棚里我们征集到大量的包括各个不同时代的出土文物，取得了巨大的成绩。后来，大家对这种工作方法逐渐厌倦了，被称之为"挑高箩"。诚然，征集到的文物，出土地点和出土情况都不够了解，判定其时代和相互关系都很困难，因此失去了它们的科学价值，这是从事田野考古工作者所忌讳的。但在人山人海开河工地上，又怎能放弃已经出土的文物而不顾呢？我们必须采取两手抓的办法来改进工作，一是力争主动性的清理发掘，工作尽力做到工程施工之前。二是及时继续征集已出土的文物，不使文物有所散失。

我们有较多的时间在淮安县境内灌溉总渠沿线工地工作，因为那是一段平地开河的工程。一次偶然的机会，我们工作组去淮安县城北青莲岗地区作考古调查，冬季的旷野，茫茫的一望无际，地面上的麦苗还没有长起来，正等待着施肥越冬。在从钦工去青莲岗的路边一块麦田里，我们发现施肥用的是灰黑色的土，土里还带着许多红烧土块，再仔细去看，还见到一些破碎陶片，其中有一块红色陶片被我们从地面拾起来，看着它似曾相识，这不是史学考古工作常被称道的"红顶钵"吗？，于是我们马上意识到呈现在眼前的都是些被移动来的史前遗存，但不是遗址的所在，究竟遗址在哪里还必须去追寻。我们继续向青莲岗前进，果然在岗坡上一处名为黑土塘的地点，找到了遗址的所在。顾名思义，黑土塘是埋藏黑色土的水塘，原来黑土就是原始社会人们生活遗留下来的灰烬，由于当地农民把它当作肥料，从地面下挖掘出来运到田里，所以这里就变成为一个大水塘了。我们在塘边采集了许多有研究价值的陶片、石器等标本，当然也包括在麦田里拾到的那种"红顶钵"的残片了。最使我们感到兴奋的是大量陶片中还有一些是经过彩绘的，这种彩绘的图案很奇特，绝不同于仰韶文化的彩陶，而是成组的、分散的、较多的分布在陶器的里壁上，虽长期经过冲洗，颜色仍相当鲜艳。在史前彩陶艺术上是有它的独特风格的。

我们走访了附近村子里的家家户户，征集到一些遗址里的出土器物，如一件完整的土黄色的扁平穿孔石斧，还有一件完整的红色扁圆形带柱状流的陶壶，都是史前的珍贵文物。

在50年代初期，我们曾对淮安县青莲岗一带进行过连续多次调查，认识到这个地方的文物古迹确实非常丰富，像黑土塘那样的史前遗址就有三四处之多，形成一个聚墓群，可惜均遭挖黑土破坏，十分可惜。此外，在黑土塘附近还有汉代墓葬群，出土漆器、铜镜、铁制和陶器之类文物。岗上另有一处汉代土城遗址，城垣隐约可见，地面遗存文物也很多。

50年代中后期的南京市北阴阳营古遗址的发掘,是配合基建工程很有成熟的一次考古发掘,时间很充足,工作很主动,没有和基建工程产生很大矛盾。发掘工作分4年4次进行完毕,由于发掘准备工作和计划制订都比较好,所以虽然加上培养干部和南京大学学生实习等项任务,工作仍能有条不紊,在保证发掘的科学性情况之下进行。

第二次发掘,人员调配遇到了困难,所有的考古力量几乎都去支援河南郑州二里岗的商代遗址发掘去了,只好我一个人来担任北阴阳营的任务。工地上搭起了临时工棚,我和负责总务的沈韵生同志就搬到那里去住,还有南京大学图书馆的一位黄先生临时参加学习业务,这次发掘面积共为100平方米,遗址上层仍然是相当商周时代的文化遗存,最下层是新石器时代的墓葬。这里恰是墓葬最集中之处,探坑内人骨密布,也有互相叠压的,为什么产生这种现象?有可能是因为当时周围环境低洼多水,选择一处高地不易之故吧?大多数墓均有葬品,少数墓没有;石制的生产工具,有很多是未经使用过的。有一种很粗壮的石环,至今还不知道它是作何使用的。陶器主要是生活用具,种类很多,有少量的彩陶。陶器施彩的部位是有一定规律的,即大口浅腹器均施彩于里壁面上;反之,则多施彩于外壁。这和现代的彩绘瓷器都是一样的。骨器极少。玉器颇多,均为装饰品,有半成品出土,可以确定是氏族成员自己制造的。发掘工地生活是很艰苦的,我们虽然可以每天乘车回家住宿,但为了便于工作,我们就住在工棚里,伙食自炊,夜里还要工作几小时,如对器物编号登记等。沈韵生同志和我配合得很好,两人相安无事。只是怕天降大雨,那就会灾难降临了,棚上漏水,棚内淌水,棚外的小动物也纷纷窜到棚子里来,青蛙和蛇都有,真是叫我们啼笑皆非。现在想起来也颇有趣味。

60年代开始,江苏的文物考古和博物馆工作者有一次较大的活动,南京博物院的同志们倾巢而出,分别到江苏各个专区,和地方的同志们合作,成立文博工作队,开展考古发掘及历史文物、革命文物、民俗文物的征集,举办展览,宣传保护文物等各项工作。我和另几位同志被派到苏州地区去开展工作。苏州是个好地方,俗话说:"上有天堂,下有苏杭",工作条件应该比其他地方优越,可是那个时代困难可真多,我们到达之后,首先遇到的问题是吴江县大蒲河工程梅堰段的史前遗址急待抢救,上千人的民工们在遗址上面翻土。遗迹遭到破坏,遗物被翻到岸上去堆成河堤,我们和苏州博物馆的同志全部投入也无济于事。只好紧急向苏州地区文化主管部门呼吁,请急速调配人力支援,并及时举办训练班,授以简单的历史文物知识和必要的工作方法,从而壮大工作队的力量。在工地上,我们对遗址一方面力争科学发掘,另外趁晚间休息访问工棚,征集民工手中的文物。这次工作收获很大,事后还在苏州博物馆举办了展览。其中有两件文物是精品,即鸟形陶壶和鱼纹骨匕。

苏州的越城遗址,经调查此时也正遭到严重破坏,陶片满地,使考古工作者不堪目睹,如不及时进行抢救性发掘,就会造成难以补偿的损失。而当时正处在经济困难时期，农村不能提供必要的劳动力，遗址地层深厚，掘土工作十分艰巨，面临很多困难，如何能够开展工作，最后得到工作队同志们的支持，自己动手挖土运土，男女老幼齐上阵，体力、脑力劳动全承担，探坑愈挖愈深，又是炎热天气，同志们在坑下工作，个个都是汗流浃背，身上的衣服就像在水中浸过的一样。地下出水了，女同志们赤着脚干活。这样的场面，非常感人，使我有生难忘。最后的成绩是使我们认识到，越城遗址不但存在着吴越时期的遗存，而且在它的下文化层，还有新石器时代崧泽文化的遗址和墓葬，出土许多珍贵的陶器、石器和玉器。

以上所写的这些，只是我野外考古生涯中几个片断，为了避免和正式考古报告中记述的重复，关于考古发现方面的详情，我都从简或略去了，较多的谈工作方法和工地生活，也可说是考古报告的补充。我觉得经过科学发掘出土的每件文物，都是来之不易的，当我们收藏它、研究它、展览它时，都应该特别注意爱护和珍惜。

刊登于《南京博物院建院60周年纪念文集》

中国大百科全书·考古学卷·北阴阳营文化

Beiyinyangying wenhua

北阴阳营文化

中国长江下游地区的新石器时代文化。因南京市北阴阳营遗址而得名。分布在江苏省宁镇地区和安徽省东南部。估计年代为公元前4000～前3000年。

1955～1958年南京博物院4次发掘北阴阳营遗址。该遗址第2和第3层是商周青铜时代的湖熟文化遗存。第4层为新石器时代遗存，最初把它归属于青莲岗文化，后又有人定为青莲岗文化江南类型北阴阳营期，但存在较大争议。1979年学术界定名为北阴阳营文化。它以北阴阳营遗址第4层西部墓地的253座墓和东部的居址为典型遗存。同类遗存见于江苏江宁太岗寺、卸甲甸、庙山，江浦蒋城子，安徽滁县朱勤大山等地。

文化特征 主要反映在陶器上，以夹砂红陶和泥质红陶为主，灰陶次之。三足器、圈足器普遍。有富于特色的牛鼻式器耳、角状把手、弯曲的器足。部分陶器施加红衣。有少量彩陶，大都先抹橙色或白色陶衣，再以红彩或黑彩绘成宽带、网状、十字、圆圈等简单纹样，其中有很少的在内壁画彩。代表性器形有罐式鼎、双耳罐、三足盉、高柄豆、圜底钵、圈足碗等。石器大

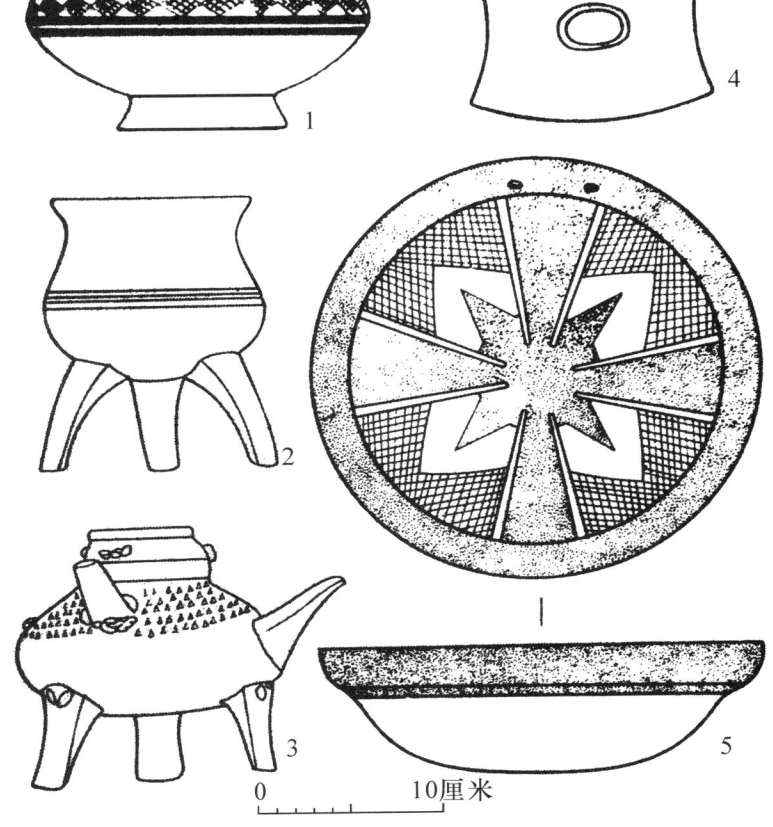

北阴阳营的文化遗物

1. 彩陶碗
2. 鼎
3. 盉
4. 穿孔石锄
5. 彩陶钵

都磨制精细,多见舌形穿孔石斧,其他如环状大石斧、穿孔石锄、七孔石刀、长条拱背或带脊的石锛、楔形凿,也各具特点。玉石和玛瑙装饰品丰富,有玦、璜、管、珠、坠饰等。

居址和生产 在北阴阳营遗址东部,发现一处长方形居住面残迹,面积为7米×5米。有椭圆形大灶坑(或火塘),久经烧用,坑壁坚硬。居住遗迹附近分布有许多废弃的灰坑。

从大量石器工具和庙山遗址陶器上的稻壳印痕可知,当时的经济生活以农业为主。从出土的兽骨得知,家畜有狗和猪。从骨镞、石球、陶弹丸等工具和鹿、水獭、鼋和龟类遗骸说明,渔猎是辅助性的经济部门。陶器制作处于手制轮修阶段,胎壁较厚。石器的磨光和穿孔技术较高。石料多从附近的紫金山(钟山)取得,有两件穿孔斧的质料属于铁矿石。制玉工艺较发达,使用蛇纹石、透闪石、阳起石、石英和玛瑙石等,成品都是小件装饰品。

埋葬习俗和社会形态 北阴阳营遗址西部为一片集中的墓地,面积约700平方米,清理出墓葬253座,分布密集,上下叠压多的达4层。未发现墓坑和葬具。盛行单人一次葬,绝大多数头向东北,以仰身直肢葬为主,个别为屈肢葬。有二次葬墓19座,墓中乱骨成堆。没有发现男女合葬墓。大部分墓中有数量不等的随葬品,多数在10件以内,有一座墓内陶器和玉管等多至40件,另有几座还用一二件猪下颚骨随葬。器物的组合,常见的是锛、斧、鼎、钵、豆、罐、璜、玦等。陶器和石器无固定位置。装饰品中,玦放在耳边,璜置于颈下,管、坠等位于胸间;玛瑙石子含在死者口中或放在陶罐里,可能有原始信仰的用意。

根据生产水平、未发现成年男女合葬墓及随葬品数量有所差别等情况,北阴阳营文化大致处于母系氏族社会末期。但已孕育着父系氏族社会的萌芽(见中国古代墓葬制度)。

与其他文化的关系 在北阴阳营遗址东部的两座灰坑中,发现了腰沿釜、鸡冠耳夹砂红陶罐等早于北阴阳营文化的遗存。东部较晚的13座墓中的出土物接近于太湖地区的崧泽文化。在另一灰坑中则发现袋足鬶、大口圜底篮纹缸等遗物,年代约与更晚的良渚文化相当。这些为探讨北阴阳营文化的来龙去脉和确立宁镇地区新石器时代文化的序列,提供了重要线索。北阴阳营文化与东邻的马家浜文化后期遗存,与西边的安徽潜山薛家岗遗址,与北部邳县刘林遗址的大汶口文化遗存,都有一定的联系。

参考书目

南京博物院:《南京市北阴阳营第一、二次的发掘》,《考古学报》1958年第1期。

《百科全书》大百科全书出版社 1986年

附：

赵青芳先生就"北阴阳营文化"条目与安志敏先生的通信

这是1982年至1983年间，就《大百科全书》考古卷向赵青芳先生征北阴阳营条目稿一事，赵青芳先生与《中国大百科全书·考古学》编辑委员会副主任安志敏先生的一段学术交流。最后《中国大百科全书·考古学》编辑委员会采纳了先生的意见，将书中的"北阴阳营遗存"条目称谓更改为"北阴阳营文化"条目称谓。

1982年10月10日致安志敏先生函

志敏同志：

　　您好！

　　我为办展览事去日本，9月开始返院。看到大百科全书编委会分配给我写《考古卷》中"北阴阳营遗存"条目的通知，即匆匆写成一草稿，但听说编写要求极严格，所以对写成的草稿是否能用？很无把握。今特随函附寄，想请您帮助提出修改意见，劳神之处，表示感谢！

　　条目称"北阴阳营遗存"，而不称"北阴阳营遗址"，是何缘故？亦烦请代为解释，以便改写时掌握。

　　匆此。顺颂

撰安

赵青芳
10.10

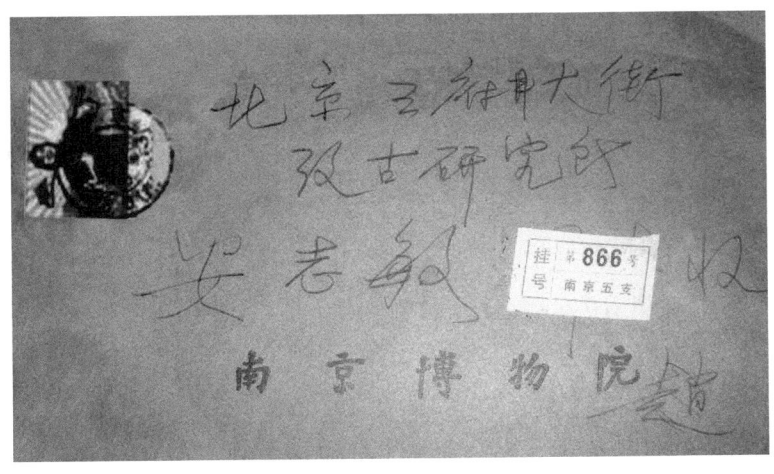

1983年1月7日致安志敏先生函

志敏同志：

您这次来南京，未能久留，匆匆离去，许多事情没有向您请教，至今仍感遗憾。

关于北阴阳营遗址（下层），在这次杭州学术研究会上，也未能展开深入的探讨，最近我又和院内考古部的同志们接触到这个遗址的问题，大家都觉得该遗址出土遗物丰富，无论石器、陶器、玉器等，特点都很突出，文化面貌和江南其他遗址都不完全相同，因此，它的个性是比较明显的，数万字的图文并茂的发掘报告，修改后即可出书，将来对国内国外定会产生影响。基于以上一些原因，大家认为，在百科全书考古卷中称它为"北阴阳营遗存"是否合适？这问题引起了我的深思，我考虑还是把它命名为"北阴阳营（下层）文化"比较妥当些，因此，特写此信和您商量，希望能得到您的支持。从前寄上的那份短稿，在有些地方尚有缺漏，原是请您提意见的，请您把意见提出后，寄还再作修改，然后再寄上是否可以？

匆此。顺颂

撰安

赵青芳
1月7日

1983年2月16日致安志敏先生函

志敏同志：

大百科全书考古卷的北阴阳营条，已改毕，较前略有变动，不知是否合编辑要求。兹附上插图和配图登记表各一张，随函寄去，尚祈斧正为感。

此颂

撰祺

赵青芳上
2.16

注：

安志敏同志系山东烟台人，1924年4月5日出生，1948年毕业于中国大学史学系，1952年毕业于北京大学史学研究部，师从裴文中、梁思永、夏鼐等著名考古学家，1950年9月起在中国科学院考古研究所工作。1985年7月加入中国共产党。安志敏同志曾任黄河水库考古队副队长、东北考古队副队长兼第一组组长、中国社会科学院考古研究所第一研究室主任、副所长、学术委员会委员、《考古》杂志主编、《中国大百科全书·考古学》编辑委员会副主任兼《新石器时代考古》分支主编、中国社会科学院研究生院院务委员、考古系主任、博士生导师,兼任国家文物委员会委员、中国考古学会常务理事和名誉理事、中国史学会理事等职务。

南博藏宝录·玉石器

概　　说

在漫长的原始社会,人类主要使用石制生产工具进行生产活动,因此考古学上把这一时代定为石器时代。据考古发现,当我们的祖先脱离动物界而成为直立人以后,就能够利用天然的石头,经过极为粗略的打制,而成为石制品,使用它作为谋取生活资料的工具。最早的石制品打制方法简单,没有经过加工,仅能以手握持使用。在以后的劳动实践过程中,掌握了加工方法,器形逐渐明确起来,可以分别使用于锤击、刮削、砍劈、锥刺等诸多方面,表现出较显著的进步。用打制方法制造的石器,考古学上称为旧石器,它所处的时代为旧石器时代。据中国目前考古发现证实,早可以到距今180万年,晚可以到1万年以前。这时期人们过着采集和渔猎的经济生活。

石器制造方法从打制向磨光的途径发展,中间经过了一个半打制半磨光的阶段,这个阶段被称为中石器时代。它的特点是人们初步掌握了磨制工艺,但还很不成熟,只是在每件器物的实用部位加以磨光,即使做到这种程度,也是十分艰难的。它给以后的磨制石器开辟了途径。

新石器时代是整个石器时代制石工艺的成熟阶段,虽然仍有一些半打制的石器延续下来,但旧的做法毕竟是趋向衰落了。新石器时代制造磨光石器的方法,是先选石材,把硬度较高的岩石,选来作为制造坚固耐用的或大件的工具,而将那些石质较软的岩石,选为制造辅助性的或小件的工具。其次是打制粗坯,裁截定型,然后在砂质砾石上蘸水研磨,使之周边整齐,表面光滑、锋刃锐利而后已。特别是这时代的南方地区,广泛流行竹管钻孔法和石钻钻孔法。竹管钻孔法是要借助于水和细砂来增加摩擦力的;石钻法即是很小的孔眼也能够钻通。无论竹管钻或石钻,都是要从器物的两面相对进行钻制的。这在当时的条件下,确实是一项难度很大的劳动。此外,人们还掌握了石器的抛光工艺,即在石器制成后,把成品放在兽皮或树皮上反复摩擦,使表面格外光滑,这样的石器不但实用,而且也很美观。

新石器时代的石器,品种增多,用途广泛,类型更益明确。常见的石器有柱状斧、扁平穿孔斧、斜刃的锛和凿、刀、铲、镰、镞、矛、纺轮、网坠、磨棒和磨盘等,还有少量的装饰品。形式别致,使用方便的石镐,是这时期极少见的有双重用法的工具,可称之为现代掘土工具铁镐的祖型。带木柄的柱状石斧,在地下已经保存了5000年左右,仍然完好如故,再现了装柄使用的方法,解决了过去石斧研究工作中的疑难问题。七孔石刀,堪称惊人之作,它表达了原始社会人们克服钻孔困难的智慧和创造能力。

作为生产工具的石器,是构成社会生产力的重要因素之一,因此,它不但可以反映当时社会生产力的水平,而且还可以从各类石器的功用,获知当时人们所进行的各项生产活动。石制生产工具沿用的时间很久,直到历史上的商周时代,青铜器已经盛行,石器仍然继续发挥着辅助性的作用。这是因为"青铜可造有用的工具和武器,但是还不能完全代替石器;这只有铁才可以做到,而当时还不知道采铁"。(恩格斯:《家庭·私有制和国家的起源》)我国的情况也正是如此。

玉是一种美石,很能引入喜爱,故用它制作装饰品、礼器、武器和其他生活用品。

我国有许多地方产玉,据文献记载,和田、南阳、蓝田、酒泉和辽宁,都是玉的重要产地,安徽、浙江和江苏等省,也都有玉矿的分布。玉的质地细致坚硬,光泽温润,白者洁白(如羊脂玉),并有不同程度的透明感,含绿、黄、青、赭等色者,较为常见。由于玉材深藏在岩石之中,开采不易,玉的硬度又高于一般岩石,制玉难度较大,故玉器更加珍贵。玉有软玉、硬玉之分,硬玉(如翡翠),尤其难得,故有宝石之称。

我国制玉工艺有悠久的历史传统,据考古发现证实,可以上溯到新石器时代。河姆渡文化、马家浜文化、大溪文化、北阴阳文化、大汶口文化、良渚文化和龙山文化,都有许多玉器遗存。从经过矿石学鉴定的玉器中获知,新石器时代的玉器绝大多数属于软玉,即透闪石和阳起石,这与当时生产力的水平密切相关。早期的玉器不但数量少,而且也是些工艺极为简单的小件装饰品,如璜、玦、环、瑗、管、坠之类,晚期有较大的发展变化,品种增多,琢制工艺提高,能琢出较细致的图案纹饰,武器和礼器开始出现。多节型玉琮和兽面纹玉琮,玉斧、玉匕首和兽面纹玉戈、蝉形玉饰、镂孔玉觿,以及用玉片镶嵌的漆器,都充分显示出这时期制玉工艺的惊人成就。

新石器时代遗址中,迄今尚未发现过制玉的金属工具,当时玉器是怎样制造的?我们只能根据考古发现的迹象,作出一些推测。例如北阴阳营遗址的一个墓葬中,有砺石(即磨床)与玉器的半成品和成品共存;寺墩良渚文化遗存中,有玉璧伴随着石英砂出土;磨盘墩崧泽文化遗存中,有大量燧石钻头的发现;玉琮、玉璧的圆孔都是用圆筒状工具从两面钻通的。所有这些迹象表明:砺石用于磋磨,石英砂相当于解玉砂,石钻和竹管适用于钻孔,都可成为当时制玉的工具和用品。使用如此简单的工具,不难想象原始社会人们制成一件玉器要付出何等的劳动代价。

商周时代,青铜用于社会生产,制玉成为专门手工业,这时期制玉工艺已达到了成熟阶段。制玉的设备和工具,可能部分采用青铜制造,例如用于解玉的青铜拉锯和轮锯,用于钻孔的青铜钻头。当然,解玉砂必不可缺少,砺石和竹管仍需继续使用。

奴隶社会的玉器,以琢制装饰品和礼器为主,多集中于奴隶主贵族手中,平民极少。像河南安阳殷代妇好墓那样,一个墓就出土了750余件玉器,可算是奴隶主占有玉器的典型。这时候很注意礼器的制作,如璧、琮、圭、璋、璜、琥,曾是祭祀天地四方的礼器。装饰品的种类更多,除了那些含有神秘意味的龙、饕餮、怪鸟等之外,各种鸟兽的形象,都能尽情表达。在技艺手法方面,有划时代的发展,浮雕、透雕和圆雕的琢玉技巧,都能够掌握,线条流畅,形象逼真。

战国以后至汉代,铁制工具兴超代替了青铜工具,玉器制造业又有新的发展。铁制的琢玉工具。克服了许多制玉的难点,致使玉器的生产范围扩大,生产效率提高。这时期有关琮、璧等礼器的使用性质有了变化,如《史记·廉颇蔺相如列传》中记载的"完璧归赵"的故事,是把玉璧当作宝物,可以用来作交易。在汉代有不少把玉璧作为装饰物使用的例子,如把璧穿系起来挂在壁上。河北省满城西汉墓中还发现用玉璧镶嵌在棺木上作为装饰物。玉琮的礼器作用也被废弃,满城汉墓和涟水汉墓中,都发现有用玉琮改制的小盒。涟水汉墓出土的带盖鹰座玉琮,特别显得工艺精巧。

汉代的帝王贵族,穷奢极侈,崇尚迷信,不惜耗费大量玉材,用来制作葬服,企图保持尸体不化。满城一二号汉墓,出土金缕玉衣两件,均为金丝连缀玉片制成,一号墓玉衣用玉片多达2498块,从头到足,按照体形拼凑,琢制玉片的工艺十分完美。

汉代盛行封建等级制度,玉衣使用也有区别。按金缕玉衣、银缕玉衣和铜缕玉衣分为三级。徐州土山汉墓出土的一件,属于银缕玉衣,等级低于满城汉墓,但所用玉片的规模,玉片制作的工艺以及玉衣编缀组合的方法,都和满城玉衣有同工异曲之妙。

自唐宋至明清各代,制玉业继承过去的历史传统,持续向前发展,玉质选择愈优,品种愈多,琢制工艺愈精。玉器中无论是玩赏品、陈设品、装饰品和生活用品,都达到了空前精美的程度,形成我国古代制玉业的一个高峰。

七孔石刀

七孔石刀出自南京市北阴阳营新石器时代的一座墓葬中。同时出土的有两件,形制完全相同,分别放置在人体腰部的左右两侧。石刀所采用的石料,一件是闪长岩,暗灰色,另一件是花岗石,灰色中夹有白色斑纹,石质都很坚硬。石刀的轮廓为横长方形,一端宽而另一端稍窄,周身经过精细磨光,刀刃锋利,略向外弧,使用痕迹不明显。沿刀背下面有横列圆孔七个,孔距相等,孔的序列也像刀刃那样有一定的弧度。因在石刀上凿有七个圆孔,故名为"七孔石刀"。

我国新石器时代遗址出土石刀相当普遍,其形式以横长方形和

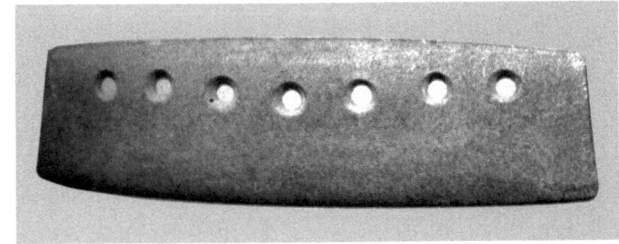

七孔石刀

半月形较多,有无孔,单孔和双孔之别。南方地区晚期更出现一种三角形带柄石刀,唯独七孔石刀是以往罕见的。1979 年,在安徽省潜山县薛家岗新石器时代遗址考古发掘中,继南京市北阴阳营之后又出土 36 件同类型的穿孔石刀,每件石刀上所钻的孔从一孔直到十三孔。这一重要发现,为进一步研究北阴阳营七孔石刀增添了新的资料。

众所周知,任何生产工具都是根据社会生产的需要而制作的,远古时期亦无不如此。但随着社会生产的发展和社会分工的变化,人类所使用的生产工具,也必然由简单而复杂,由粗糙而精致,由一种工具多项用途而趋向于用途专一化。

北阴阳营所出七孔石刀,其造型与我国北方地区新石器时代仰韶文化横长方形石刀有近似之处,但七孔石刀体形大,穿孔数目多,两端无缺口。在使用方法上亦不相同:如仰韶文化石刀有无孔和有孔之分,有孔的以单孔较常见,石刀使用时或直接以手握持刀背,或从孔洞裹穿绳结套于手指之上,然后以手握持使用。这种石刀与近代农村流行的手镰很近似,主要适用于我国北方粟类农作物产区,用它收割谷穗。而北阴阳营七孔石刀的使用方法则和前者不同,它的体形长、孔数多,应是一种装柄使用的复合型工具。其装柄方法是先选用一段较长的而且一端略有弧度的木棒,在木棒有弧度的一端刻凿出与石刀长度相当的凹槽,然后将石刀背部嵌入凹槽内(石刀宽的一端向上),并以细绳从孔中穿系结扎在木柄上,即可成为一件适用的工具。至于七孔石刀的用途,它不但能够砍伐或切割,而且还可以作为防卫的武器。

处在原始氏族社会时期的北阴阳营人,生活劳动都是十分艰苦的,在没有金属工具可供利用的条件下,能够制成一件七孔石刀,真不知要耗费多少劳动代价?从采集石料,到打制初型,加工整修,再在砺石上反复磨光,最后还要进行一道难度很大的工序,就是要在石刀上作出一排七个圆孔来。从孔洞留下的痕迹看,作孔的方法没有采用管钻法,而是使用石钻法钻成的。这样的劳动是我们生活在现代的人很难想象,因此可以说:七孔石刀是北阴阳营人艰苦劳动汗水凝聚的产物,它从一个侧面体现了我们祖先的创造精神。

玉璜、玉玦、玉管

玉璜(huáng 黄)、玉玦(jué 决)和玉管,都是古代的装饰品。若是我们根据其在墓葬所见的位置,把这些装饰品按照人体的一定部位加以复原(实际情况不一定完全集中在一个人的身上),那么这个人就显得比没有装饰品的人格外美。这样的美感从何而来呢?我们可以不假思索地回答说:来自这些装饰品巧妙地和人体相配合。现在就让我们谈谈有关这些装饰品的问题吧。

玉璜的形状为半环形,断面椭圆,两端略宽而扁薄,各钻一小孔,以便穿绳系挂。玉璜的另一种是两节合璜,即采用同质同色的玉料,分两节加工制作,并且在两节之间合拢处各刻有凹槽,加钻细小孔眼,以细绳联缀,使之固定成为一件。这类璜一般体形较大，制作工艺亦较复杂，与单件璜相比，要付出加倍的劳动。

北阴阳营遗址出土的璜，共 105 件，经过矿物学鉴定的有 59 件，其数量之多，占全部玉饰品的首位。其中除一部分玛瑙石和蛇纹石之外，大多数都是软玉，包括阳起石和透闪石，硬玉只有一件。从选用玉材多为软玉这一点看，当时制玉技术还比较原始。

玉璜的主要特征是通体呈半圆形，无论单件璜或两节合璜，早期的璜或晚期的璜，均无不如此。但早期璜的形式在其发展过程中有不同程度的变化，这种变化除从无纹饰到有纹饰之外，一般还表现出体形由窄向宽发展。即早期的璜为半环形，晚期的璜为

玉质装饰品

半璧形。《周礼》和《说文》中都称"半璧为璜"，这是指进入文明社会以后的玉璜而言，我国商、周时代的玉璜，也确实如此。至于玉璜起源于何时？其造型如何？以往是无法可知的。北阴阳营出土的半环形玉璜的重要价值，即在于给我们提供了一批研究早期玉璜的实例。

玉璜的用途，一般认为是人们用来美化生活的佩饰品。北阴阳营出土的玉璜，多放置在人身的颈部，少者一件，多者两件，其位置明确，因此可以推知当时是作为项饰使用的。但当历史发展到商、周以后，其使用性质就有了变化，除作为贵族的佩饰品之外，还被帝王贵族们用作朝聘、祭祀和丧葬的礼品，成为贵族们占有的财富。这些可以说明玉璜在使用方面的早晚期变化。

玉玦，也是沿用后代的命名，原始社会叫什么名称无法可知。玦的形状似圆环，一边略宽，宽边处开一缺口，故名之为"玦"。北阴阳营出土的玉玦，共 46 件，经过矿物学鉴定的有 22 件，其中有 8 件是软玉，包括 1 件阳起石，7 件透闪石，其余为玛瑙石和蛇纹石，这和璜同样反映出当时制玉工艺的原始阶段。

早晚期的玦，在形式上无大变化，只是制作精美的程度有不同，早期玦一律素面，晚期的有图案花纹。玦的用途，早期和晚期有较大的变化。北阴阳营的玦出土时所在位置，有几例是放在人的耳部的，因此被认为是当时人们的耳饰。但晚期的玦就大不相同了，《说文》："玦，玉佩也"；《荀子》："绝人以玦，反绝以环"。这是说玉玦一方面是用在人身上的佩饰品，另一方面还可以用作与人断交的信物。最有趣的是《史记·项羽本纪》中一段记载：当刘邦与项羽在新丰鸿门相见时，"范增数目项王，举所佩玉玦以示之者三。项王默然不应"。这段话很具体地告诉我们，当时的玉玦既是佩饰品，又是表示断交和彻底决裂的示意物。

玉管，圆柱形，中心有一通孔，可用细绳穿系，玉管的使用方法和串珠差不多，必须由许多玉管串系在一起才便于使用。

北阴阳营出土玉管共87件，经矿物学鉴定的有12件，除极少数为软玉外，大多数是蛇纹石。出土时有的是10件聚积在一起的，被放置在人体上身附近，因此可以推知是当时人们胸前的佩饰品。

玉是矿石中的精美品种，它不但光洁可爱，给人以温润的感受，而且常含有自然形成的纹理和各种鲜艳的色彩，故被人们视为制作装饰品的贵重材料。玉的硬度较一般矿石高，又有硬玉和软玉之分，硬玉制作不易，故更加珍贵。我国制玉有悠久的历史和传统，古籍中有关制玉的记载，可上溯至商、周时代，这当然与金属的发明、工具的进步有关。但从北阴阳营所出土的一批软玉制品来看，我国制玉工艺起始于新石器时代，那时尚无金属工具可供使用，以石攻玉，困难重重，其产品只能是较简单的软玉饰件，也可以称之为原始的玉制品。原始社会人们制玉工艺是从制石经验中产生的，北阴阳营氏族，在制造石器的过程中，已经知道选择硬度较大的石料制成经久耐用的生产工具，而且磨制很精，这就给制作玉器开辟了蹊径。在北阴阳营一座墓葬中，有玉璜一件与璜的半成品一件、砺石一件共出，璜的半成品轮廓已很清楚，显然是经过打制后，又进行了初步磨光，尚未钻孔和进一步加工。砺石即为制造石、玉器不可缺少的工具。这一实例，可以说明北阴阳营的玉器不是通过交换所得，而是本氏族成员自己制造出来的，确证他们已有制玉的能力。至于玉璜和玉玦上面的小孔，是用什么工具钻出来的，这的确是个长期未能解决的疑难问题。1982年南京博物院对江苏丹徒县磨盘墩新石器时代遗址进行发掘时，出土了一批用打制方法制成的石钻，石质为黑燧石，硬度为7°。使用时要在石钻柄端加配钻杆。用这种石钻固定在拉弓式木工钻上，对硬度5.5°、厚3毫米的玉片，进行伴水钻孔试验，用两面对钻法，十分钟即可钻成一个小圆孔。这项试验，有助于解决新石器时代玉璜、玉玦和玉管的钻孔方法问题。

总之，北阴阳营遗址出土的玉璜、玉玦和玉管，其重要价值在于它是经过矿物学鉴定的我国最早的玉制装饰品，而且有科学的依据，可以按照人体的部位，形象地加以复原。

南博藏宝录·带文字的陶盆

这件陶盆是20世纪30年代中央研究院历史语言研究所在河南省安阳殷墟发掘出土的，它的历史距现在已有3000多年了。

乍看起来，其貌不扬，很像近代农村流行的一种普通生活用具，然而作为构成考古学殷商文化特征性的器物来说，它却有不可忽视的历史价值和研究价值。考古工作者对它一直很重视。原来它的时代命运很悲惨,当考古人员在地下发现它的时候,已经是"体无完肤",成为破碎不堪的陶片了。现在我们看到它完整的形象,那是由十多片陶片拼合起来的,而且还略有修补之处。八年抗日战争期间,历史语言研究所携带着它各地搬迁,使它

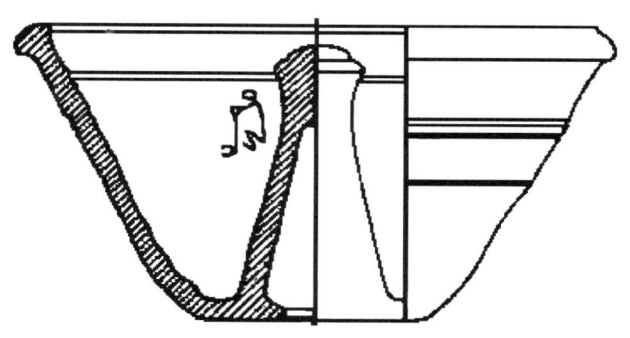

免遭劫难,至1946年抗战胜利后,又迁返南京鸡鸣寺原址。1949年南京解放,南京博物院把它接收来院,从此它为人民所珍藏。

陶盆有两个问题值得研究:一个是形制和使用问题,另一个是陶盆上的文字应作何解释。

这件陶盆是灰色泥质的,外观口大匠小,腹部外表有三周弦纹作装饰,内壁也有一周弦纹,就此而论,应是一件普通生活用具。但是在盆内底部中心昂然矗立起一个空心圆柱,高度略低于口缘,柱头是封闭的,如半球形,柱根与盆底的圆孔相通(附图)。这个陶柱的装设,是一般陶盆所没有的,因此器形比较特殊,非一般陶盆可比,究竟作何使用,是很值得讨论的问题。考古工作者当初从地下发现它的时候,无以名之,大家就一致称它为"撅子盆"。《中国考古报告集》之二《小屯》第三本的第三章有这件标本的记载,是把它列入器盖的类别了,说陶盆中的柱是"且"(zǔ 祖)状反,"可以说是甲骨文中'且'形所描写的实物"。"第949式确实是很特别的形制,盖盘上加周壁;周壁插入器口,949D型标本周壁的外表中部有与器口极清楚的摩擦痕迹"。我们认为这样描述有不合实际之处,据最近对照实物仔细观察,盆中的竖柱确实有点像"且"形(虽然柱头是后来补上去的),但不能把它作为一般陶器盖上的"把"来认识,因为它是装置在陶盆的中央,而且柱的空心直接通向盆底以外,这就不单纯是器物把柄的作用了。何况偌大的盆腔,怎么能解释为在"盖盘上加周壁;周壁插入器口"呢?即是勉强地将所谓盖盘周壁插入器口,那空心的、可以通向外部的柱(把)又有何作用呢?此外所谓"周壁与器口的摩擦痕迹",经我们检察对照,发现原来是在盆腔外表偏下处,部分地留存着制陶坯时刮削的遗痕,故不能说是与器口摩擦的痕迹。

经过一番分析研究之后,我们认为这件殷墟陶器的正确名称应该叫陶盆,是当时一种食器,即盛放食品的用具。这种餐具适用于冬季使用,用时放置在暗火上,空心柱可起存热加温作用,便于人们吃热的食物。

关于陶盆上的文字问题,也是构成陶盆有较高研究价值的因素。众所周知,夏商时代已经进入文明社会,殷商文明的重要标志之一,就是有了可供记事的文字。特别是历年来在殷墟陆续发现的大量甲骨文字,已成为研究商史的主要依据。此外,刻铸在青铜器上的铭文和刻划在陶器上的陶文,也都有重要的史料价值。殷墟出土的陶

文,总的看来不如甲骨文和铜器铭文那样严肃认真,带有很浓的随意性,或者说此较草率,字体基本都可从甲骨文中找到,作为文字的时代特征,是无可非议的。

陶盆上的文字只有一个,形如图示,字迹刻划细而浅,显然是陶器烧成后才刻划上的,或为使用者所作。该字在《中国考古报告集》之二《小屯》第三本的附录《陶文考释》中有李孝定先生专文论述,他把此字释为"耤"(jí音籍),认为与甲骨文中的"耤"相同,即耤田的意思,像人双手持耒进行耕作。而董作宾先生对此字的解释另有不同的看法,他说:"卜辞耤字右旁之人形必立,且多表现其趾……此从人坐形,坐而耕耤,不足会其意也。"因此,他的意见不当释为耤字,而认为是"匋之初文",是个会意字,非形声字,并引证金文中的匋字,说"像人持杵以作器形,⺈为人,↑为杵,凵则所作品也"。还说作陶器是可以坐的。

此外,殷商甲骨文中是否还有与这个陶文相似的文字呢?我们觉得还可以找到。例如䭵字(《殷墟文字甲编》第二六七五),这个字的篆文写作䭵,今文写作䭵。《说文》:"䭵,设食也,从食,才声,读若载。"段注:"饪,宋本作食,《玉篇》同。"此字像人坐而手提食物,是正在陈设食物的意思。陶盆山正是盛放食物的用具,因此,这个字与食物的联系当更密切一些。

On *Bi* and *Cong* *

  With the development of archaeology in recent years, carved jades have been unearthed all over China. The numerous examples of *bi* and *cong*, of superior quality to those previously excavated, have aroused considerable interest amongst archaeologists.

  The *bi* is a flat, round piece of jade with a round hole in the centre(Fig. 1). The Han dynasty(206 BC—AD 220)schoiar Xu Shen's(30—134) dictionary, the *Shouwen Jiezi*, records:

Fig. 1

---

* On *Bi* and *Cong*(《璧和琮》)在 *orientations*(《东方》杂志)南京博物院的专辑发表,后来收录到 *Chinese jade: Selected articles from Orientations* 1983~2003(《中国玉器——1983~2003〈东方〉杂志选粹》)。

The *bi* is an auspicious annular jade. When the *rou* 肉 (disk) is twice the width of the *hao* 好 (hole), of the body big and the hole mall, it is called bi 璧.

According to the 'Shiqi' section of the Zhou dynasty (11th century—221 BC) dictionary, *Erya*:

When the *rou* is twice the width of the *hao*, it is called *bi*; when the *hao* is twice the width of the *rou*, it is called *yuan* 瑗; when the *rou* and the *hao* are of equal width, it is called *huan* 环.

It follows from these clear descriptions of the shape and specifications that the *bi*, in addition to having a round hole in the centre of a flat body, must have a wider *rou* (or body) than the *hao* (or central hole), so as to distinguish it from the *yuan* and *huan*. A statement in the *Zhou Book of Rites* (*Zhou Li*)—'To worship heaven with a *bi*'—reveals the usage of the *bi*, providing evidence of its popularity as a ritual or ceremonial jade in the worship of heaven at that time. In addition, the *bi* symbolized the status of high social rank, which explains why many carved jades have been found in tombs of Zhou emperors.

The biography of Lian Po and Lin Xiangru in the *Records of the Grand Historian* (*Shi Ji*) has an interesting story known as: 'The return of the *bi* intact to [the state of] Zhao' ('Yuanbi gui Zhao' 完璧归赵). In the story, a particular *bi* named 'Heshi *bi*' 和氏璧 was regarded as so valuable a gem that it was offered in exchange for a city. The same account was recorded by the Qin dynasty (255—206 BC) Legalist philosopher Han Feizi (d. 233 BC). The Heshi *bi* supposedly belonged to the Chu state during the Spring and Autumn period (770—476 BC); later it became widely known as: 'The treasure to be inherited by all under heaven' ('Tian xia suo gong zhuan bao' 天下所共传宝). After the Han dynasty, the *bi* was often strung with other ornamental jades and worn as an ornament. The usage of jades thus changed over time.

The early *bi* was plain, with no decoration, and was both large and thick. During the Spring and Autumn and Warring States periods (476—221 BC), grain—textured *bi* (Fig. 2) were popular. Other more common types included the grass blade—patterned and the cloud—patterned *bi*. There were also more detailed patterns such as dragon or phoenix designs carved in relief on the body of the *bi*. Some *bi* even had additional openwork patterns in the hole (Fig. 3).

The *cong* was another ancient ritual jade. In the Zhou dynasty, the name '*cong*' signified amplitude. The *Zhou Book of Rites states*: 'Worship the earth with yellow

Fig. 2

Fig. 3

cong'; it was thus an object used when worshipping the earth. Rituals in the Zhou had to be officiated by powerful personages and the *cong* also symbolized the status of an officiator.

The shape of the *cong* is only briefly described in ancient classical texts. It is described in the *Shuo wen Jiezi* as: 'Cong, an auspicious jade, eight inches in diameter, resembling a *chegong*', a *chegong* being the hole through which the axle of a vehicle is fixed. However, this definition of the *cong* is too general. A somewhat more detailed description is given in the *Baihu Tong*, an Eastern Han dynasty (25—220) book by Ban Gu, which says: 'A piece of jade with a rounded hollow interior and a squared exterior is called *cong*', In fact, the jade *cong* is a tapering tubular piece which is squared on the outside and rounded on the inside, The larger end points up and the smaller one down; the cylindrical interior projects slightly beyond the squared exterior at both ends. This design is known as: 'Spherical heaven, square earth' ('Tianyuan difang' 天圆地方). Often the flat outer sides of a *cong* are each carved in the middle with a lengthwise vertical groove, flanked by symmetrical horizontal grooves which meet at the corners forming separated 'teeth'. These symmetrical horizontal grooves on either side of the lengthwise grooves are similar to the symbol kun☷ of the Eight Trigrams in the *Book of Changes* (*Yi Jing*). As kun signifies earth, this resemblance tallies with the theory that *cong* were used as ritual jades in the worship of earth.

Most *cong* are decorated on the outside (although as previously stated, some are undecorated), usually with animal masks and simplified animal masks(Figs 4 and 5). The simplified animal masks, alternatively know as human masks, are made up of a pair of circular eyes and a flat round mouth, while animal masks, also known as *taotie* masks, are complete with eyes, nose and mouth, and sometimes such details as bulging eyes and protruding teeth which give the mask a gruesome appearance. Bird and geometric patterns sometimes appear as supplementary decorations to the dominant animal masks(For a detailed discussion of the origins and symbolism of the *cong* see K. C. Chang's article, pp. 70—76).

Fig. 4

Since worship of heaven and earth are two important factors of ancient society. The *bi* and *cong* are often unearthed side by side.

Fig. 5

When did the *bi* and the *cong* first appear? Before the recent development of archaeology, this question puzzled many collectors and scholars of ancient jades. This is because without the support of stratigraphy and the indications of co-existence with other associated materials, not to mention the scientific technology of dating, archaeologists could rely only on the shapes of the *bi* and *cong* and ancient texts to determine their date. As result, jades were dated much earlier than they should have been. In recent years, *bi* and *cong* have been found late Neolithic sites all over China. Major sites in North China include the Longshan culture site at Taosi, Xiangfen county, Shanxi province, and the Qijia culture site at Qinweijia, Yongjing county, Gansu province. Noteworthy sites in South China include those at Xuejiagang, Qianshan counry. Anhui province; the Shixia culture sites in Qujiang county, Guangdong province; the sites at Mounts Fan and Yao in Yuhang county, Zhejiang province and the sites at Mount Fuquan, Qingpu county, Shanghai. In Jiangsu province, sites are located at Sidun in Wujin county, Mounts Caoxie and Zhangling in Wu county, Zhuodun in Kunshan county and Mount Huangtu in Changshu county. Of particular note are the large quantities of *bi* and *cong* unearthed from the Liangzhu culture site in the

Taihu area in the lower Yangzi river valley region. These abundant archaeological finds fully substantiate the dating of *bi* and *cong* to the late Neolithic period, 4000 to 5000 years ago.

Fig. 6

The social background leading to the emergence of *bi* and *cong* is also an important area of study. The major discoveries at the Liangzhu culture sites in the lower Yangzi region are useful for research. Twenty—four *bi* and thirty—two *cong* were found in Tomb 3 at Sidun, Wujing county (Fig. 6), indicating the superior status of those buried in the tomb over other members of the then matrilineal society. In the tomb at Mount Fuquan, Shanghai, two slaves were found buried as sacrificial victims at the feet of the deceased master. The slaves were buried in an entirely different position from the master. Whereas the master was buried face up, with limbs straight and the head towards to the north, together with various funerary objects (including *bi* and *cong*), the slaves were buried with hands tied behing their backs and heads in the opposite direction to their master. A similar burial style was found in the tombs at Mounts Caoxie and Zhangling in Wu county. In addition, the remains of altars were found at Mount Yao, Yuhang county, Zhejiang province. These discoveries suggest that the primitive patrilineal society at that time was gradually breaking up to give way to the emerging slave society. Ritual objects symbolizing power, such as the *bi* and *cong*, thus belonged exclusively to the privileged classes.

From what were the *bi* and the *cong* derived? The divergent views over this question are as yet unresolved. The *bi* and the *cong*, along with the many other accompanying jades unearthed in increasing numbers in recent years, may provide material for further discussion. Particular attention should be given to the development of jade carving and to the relationship between similar jades.

Only crude and relatively small, undecorated jade ornaments such as *zhu* 珠, *guan* 管, *huan*, *jue* 玦 and *huang* 璜 were found in the Neolithic sites in the lower Yangzi region. These sites belong to the Hemudu, Majiabang, Songze and Beiyinyangying cultures which predate even the Liangzhu culture. In the Liangzhu culture period, the art of jade carving progressed significantly in terms of both variety and quality. New techniques of perforation and open-work emerged. Animal and geometric patterns were defined by extremely fine lines, demonstrating the advances and development of jade carving. As revealed by published archaeological reports, representative shapes of this period include the *fu* 斧, *huan*, *yuan*, *zhuo* 镯, *bi*, *cong* and *fanglun* 纺轮. Of these, the *fanglun* is almost identical with the *bi*, save for a difference in size. Two *fanglun* unearthed from Mount Fuquan, Shanghai, have justifiably been described as: 'Shaped like small *bi*'. A clue to the derivation of the *bi* from the *fanglun* is likely to be unravelled by examining this similarity in shape more closely.

Fig. 7

The short cylindrical *zhuo* (Fig. 7) and the *cong* are also similar in form, hence the name '*zhuo*—shaped *cong*' given to one type of *cong*. This jade type is cylindrical in shape rather than 'square on the outside and round on the inside' so it is appropriate to retain the name '*zhuo*'. However, it does bear a striking resemblance to the *cong*, especially in the composition and design of animal masks. When viewed from an evolutionary point of view, it becomes apparent that the similarity between the *zhuo* and *cong* is by no means coincidental but rather an indication that the latter is derived from the former. In this respect, this author basically shares the view held by many scholars that the *cong* sprang from the *zhuo*.

Zhao *Qingfang* was formerly Assistant Curator and Research Associate of the Nanjing Museum and is now a member of the Nanjing Museum

Academic Committee.

Translated from the Chinese by Harold Mok.

Suggested further reading

Feng Hanji and Tong Enzheng, 'Ji Guang Han Chutu de Yushiqi' ('A Record of the Jade and Stone Objects Unearthed in the Guang Han Area'), *Wenwu*, 1979:2.

Minao Hayashi, 'Chugoku Kodai no Saigyoku Suigyoku' ('Ceremonial Jades and Auspicious Jades of Ancient China'), *Tahaogakuho*, 54, pp. 161—323.

Nanjing Museum, '1982 Nian Jiangsu Changzhou Wujin Sidun Yizhi de Fajue' ('Excavation of the Sidun site at Wujin, Changzhou, Jiangsu province'), *Wenwu*, 1984:2, pp. 109—130.

Shanghaishi Wenwu Baoguan Weiyuanhui (Shanghai Cultural Preservation Committee) 'Shanghai Qingpu Fuquanshan Liangzhu Wenhua Mu Di' ('Tomb Sites of the Liangzhu Culture at Mount Fuquan, Qingpu, Shanghai'), *Wenwu*, 1986:10, pp. 1—26.

附

璧和琮

随着近些年来考古学的进展,在中国各地出土了刻纹雕花玉器。特别是璧和琮比以前出土的器物更加精美。这引起了广大考古学者的极大兴趣。

璧是一种扁平圆形的玉器,中间有一圆孔(图1)。汉代(公元前206年~公元220年)学者许慎(30~134)在其编撰的字典《说文解字》中记载:"瑞玉圜也。"根据记载,周朝(公元前11世纪~221年)的史料《尔雅·释器》的解释:"肉倍好谓之璧,好倍肉谓之环,肉好若一谓之瑗。"邢禹疏:"肉,边也,好,孔也,边大倍于孔者名璧。"这里把璧的形制讲得十分清楚,"肉"是指周围的边,"好"是指当中的孔,边为孔径的两倍便是璧。与此器近似的还有玉瑗,玉环,三者的名称由中心的圆孔大小来决定,大孔者为瑗,小孔者为璧。孔径与玉质部分边沿相等者为环。

从这些形状和特点清楚的描述中我们可以看出:璧,除了在扁平体上有中间的圆孔外,它还具有一个特点就是肉(体)比好(中间的孔)要宽,以此来与瑗和環相区分。《周礼》中记载:"以苍璧礼天"。可以看出璧的用途,这提供了它作为一种专用玉器在祭天的礼仪和仪式中广泛使用的论据。除此以外,璧也是一种很高的社会地位的象征。这解释了为什么雕刻的玉器常在周朝的王墓中被发现。

在《史记·廉颇蔺相如列传》中有完璧归赵的著名故事。在这个故事中所谓的和氏璧被认为是非常贵重的一块玉器以至于可以用它来换取十五个城池（成语价值连城的出典）。相同的故事在秦朝之前（公元前 255 年～前 221 年）的哲学家韩非（公元前 280～前 233 年）所著的《韩非子》一书中也有记载。和氏璧在春秋时期（公元前 722 年～前 481 年）应该属于楚国。后来被广泛接受为天下所共传之宝。在汉代以后，璧常和其他装饰性玉石串起佩戴。随时间的推移，玉器的使用也发生了变化。

早期的璧是平的，无装饰，一般大而厚。春秋战国时期（公元前 476 年～前 221 年）有谷粒状纹饰的璧（图 2）很常见。另外一些常见种类包括蒲草纹图案和云状图案。也有更加精细的图案，比如浮雕碾刻在璧上的龙凤图案。有些甚至在孔内还有镂刻图案。（图 3）

琮是另一种古代的仪式用的玉器。在周朝，琮代表着很高的地位。《周礼》曾记载："以黄琮礼地"。所以它是用来祭祀土地的东西。周朝的仪式都必须有高贵的人来主持，所以琮被认为代表着祭司的地位。

琮的形状在古文献里只有简短的描述。在《说文解字》里说："琮，瑞玉，大八寸，似车釭"。车釭是车轴穿过并固定的孔。然而，这个对琮的定义也太过于空泛。在汉代班固写的《白虎通·文质篇》里有更为具体的描述："圆中牙身玄外曰琮"。实际上，琮是一种其内部为圆形而外周为方形的管状的玉器。大的一端在上，而小的一端在下。圆柱形的内部在两端，比方形的外部略高出一些。这种设计被称位"天圆地方"。在琮的平的表面上刻有纵向的竖槽，其侧面两边有横向对称的横槽，横槽在转角处会合形成分段的所谓的齿节。这种纵向沟槽两边的横向水平沟槽的设计很像是易经里的八卦符号"坤"。因为坤代表着地，这种是与琮被认为使用在祭祀土地的仪式里的理论相符合的。

大多数的琮在外表都有动物面纹或是简化的动物面纹作为装饰（尽管像以上所说，有些琮也没有装饰）（图 4 和图 5）。简化的动物面纹，有时也被称作人面纹，是由两只眼睛和一张平而圆的嘴组成。动物面纹，也被称作饕餮面纹，有完整的眼、鼻和嘴，有时还有更加细致的图案，比如突出的眼睛和突出的牙齿以使面纹给人毛骨悚然的样子。鸟类和几何学的图形有时也被用来作为主体动物图案上的附加装饰。（更加详细的关于琮的起源和象征的讨论可参阅张光直《谈琮及其在中国古史上的意义》一文，见《文物与考古论集》，252～260 页，文物出版社 1986 年。）

因为对天和地的祭拜是古代社会很重要的两个活动，所以璧和琮常可以在一起出土。

璧和琮最早是什么时候出现的？在近代考古学发展之前，这个问题使很多古代玉器收藏家和学者们迷惑。这是因为缺乏地层学和其他共存物的证据，更不用提现代的科学技术，那时的考古学家只能根据璧和琮的形状和古文献来确定它们的年代。这使得这两种玉器被认为在它们实际出现要晚的年代才出现。近年来，璧和琮在中国各地很多新石器时代晚期的遗址中被发现，中国北方的遗址包括山西省襄汾县陶寺的龙山文化遗址和甘肃省永靖县秦魏家的齐家文化遗址；中国南方的遗址包括安徽省潜山县薛家岗遗址和广东曲江县石峡遗址，浙江余杭县的反山和瑶山遗址，还有上海市青浦的福泉山遗址。在江苏省，遗址多分布在武进的寺墩，吴县的草鞋山和张陵山，昆山县的绰墩，常熟县的黄土山。还值得关注的是有大量的璧和琮从长江下游太湖流域的良渚文化遗址中出土。这些大量的考古学发现完全支持璧和琮是新石器时代晚期大约4000到5000年前出现的。

造成璧和琮出现的社会背景也是很重要的研究领域。长江下游良渚文化遗址的很多发现对这项研究很有用处。在武进县寺墩三号墓出土了24件璧和32件琮（图6）。显示了埋在这个墓中的主人在当时社会上的显赫地位。在上海福泉山的墓中，死去的主人的脚边还发现了两具陪葬奴隶的尸体，主人面朝上，四肢伸直，头向北，身边有很多陪葬品。而奴隶则双手被绑在背后，头向主人相反的方向。这种埋葬方式在吴县草鞋山和张陵山的墓中也可以见到。这些发现提示当时原始的父系社会正在解体，为刚刚开始的奴隶社会所取代。宗教仪式的用品像璧和琮只属于少数特权阶层。

璧和琮是由何演化而来的？围绕这个问题有很多看法，但目前还没有定论。璧和琮以及其他近年来一同大量出土的很多玉器可能给我们提供进一步讨论的资料。需要特别注意的是玉的雕刻方法和相似的玉之间的关系。

长江下游的新石器时代遗址出土的玉器大多很粗糙、较小，没有纹饰，比如珠、管、环、玦、璜。这些遗址属于在良渚文化之前的河姆渡、马家浜、崧泽和北阴阳营诸文化。在良渚文化时期，玉器在雕刻的水平和多样性上有了大幅度的提高。贯通和开放式的雕刻技术开始出现，以很细的线条描绘出的兽面和几何学的图案证明了当时在玉器雕刻技术上的提高和发展。像已经发表的考古文章上展示的，这个时期有代表性的玉器包括斧、环、瑗、镯、璧、琮和纺轮等。其中纺轮和璧基本相似，只是大小不同。在上海福泉山出土的一双纺轮可以证明其造型像小的璧。只有很仔细地考察它们的形状才能发现它们的不同。

短的圆柱状的镯和琮在形状上有着一定的相似性，所以这种琮被称为"镯式琮"。（图7）这种玉器有着圆柱形的表面而不是像一般的琮具有方形表面和圆形的内心，所以把它叫作镯更为贴切。然而，它在质地构成和兽面图案的设计上却与琮有着惊人的相似性。从一个发展的角度看，很明显镯和琮的相似性并不是偶然的，而提示了后者是从前者演变来的。因此，本作者同意有些学者关于琮是由镯而来的观点。

赵青芳原为南京博物院副院长，研究馆员。现为南京博物院学术委员会委员。

中文翻译：赵暄（赵青芳之孙）

参考资料（略）

翻译稿审定：汪遵国

从苏北治淮文物工作中所体会到的几点

伟大的治淮工程开始以后,华东区的文物工作者在上级的号召下动员、组织了起来,依照不同的地区组成了两个工作小组,迅速地进入广阔的施工地带,配合工程,进行对古代文物的抢救保护工作。

工作组中的苏北组是1951年冬季成立的,配合着工程进展计划,一共参加了五次工作。由于地理和历久条件的限制,在文物方面收获虽然不大,但从实际工作中,在方法上颇取得了一些经验。现在将所体会到的几点介绍如下:

一、组织工作

在工程规模巨大和技术人员缺少的情况下,要想把工作做好,首先必须建立一个健全的组织;并且这个组织要成为整个工程指挥机构中的一个组成部分,使其能与工程密切配合,发挥有效的功能。所以这样做的理由是:目前我们国家从事文物工作的技术人员还少,如果把有限的力量都分配到辽阔的工地上去,会感觉到人手不够的。譬如,1951年苏北灌溉总渠的工程全部动工,西起洪泽湖的高良涧,东至海边的扁担港,全线长达170公里,而我们的工作人员只有六人,其中还有一部分是不熟悉业务的;因此,当时工作中就有顾此失彼的困难。在这种情况下,要是指挥机构号召和组织各有关部门的工作人员,大家都能注意协助和支持保护文物工作,那就等于使广大群众都成为文物工作者的助手,这力量是有不可估计的巨大作用,是足可以弥补文物工作人员人手不够的缺点的。此外,有这样的组织就便于掌握工程计划,知道何时何地有何工程开始,土方的面积多大,预计工程何时结束,就可以把文物工作和工程施工紧密结合,不至于在发现后再去抢救,使文物工作人员完全陷于被动的忙乱的地步。譬如,有几次我们出发的时间晚了,赶到工地时已经有不少东西出土,对于这些东西出土时的情况也就难以明了,因此形成损失。所以我们深深感到组织不完善,不能和工程指挥机构结成一体,对工程活动情况不能充分掌握,只是书面和口头上联系,是还不够的。

怎样做好组织工作?我的意见是:(一)工程指挥部内设有文物工作专职干部,在指挥部的直接领导下参加一切必要的工作会议,布置文物保护工作。(二)在各大工段上设站,配用一些技术人员。(三)要做到工地基层工作的收方员就是文物工作的通讯员。

二、宣传工作

做好宣传工作,把国家保护文物的政策法令贯彻到基层的组织中去,是做好保护文物工作的一个重要环节。据我们了解,政府颁布的保护文物法令,仅仅下达到各县就停止了;这是一个十分严重的问题。譬如,我们在淮安工作的时候,听说城东北一带常有古文物出土,这是苏北的一个文物重点,所以我们趁便去调查一趟,结果正遇到不少的古遗址和古墓葬在遭受着破坏。其中有一处是属于新石器时代的彩陶文化遗址,这个发现是很重要的,而且内容包含的非常丰富,对于我们研究中国新石器时代文化具有很大的价值。可惜当我们到达该地时,这块遗址的地面上,已被挖成一片汪洋了。当我们访问某些乡干部时,他们的反映是:"要搞好生产呀,不让群众挖土,田地下肥,生产怎么能搞好?"我们才明白正因为这遗址中的灰土层是他们所需要的肥料,所以才造成现在的结果。另外有一个地方,分布着很多汉代墓葬,听说过去曾掘出过很多漆器和玉器,可是现在已经快破坏完了。我们也访问过一些群众,他们的反映是:"这是搞副业生产(指从古墓中挖出东西来卖钱),乡干部带头干的。"从这些实例中就可以说明我们国家保护古代文物的政策和法令,没有贯彻到最基层的组织中去;同时也说明了我们文物工作者对宣传工作做得十分不够,因此才造成这些不应有的巨大损失。这种严重情形也同样暴露在工地范围内;这是因为工程上负责的干部和民工都是从各地农村调来的,他们不明了文物的重要,也没有受过保护文物的宣传教育,挖出的东西不是打碎就是带走。所以,宣传工作在整个保护文物工作中占着极重要的地位;宣传工作如果做得好,保护文物工作才能得到可靠的保证。

如何才能作好宣传工作呢?那就需要根据当地情形和本身的条件,运用幻灯、电影、标语、传单、实物展览和口头演讲等各种各样的方式来进行宣传教育。一九五一年,在灌溉总渠的工地上,我们宣传工作是做得有一定的成绩。当时虽然运用了幻灯,可是片子的内容不合适,起的作用不大;但在访问干部和民工,散发通俗传单这方面却起了很大的作用。在这工作上所收的效果,曾补助了我们组织工作的缺陷。

三、充分了解和掌握施工地区地理环境和历史条件

这也是一件极重要的事情。因为这样就可以心中有数,找出重点所在,分出轻重缓急,使工作能有计划有步骤地进行。

了解地方情况,要多参考地方志书,多访问些地方人士。譬如我们在淮安青莲岗工作的时候,曾遇到一位盲人老先生,他很详细地给我们叙述了这一带地方的变迁历史,因此对我们的工作就有很大的帮助。

根据我们参加灌溉总渠工程的实际经验,一般的地面多是冲积土层。沿海一带,地荒人稀,有些县治是新设的,所以地上地下的文物存在较少。滨湖地区,地势较一般为低,加之湖水时常泛滥,造成很多池沼,在这一带只出现些古生物化石(古象化石)。有文物存在的地方,多半限于运河沿线的几个县城附近,如江都、泰州一带的汉末、六朝和宋、明时代的文物;淮安附近的新石器时代的彩陶遗址,以及从汉到明的文物。另外属于导沂整沭工程范围的,有宿迁嶂山镇和新安花厅的新石器时代遗址等。从这些情况里我们可以知道文物的分布是和一定的地理条件、历史条件非常有关的,从而也

就可以使我们掌握文物所在重点,更好地在工地上来进行配合工作。

《文物参考资料》,1953年第7期

苏北发现史前彩陶文化的遗址

编者按:我们前后收到第二期治淮文物工作队苏北组三次来信,均提到青莲岗发现规模不小的史前彩陶文化遗址的事情,并说就形制看,与黄河流域的彩陶甚似一脉相传,正报告上级请示发掘中。我们以为所述不错,在说明史前文化的传布和混合方面,就会是一项重要的发现。它将完全否定彩陶文化东至小屯即因某种缘故不在东进那种说法。特将苏北组第三次来信刊在这里,望能引起大家的重视。

南博全体工作同志:

日前收到了王英同志的来信,深深地体验到全院同志的关心和温暖,我们三个派在苏北地区工作的同志特别向你们表示感谢,并祝你们新年健康。

同志们,让我们首先报道苏北地区的淮河风光吧。灌溉总渠,这一新中国伟大建设工程,她绵延了一百七十公里的长度,横穿过南北交通的运河线,虽然是隆冬季节,但是工地上却遍布着充满着信心和热情的民工,到处都能听到震天的劳动号子。这一宏伟的水利工程展示了新中国农业基本建设的丰硕成果,显示了人民战胜自然灾害的雄心壮志,更揭示了一个不可抗拒的力量正在伟大领袖毛泽东的指引下,将一切腐朽的残余势力扫荡干净。新中国正在蒸蒸日上,欣欣向荣。

同志们,苏北组第一个工作步骤(调查、了解和宣传)已快结束了。我们本月22日乘汽车出发阜宁,然后再踏上比较艰苦的路程(沿河线步行)。由于各地民工都已集中到堤上工作,所以,一般农村的劳动力是十分缺乏的。顾人挑行李首先就是个困难,去河堤的第一天,大家都是自肩行李和公物。其次是居住问题,由于这里的农民解放前受国民党的残酷剥削,经济凋敝,所建住房只能勉强为自己一家遮风避雨,一般情况下,我们多半是留宿在村里小学校的校舍内(无门窗),地铺而卧。吃的是农民一样的伙食(玉米稀饭煮山芋)。虽然在河堤上奔走了一天,但晚上还要放映幻灯,作讲解。每天都是五时起床,天黑找宿站。二百余里的路程我们五天走完,并且沿线到每个工段政治部访问、联系。因为大家思想上都有了准备,所以精神上都是愉快的。

现在工地全线都已停工休息了,据说明年正月十五后才开工,所以我们临时作出报告,预备试掘青莲岗史前彩陶文化遗址。理由是:如不及早清理,它会很快遭受到毁灭的命运(起土破坏和水的淹没)。并且在遗址中包含的遗物方面,有它特殊的形制和特殊的花纹图案；再一个理由是进一步追究彩陶文化与龙山文化是否在这一地区有混合情形，为以后研究黄河流域史前遗址提供比较的资料。

这一计划如获得批准，当在十日后开工，约半个月完成任务。如不能获准，将在四十天内无事可做，我队组请求复员。

此地读报不便，希望将院中学习文件邮给一份。

此致

敬礼

赵青芳、黎忠义、张洪飞联合启
1951 年 12 月 3 日

《南博旬刊》1951 年 12 月 31 日，第 56、57 期

第二期治淮文物工作简报

苏北组

文物工作队苏北组是由华东文化部调用南京博物院和苏北历史文物管理委员会工作人员组织成立的。它的任务是配合第二期治淮苏北灌溉总渠工程来进行保护古代文物的工作。1951 年 12 月 6 日工作队在蚌埠召集第一次代表会议，讨论并通过工作细则，随后分头展开工作。苏北组的全体工作人员 11 日在扬州集会，由出席蚌埠会议的代表作传达报告，并决定今后工作步骤、工作方法和组内分工与配合等问题。当日出发至淮安，13、14 日两天在淮安与各方联系，了解了情况；15 日即开始深入基层工作。于 1952 年 1 月 10 日告一段落，总计日程有一个月光景。

小组采取的工作方法，是宣传教育与调查了解同时进行。我们曾经沿灌溉总渠步行三百余里，与每一工段上的干部和民工取得密切联系，报告新中国的经济建设，宣传爱国主义，启发他们爱祖国、爱科学、爱公共财物的热情，进而做好保护祖国文化遗产的工作。我们不断利用幻灯，召集群众，作口头讲演，并散发结合当地情况临时编印的宣传小册子，取得了相当满意的效果。在调查和了解方面，总渠沿线由于过去水患的原因，地面下普遍出现一层黄色冲积土，所以很少有古迹和古物存在，我们仅见到一个六朝的翠瓶和几件近代的随葬品。但是小组根据苏北文教界的反映，曾先后在淮安东北淮河故道进行过两次调查，在青莲岗一地发现史前文化遗址一处，规模宏大，埋藏丰富。就地面采集的标本作初步研究，我们觉得这是一个含地域性文化特殊文化系统，遗址中包含着烧土面的住宅遗迹（和河南青台、敖顶的形迹完全一样）。大量彩陶期的

陶片和少量的黑陶期陶片，石器虽少，但制作很精美，蚌制品则没有，仰韶式的尖底器和龙山式的空足鬲也都没见到。就彩绘方面观察，它既不同于甘肃的彩陶图案，尤其不同于河南的彩陶图案。黑色陶的特点是完全与龙山期相符合的。就彩陶的形制方面言，它可能比甘肃的和河南的都要复杂。最能引起我们兴趣的是一件仰韶式的陶片上，画着一种很美丽的图案，它至少可以说明这一时期的制陶技术是如何的进步。另外值得我们注意的地方，是较繁杂的彩绘多是使用在陶器的里面。总之，我们目前对这处遗址的认识是它有仰韶和龙山两期文化混合的可能（因为没有正式发掘，对地层不很清楚，故不敢下断语）。有两种文化混合后的新作品，这两点与夏鼐先生对仰韶遗址的新估计，很符合。但从彩绘图案和彩绘的部位上作比较，就不能不承认它的地域性和独立性了。这个问题还需要在正式发掘后更深入的研究来作答复。

青莲岗的附近还有不少汉代的遗迹，如土城子的汉代遗址、横沟寺和前后谷一带的汉墓，听说都出土过不少的漆器、青铜器（铜镜）、玉器和陶器，我们还亲眼看到一个带漆的汉棺搁置在地面上。经过这次调查了解，我们可以设想：在农业生产和农业基本建设中，这一带农村的农民起土的地方如果正好是古代的遗址或古墓葬的所在区，那么该地区文物的损失一定是相当严重的。虽然经过我们的动员宣传在保护文物方面能起到一定的成效，但绝不可能长久的维持，以后的发掘工作还是刻不容缓的。

《南博旬刊》1952年1月20日，第58、59期

治淮文物工作队苏北组工作总结与简报

华东文化部第二期治淮文物工作队苏北组
1952年春季工作总结

1952年4月11日～5月5日
治字第2号

一、本季工作要求

1. 检查去年冬季配合治淮文物工作宣传布置的效果
2. 再度调查青莲岗黑土塘文化遗址及其附近的古遗址古墓葬
3. 宣传政府保护文物的法令

二、工作经过

第一阶段：4月11日起一部分工作人员自南京出发扬州，与扬州的工作同志会合后，14日共同出发淮安，15日至治淮总指挥部接关系，并了解施工情况，登记各工段已

送到的文物,16日起深入各施工地区,进行实地查勘,计先后到达石塘、杨庙两厂,宋曹庄、过庄楼、高良涧等地,均有收获。并放幻灯一次。这一阶段工作至20日始告结束。

第二阶段:4月23日,全体工作同志再度至青莲岗一带进行调查,依照前季计划,本拟在黑土塘作一次试掘,以便肯定过去所采集的史前遗物的地下分布情况。奈因该处遗址地面与水面距离过近,发掘不易,结果只是从农民掘的土坑内,得到些地层方面的知识。这些知识足可以与地面采集的遗物作配合性的研究,另外通过这次调查,了解青莲岗附近,还分布着很多曾出漆器的汉代墓葬(俗名板堂子),"土墩子"确是一个规模相当宏大的汉代居住区。从而说明青莲岗的历史情况是相当复杂的,古代文化的包含是相当丰富的,在苏北地区内尤其是值得重视的。工作中间放映幻灯一次,观众二千余人,至28日结束。

第三阶段:集合各工段已登记的古代文物,进行包扎、装箱、运输等项工作,拟在5月5日前结束,工作同志分别复员。

三、工作收获

1. 各工段上缴文物计:

铜器	肆件
陶瓷	贰拾柒件
石器	无
骨牙	拾伍件
角	壹件
银饰	玖件
水晶	贰件

2. 小组接受群众捐赠文物计:无代价的破损与完整的共伍件,发奖金的破损与完整的共柒件。

3. 小组采集标本共计壹佰叁拾伍件(陶片等),对前季工作补充了很多新鲜资料。

4. 小组先后放映幻灯二次进行保护古代文物的宣传,使群众有了基本的概念。

5. 各工段干部、民工,一般的都能够引起注意,具体表现在文物上缴的情况上。

四、工作检查:

1. 本季工作开始较迟,大部分工段都已结束,宣传工作不能普遍展开。同时工地上有活动电影放映,因而群众对幻灯放映不能充分引起兴趣。

2. 对于各工段实际情况不够了解,不能按照预定日程进行工作。

3. 黑土塘试掘工作,第一个探坑40厘米下即过水,被迫停工,浪费两个半工。

4. 经费收支情况另附收支对照表说明。

华东文化部第三期治淮文物工作队苏北组新安工作小结

1952年11月15日～11月29日

一、工作经过

根据中央文化部52文厅调字104号指示，经过第三期治淮文物工作队考虑后，把新安调查的任务，交由苏北组在配合治淮工作中顺便进行。苏北组遵照这一指示，把此项工作列入1952年冬季工作的第二阶段，11月15日全体工作同志分别由扬州、合肥二地出发，16日在徐州集合，17日到达新安，18日与县人民政府文教科取得联系，并访问了县文化馆及新安中学的徐君哲先生（古文化遗址的最早发现人），19日到马陵山脉中的花厅村，20日与当地的乡村人民政府联系，并出席村子里召集的座谈会，对工作的意义及如何保护古代文物，作了适当的宣传。21日到徐翰林沟、五山头、大山沟一带进行实地勘察，决定施工地点。22日正式开工试掘，先在徐翰林沟附近开两条探沟，观察古遗址的情况，继在大山沟清理一个新石器时代晚期的墓葬。工作了四个整天，于25日宣告结束。26日进行包扎装箱工作，27日回到新安，28日辞别地方政府，提出今后保护花厅村古代文化遗址的意见，并代文化馆鉴别所收藏的文物。29日返回南京队部。

二、收获

1. 政治宣传

（1）工作组初到花厅村，一般农民认为我们是为"扒玉"而来的，经过座谈会和不断地口头宣传后，基本上改变了他们对我们的看法。一致认为我们是为调查和研究古代劳动人民的文化而来的。

（2）工作的本身就是最实际的宣传教育，我们并没有"扒玉"，相反我们追寻的目标是陶片和石器，这样使群众更容易了解，更相信我们的工作。

（3）工作结束后，提出如何保护古代文化遗迹的问题，对群众、对地方干部来说，很有效，很能得到他们的拥护，因为他们已有了实际的知识。

2. 群众的影响

（1）选择施工地点之前，和群众充分商量，使工作进行的非常顺利。

（2）工作上多征求群众的意见，是免除走弯路的办法，例如，群众说"灰土是影子"，的确有道理。

（3）生活能注意和群众打成一片，是联系群众的必要条件。

（4）对群众隐存的文物不征集，使群众明了科学的价值，进一步巩固保护文物的政策。

3. 工作方面

(1)初步了解花厅村文化遗址的分布情况。

(2)初步了解花厅村在原始社会时期人类的居住、陶窑、墓葬的一些情况。

(3)对制作精美的带孔石器的作用,有了更丰富的认识。

(4)对"玉石并存"混淆不清的传说,我们已有了比较正确的看法。

(5)时间抓得紧,没有浪费工作时间。

(6)支配民工得当,没有浪费工资。

三、经验教训

1. 政治警惕性不高,没有主动地去了解村里情况。今后每到一地,除了依靠组织外,还必须主动地进行调查研究。

2. 地方上联系面不广,如农会、小学教师,都没有访问过。

3. 单纯的争取时间,致使手续出乱,现场的研究工作不够。

4. 探沟选择不恰当,烧土面不该打破,灰土穴应作为重点。

5. 对一部分志愿实习的工作同志照顾不够,有的受总务工作所拘束,有的虽然参加了实际工作,但因时间抓得太紧,没有好好地在现场中进行讨论。

6. 利用座谈会的方式,联系群众,宣传政策法令,是有效的;但更值得注意的是说话要通俗,不要搬教条,结合当地情况,深入浅出,使群众容易了解,容易接受。另一方面,这次座谈会的面不够大,没有召集少儿队、小学教师、妇女会和青年团,会上没有抓住骨干,这是很大的缺点。

华东文化部第三期治淮文物工作队苏北组工作旬报

一、时间:1952年11月26日至30日

二、组织与联系工作

队部研究第三期的苏北治淮计划后,决定先调派南京博物院赵青芳、宋伯胤二同志参加这一期的苏北组工作,并指定赵青芳同志于11月26日先出发至扬州,与苏北行署文化事业管理局文化科取得联系。赵青芳同志到达扬州后,文化科方面把这件事批交扬州市博物馆协商办理。博物馆考虑后,指定了苏北文物管理委员会的倪振逵、朱晋涛二同志参加工作,至此第三期治淮文物工作队苏北组始告正式成立。

27日至29日均在扬州作联系工作,除了建立这一期的组织外,并到苏北治淮总指挥部政治处访问一次,目的是:

1. 了解本期的苏北治淮计划,尤其是偏重于排水渠的施工情况。

2. 要一份施工计划图。

3. 请写介绍信,介绍小组与淮安办事处取得联系。

结果都得到了圆满的成就。

三、到淮安后的工作情况

30日小组由扬州出发淮安,当天到达,访问了留守淮安的治淮机构,据说正式的办事处设在滨海县红套地方,现在东部排水渠已开工,淮安附近的民工还未到,排水渠的施工地点在总干渠以北,紧傍总渠河堤,西起运河岸,东至于海,土方工程约当总渠六分之一。又据留守处的负责同志称,前期工段上还送到些文物,约定我们天晴后去查看。

另外小组还访问了淮安县的文教科,确定以后请他们收小组的信件。

四、经费收支情况

收到队部第一次拨付经费共1717100元,26日至30日共支出332800元,现结存1384300元。（另附收支报告表）

五、今后工作计划

1. 查看前期工段交出的文物。
2. 了解东段工程中是否有文物出土。
3. 到三河闸了解情况。
4. 到新安勘察花厅村的史前遗址。

华东文化部第三期治淮文物工作队苏北组第一阶段工作小结

一、工作时间:1952年12月1日至5日,共5天

二、主要工作:了解排水渠的施工情况

1. 排水渠的位置,按照苏北治淮计划所列,在废黄河以南总干渠以北,在此次未调查前,我们觉得也有可能经过淮安以北的古代文物埋藏地带,经过这次实地勘察后,才知道并非如此,它的准确位置是在总干渠的北边堤外,与干渠成平行线,长度是西起运东分水闸,东至黄海,全长约270华里,土方工程约当总渠六分之一。沿线地势低洼,根据前期的工作经验,很少文物出土,而且目前仅在东部滨海一带施工,那边的土层全是黄色冲积土,绝少包含古代文化遗物,故小组决定工作不再向东发展。

2. 点收上期治淮（总渠）出土文物6件,多为六朝期的陶器,编号1~6号,共装1箱,运交蚌埠淮委政治部集中。

三、优缺点

1. 小组由扬州博物馆与南京博物院双方各指派二人参加,人事配合得宜,工作非常顺利。
2. 南京博物院工作同志一人迟到,影响小组多在淮安驻留二日。
3. 工作计划缺乏充分考虑,到三河闸去了解情况,实际上是不需要的。

四、第二阶段待做事项:由津浦路出发至新安勘察花厅村史前遗址。

华东文物工作队江苏组参加苏北治淮工作简报

1953年4月27日～5月24日

治字第1号

本组于4月27日奉派赴苏北一带配合治淮文物抢救工作至5月24日返回，历时共24天，参加实际工作者3人，有赵青芳、吴震、李蔚然，领队由赵青芳同志担任。于当日11时到达扬州，与治淮指挥部取得联系后，了解各地工程已近尾工，自此决定沿河而上前去配合"导沂整沭"计划，自扬州至泰州经仙女庙、邵泊、宝应、淮安、清江、三河闸、泗阳、宿迁至徐州返回。在各个工程中，除泰州、仙女庙有部分文物出土外，其他各地虽少有发现，由于这次我们出发较迟，但已被民工所毁，而这些出土物又都是经各工程处收集来的，因此对它的出土地点及层位也不明了，现仅能将出土文物略述于后。

一、在泰州方面发现有鹿角和大量黑木炭、瓷枕、瓷碗、瓷罐、陶罐（军持瓶）、玉镯及竹筷、竹簪之类，也有青釉瓜形之陶壶，可惜嘴、把、口具坏。除鹿角和黑木炭外，根据器物看来皆为宋明之殉葬品。

二、仙女庙（属江都县）上游有船闸口，该地发现有汉代木椁墓，因椁木经拆去，其大小形制不详仅存漆棺一具，宽0.64米，长2.08米，高0.56米，棺的四壁厚均0.10米。为一整木所凿成，外涂有棕色漆，尚称完好。殉葬品方面有黄、绿釉陶罐（半陶半瓷）、灰陶钵、灰陶罐、铜镜、漆木片等，均经取出，至于其分布情况，已无法探知。

仙女庙工作结束后，按原计划往前推进，于5月15日到达徐州，当日下午即与市文化科联系，并由文管会张寄庵同志介绍市政建设情况及徐州市郊汉墓群和遗址的发现。5月18、19两日，即随张寄庵同志前往调查，其经过如次：

1. 小山口遗址（属安徽萧县），位于徐州市南50华里，距小山口2余里，分布地区不大，我们沿倒流河而上，见灰褐色的断崖土层中杂有很多陶片，就采集的一些陶片来看，其中有白色、灰白色、黑色、红色等，形制有鼎足及盖上握手，纹饰可分篮纹、方格纹、绳纹三种，以绳纹黑色陶片较多，白灰黑陶片较薄。根据以上这些陶片和农民捡得的石斧推断，可能为新石器时代晚期遗址。

2. 徐州市郊区汉墓多为青石砌成的，有些已遭破坏，在破坏的墓葬中，保存比较完整的为徐州北二十里茅村的汉墓，墓为东西向，分前、中、后三室，共长10.4米，宽3.3米，由底至顶高2.1米，右边有1.4米宽之耳室可自前室通往中室。前室四壁雕长颈鹿、骆驼、象、马等类，中室雕车马、人物、殿阁楼亭之类。其雕刻线虽粗，看起来颇能使人有一种美的感觉，充分表现中国古代劳动人民艺术的卓越和富有天才的创造能力，但因年代已久有些已经剥落。另距这墓1里许的九里山东坡有一汉墓群，规模之大分布之广当为徐州市郊汉墓中心区域，这是值得重视和加强保护的。

总结来说，在这次治淮工作中我们有如下体会：

1. 由于出发较晚，各工程已将结束，未能做到及时配合抢救文物工作，所以收获不大，但经过这次调查，对苏北文物地区的分布情况有了更多的认识。

2. 流动面较广，对抢救文物的工作做的不多，但能抓紧时间做到大力宣传和重点调查。并将所带之宣传资料散发各地区工程处和各文化机关，因而能得到外界的援助和支持。

3. 深感如对工程计划不够了解是会遇到很大困难的，因此希望以后必须有人经常驻留工程指挥部或其他工程机构以便联系。

青莲岗史前遗迹二次调查

编者按：湖熟、青莲岗、窨子山、橙子墩四个史前遗址同是江南土族文化受仰韶、龙山文化影响而保存下来史前遗址群的几个地点，我们非常重视这些遗址的发现。我们将在本刊上继续报道这些工作的进行情况。赵青芳同志的这个简单报道，就是一个。希望读者在这方面多给我们提些意见，更欢迎把不同的看法寄给我们，让大家讨论。

1952年春，治淮文物工作队苏北组，又去调查了一次青莲岗遗址。通过这次调查，我们确信这遗址的文化层很单纯，除了偶然有些汉代墓葬打破外，是不曾经过任何扰乱的。一部分居住区域还残留着很多烧土块，与河南陈沟和青苔所发现的完全一样。这就可以说明在居住建筑方面，它和仰韶文化遗址的情形是没有区别的。新收获的遗物内，计有石斧2件，石锛1件，都是椭圆形的柄，很整齐的刃，和仰韶时期器物基本上也没有差别。陶器方面，新采集到圆柱形的壶嘴两件，叶片状陶耳一件，舌状的陶器两件，上面保留着极规则的阴文图案。很可疑惑它是压印文的"印模"。另有陶珠两枚，陶柱数节。一般说来，陶器的形制十分别致，制陶技术已有显著的进步。彩陶方面我们虽然又收集了很多，但是没有新的补充。值得满意的是我们已经明白了施色的规律和图案的种类。其他如骨制品、蚌壳等，照例也是史前遗址中的常见之物。但是，在这儿却没有发现。

对于青莲岗史前遗址的调查所获，我们开始对材料进行分析和整理工作。我们现在郑重的提出，青莲岗史前遗址的发现，不是一个普通的问题，很希望凭借着这次报道，能引起各方面的注意。

《南博旬刊》1952年5月30日，第71期

庆祝中华人民共和国成立四周年华东文物工作队与我院联合举办"华东区两年来生产建设中出土文物展览"

由于我们祖国历史文化悠久,因此在国家各种建设过程中,常有古代的文物发现。1951年冬季,南京博物院和皖北、苏北的文物工作者,在上级领导下组织了"治淮文物工作队",配合治淮工程,进行文物保护工作,曾经取得一定的成绩。1952年年底,更将组织和范围扩大,成立了"华东文物工作队",工作较前加强。救获的文物也比过去更加丰富。今年7月间,南京博物院、华东文物工作队和皖北、苏北的有关单位合商,决定举办一次临时展览,并指派专人成立筹备会,由筹备会草拟出工作计划,送请中央社会文化事业管理局批准,然后有关部门分别提选文物、计划陈列、编辑说明文字和技术工作,由参加各地实际工作的同志负责具体陈列。虽然在工作进行中遭遇到一些困难,走了一些弯路,陈列内容是以具体文物为主。这次展出的文物共525件,受到一些物质条件的影响,但是由于大家齐心协力,发挥了集体主义精神,展览会如期在庆祝国庆节的时候开幕了。

这一展览的名称为:"华东区两年来生产建设中出土文物展览"。目的是在通过各地区出土的实物等材料,向人民汇报一次两年来的工作,借以向广大群众进行爱护祖国文物的宣传,从而给今后工作创造更有利的条件。陈列方式是按不同地区分作:南京附近、皖北治淮、苏北治淮、苏南宜兴、山东、浙江等六个部分,然后就每部分的实物按时代先后排列。陈列内容以文物为主,照片、图表、拓片等为辅。这次展出的文物共525件,约占整个出土文物的十六分之一。文物类别包括新生代的巨象化石、龟化石、木化石等;新石器时代的石器和陶器;殷周的陶器、春秋战国时代的陶器、玉器;汉至六朝的铜器、铁器、陶器、玉器、金器;宋代的瓷器、漆器、铜镜;明清两代的瓷器、石刻等。这些文物都是古代劳动人民创造的,都是我国珍贵的文化遗产。它们不但反映出当时一部分人类的生活情况,而且还可以说明我国古代艺术上的某些成就。

展览会9月29日预展,曾请党委、文教等部门来审查和参观,10月2日正式开放。

《南博旬刊》1953年10月10日,第103期

冬季苏北区的文物工作

基建中的文物工作应走在工程开工的前面,工程部门负责同志重视是做好工作的基本条件之一。

今年冬季苏北区的文物工作,主要是配合治淮的末了工程。经联系后,知道淮安东北有一条南支河开工,土方很多,距城区又近,结合淮安的历史条件,我们认为必须加以重视。目前工程已告结束,在这次工作方法上有下列收获:(一)我们这次工作前,反复的和工程负责人研究问题,充分引起工程负责人的重视。把文物工作的同志编入工程组织中去,使文物工作得到密切配合。(二)事前有充分的时间进行地面上的勘查,使文物救护工作走在工程之前。这些工作经验在今后的工作中都是值得吸取的。

苏北又发现新石器时代和汉代遗址,淮安北城子发现炼铁遗迹。

其次是调查工作。这方面主要收获计有:(一)淮安区高庄遗址:以在断崖上取得的烧土和陶片等标本推测,可能与青莲岗古遗址的时代相同。(二)淮安区土城子汉代遗址附近的炼铁遗址:发现大量的铁块和铁片堆积层,据说这地方每逢下雨就有铁锈水渗出,很可能是一个铁制作坊的遗存。(三)沭阳城西南发现新石器时代遗址一层,遗址面积长约30米,出划纹陶片,空三足器,实心扁足等。(四)海州东门外:发现汉代遗址一处,有豆柄、瓦当等遗物。新石器时代遗址一处,有砂质红陶片,三足陶器等遗物。

以上这些调查工作中的发现都足以说明了江苏北部地区有着古老、丰富的历史文化遗存,无疑这为今后的历史研究和考古工作创造了很好的条件。

《南博旬刊》1954年1月2日,第111期

华东区参加"全国基本建设工程中出土文物展览"工作

为配合全国基本建设工程的开展,进一步推动文物保护工作,中央文化部在北京举办"全国基本建设工程中出土文物展览"。通知下达到各大行政区后,华东文化局就又把这一任务交给了华东文物工作队来负责完成,并通知华东区各省市和南京博物院参加工作。自3月下旬开始,至5月中旬止,陈列工作基本告一段落。这个第一全国

规模的文物展览,已于5月21日胜利的在北京闭幕了。

华东区参加工作的过程,约可分为两个阶段:第一个阶段主要是集中文物和精选文物。在集中文物开始时,照我们估计的时间是仓促的,有些省区距南京相当遥远,可能会发生困难,达不到我们预期的愿望。但事实说明我们的顾虑是完全没有必要的,在展出之前华东区五个省(江苏、安徽、山东、浙江、福建)的文物完全运到,而且江苏省还特别分作扬州、苏州、南京三处地方来参加,这充分说明华东区各省市的领导和有关文物工作单位对这一项工作是非常重视的。精选文物工作是根据中央文化部指示的第一项展品范围的规定"精选在基本建设中发现的有代表性墓葬遗物及其有重大历史意义和高度历史价值的文物"为原则,共选出展品340件。

工作的第二阶段陈列。陈列的目的和任务,是向基本建设工程的负责同志、干部和广大群众宣传保护文物工作,进行爱国主义教育。通过基本建设出土文物陈列,一方面使观众能体会到祖国建设工程的伟大,祖国历史文化的悠久,劳动人民创造精神的可佩,从而增强建设社会主义的力量和信心。另一方面说明在从事基本建设工程中,我们必须保护古代文物。保护文物工作,不但是文物工作者的责任,同时也是工程专家和工人群众的责任。做好保护文物工作,必须要求工程专家、工人群众和文物工作者密切携起手来。

华东区的陈列是整个陈列的一个组成部分,在这一部分陈列中,按不同性质的工程分为三个分题。

第一、水利工程中出土文物。内容包括苏北、皖北的治淮工程,山东的导沭整沂工程,福建闽江的修防工程等。陈列的文物计有距今约50万年的柱齿象化石、龟化石和与中国猿人共生的河狸化石等;新石器时代的半打制、磨制石器、彩陶、黑陶、白陶和具有地方风格的印纹陶;战国时代的玉器、错金铜器和礼器等;汉代陶屋,唐代带釉印花壶等。

第二、是筑路、建校、建厂工程中出土文物。内容有浙江老和山新石器时代石器和印纹陶、山东出土的商代无字龟甲和陶片,六朝至元代的陶俑、木桶、漆器、玉饰和越窑、建窑、龙泉窑、均窑的瓷器,赵孟頫撰写的墓志铭等;还有周处墓出土的陶、瓷、铜、金器及带字墓砖,山东沂南汉墓画像拓片,也是这一部分的重要内容。

第三、农业生产及其他工程中出土文物。内容有新沂花厅村出土的新石器时代殉葬的陶器、石器、骨器和玉制的装饰品,溧水农田出土的石器和印纹陶,福建省和安徽省出土的自战国到明代的陶、瓷、铜器等。

辅助材料中计有照片36张,拓片和全区文物分布图、重点工地文物分布图、墓葬实测图、统计表等31幅,大、中、小各种文字说明约340余张。

《南博旬刊》1954年5月30日,第126期

迎接中华人民共和国宪法诞生和五周年国庆，我院积极修改历史文物陈列

我院工作同志，为了迎接新宪法的诞生和中华人民共和国成立五周年纪念，特将原有的"中国历史文物陈列"作部分修改。这次修订的重点有三个陈列室，包括原始社会、宋、元、明四个历史时期。因受时间限制，原则上以充实实物材料，特别是新发现的地方性材料为主。

辅助材料方面只做了必要的修改和简易的补充。其详细情况如下：

一、原始社会：撤出了一些科学性较差辅助材料，计有三个布景箱和一部分泥制人物模型。除了旧石器时代仍保持原状外，把新石器时代分作两段陈列，前一阶段为我国东北、西北、西南地区的材料，包括细石器时代文化及甘肃、青海的彩陶文化等，说明新石器时代在我们全国范围内的发展和分布情况，并把三足器的变化作一比较性的陈列。后一段多半是解放后华东文物工作队与我院在华东地区发掘出土的新材料（文物队的材料为借用），包括福建省、浙江省、山东省、江苏省和南京附近等处的石器、陶器、骨器、玉器等，并指出华东一带新石器时代文化共同特点，具体地说明华东地区在原始社会末期同样的生存着我们的祖先。他们接受了其他地方文化的影响，创造了非常丰富灿烂的、具有地方性特点的物质文化。同时也说明科学考古工作在优越的人民民主制度指导下，已得到很大的发展。

二、宋、元陈列室的修改：宋代陈列增添了不少瓷器，计有建窑、耀州窑、磁州窑、越窑、龙泉窑等 20 件，其中建窑的瓷器还附着烧制时的匣钵，底部有"供御"字样，是新近在窑址上调查所采集的。这些瓷器很可以说明宋代制瓷工业的辉煌成就。宋代的绘画，除宋人山水图、宋人岳阳楼图外，另增添了阎次平的牧牛图，这幅画以描写牛的各种姿态为主题，另以四季景色做背景，充分地表现了作者对大自然的变化和牛的生活动态，有非常深刻的体会。

元代部分增加了钧窑的 2 件瓷器，附着匣钵；铜权 3 件，刻有元延祐年号，这些材料对说明瓷器制造和当时的权衡制度都很有帮助，绘画方面虽只增添了 2 幅，但雪溪晚渡和李珩的墨竹已能代表元代的"山水"和"墨竹"画法的两大特点。

明代陈列室也增加了建筑材料 6 件，有报恩寺的瓷砖，明故宫的琉璃瓦等；又瓷器 4 件，火药炮 3 件，大明宝钞 1 件，沐英墓志 1 件，明太监金英墓出土的锡器 9 件，在内容上较过去为丰富。

《南博旬刊》1954 年 10 月 20 日，第 140 期

江苏丹徒县下聂村发现古墓葬

华东文物工作队与江苏省文物管理委员会为调查、清理江苏省丹徒县下聂村所出铜器的古墓葬,共同成立了一个工作组,自10月15日到20日,共计5个工作日的时间,清理了古残墓三座。

古墓葬地址在丹徒县下聂村附近的烟墩山上,西距丹徒县30公里,北临长江,东有乌金山、图山,南有横山,自古称为长江险要之地。丹徒县志记载:"宋史高宗纪:建炎三年九月,谍报金人治舟师,将由海道窥江浙,遣韩世忠控守图山。"因此,当地人至今仍称这一带为"宋营"。烟墩山有一高约3米的土墩,因传为古代的烽火台,"烟墩山"也因此而得名。据说,这山原来是高地,抗日战争时期始垦为农田,今年6月间下聂村的农民在田里挖山芋地的垄沟,感觉地下有很硬的东西,掘下去先得一鼎,又继续挖出铜器十余件。经乡干部动员,把全部东西捐献给国家了。工作组为了更深入地了解情况,决定就地进行清理工作。

工作组先把原坑挖开检验,曾在表面扰土层中拾到一些残余的铜片和铜器上的镶嵌物。原坑东西长1.3米,南北宽1.2米,深0.44米。铜器散置在坑内。根据原发现人的记述,器物出土时并无一定的排列顺序。在这旧坑的底部,清理出残铜片数件,似乎与第一批出土铜器有关。我们研究了四周的土质、土色,认为该坑真实的边缘还没有找到。随即作向南北扩大成3米,东西扩大成3.6米的面积。这样做下去,不久就在偏西部分发现了一批马饰(包括镳、衔、铃及其他纶纽节约类)和镞、尊、骨管、玉饰、小玉杯等多件。这些器物的出土,说明这里原来是一个古代墓葬,已无疑问。但是这个墓葬因为历年来遭山洪冲刷,自然破坏很严重,墓底距离地面很浅,故其四周边壁,已无法可寻,人、马遗骨也始终没有发现。按照铜器出土的情况估计,遗体放置的方向似乎是头东脚西。暂编号为第一墓。

此外,在第一墓发掘进行中,发现西北隅的土色发黄,并常见红色烧土屑和残碎的陶片出土,追踪挖下去,复得小墓两座。其一出小铜鼎1件,石器2件,人牙数颗,编号为第二墓;另一出铜鼎和瓷器各3件,铜尊1件,编号为第三墓。我们初步推测,这一地方有一新石器时代的遗址(应属于印纹硬陶系),后来这两个墓葬把遗址打破。至于两个小墓和第一个墓有无联系,我们暂以出土铜器的形制、位置和深度等条件来初步推断,觉得很有可能是第一大墓的陪葬坑。

这批文物发现在长江下游的江南地区,在考古工作上,是有特殊意义的,对研究我国江南地区的历史有很大的帮助。

《南博旬刊》1954年11月24日,第142、143合刊

为完成支援郑州市的文物工作而奋斗

华东文物工作队支援郑州工作以来在各级党和政府领导下,工作逐渐展开,并取得了一定的成绩。

春节前后因天寒地冻,外省的同志对本地不够熟悉,所以工作多集中在距离队部较近的几个地方,以便互相帮助,交流经验。春节将近的几天中,大家参加了河南省文化局布置的1954年总结会议,更明确了文物工作为国家总路线服务,密切配合经济建设的方针政策,批判了脱离政治的单纯技术观点和各种各样的个人主义思想,普遍地提高了社会主义觉悟。春节过后,接着讨论了1955年第一季度新的工作计划,根据郑州市基本建设的发展和同志们在实际工作中业务水平的不断提高,因客观形势的需要,改变了田野工作组的原有编制,充分发挥每个人的潜在力量,工作面扩大到十多里以外的碧沙岗一带,并建立了一个工作站。加上原有的几个工作重点,如岗杜、陇海马路南北等处,无形中大家都展开了工作竞赛。碧沙岗因工作特别紧迫,一下手就开了九条探沟,并提出"小礼拜"不休息的要求。其他几个小组也都纷纷同时开完了两个至三个方(每个方约100平方米),一致要求三个月内完成小组计划,并包下小组辖区内的临时任务。

在工作方法上也有了很多改进,如采取流水作业法,每坑结束,及时整理,写出初步简报,这样就使小组的田野工作永不间断。在质量方面,因为大家经过实际工作的锻炼,已掌握了土层、坑形和器形的规律,因此不但减少了粗枝大叶的疏忽现象,而且也克服了因过度谨严,受偶然现象迷惑所造成的进度迟缓问题,创造了配合基建做好古遗址发掘工作的新经验。到目前为止,已经取得了下列成绩:共清理了灰坑55个,按时代分:计有龙山文化的5个,商代的44个,战国时期的6个。按形制分:计有长方形的、圆形的、椭圆形的三种。这些灰坑都是研究我国历史所需资料的无尽宝藏。最值得注意的是商代灰坑内往往埋藏着野猪或人,有一个灰坑中埋藏着四个小孩,一个成人,两个野猪,这些发现和安阳很相似。另外,还清理墓葬90座。按时代分,计有商代6座,战国的22座,宋代的4座,元代的2座,时代不明的36座。按形制分,计有竖穴的、空心砖的、挖洞的、砖室的四种。最重要的是从这些墓葬的发现中渐渐追寻出各时代的葬制、殉葬器物方面的规律。目前已积累了一些经验,找出了不少头绪。

由于这些灰坑、灰层、墓葬的错综复杂堆积,不断地给予我们多方面的考验,今后应当及时地分析研究它们的时代关系,并进一步推证各时代社会制度、经济生活和文化发展的情况,从而充实我国的历史研究工作。

工作虽然经过了三个多月,但对于我们来说,仿佛刚刚开始,值此国家社会主义工业化,第三个五年计划的第三个年头,郑州市的基本建设情况更加紧迫、范围更加大、地下文物发现就更多了。这样就暴露出我们任务的繁重,力量的不足,所以,我们的工作方法需要进一步改进,不然就赶不上形势发展的要求。面对困难,但我们每个同志都有百倍信心,战胜一切困难,为胜利的完成支援郑州的文物工作而奋斗。

《南博旬刊》1955年2月10日,第151期

安徽寿县发现战国古墓葬

寿县位于安徽省北部,古称寿春,在我国历史上公元前曾经有两个朝代建都。战国时这里是楚国的版图,考烈王二十二年(公元前241年)迁都到寿春,考烈王死后,经过幽王、哀王、负刍数代,直到被秦所灭。共有二十年的历史。西汉初年(公元前197年),淮南王英布又在这里建都。所以寿县在我国历史上是有相当重要地位。

1951年伟大的治淮工程开始,华东文物工作队与安徽省文物管理委员会、安徽省博物馆筹备处曾在这里配合着各项土方工程,进行文物发掘工作。先后在五里庙引河工程和筑闸、退水渠、牛尾岗等工地,清理出很多战国、汉代和汉以后的文物。

今年5月24日,在六安专区治淮指挥部领导的寿县县城修复工程中,西门内偏北的工地上,发现了一座规模相当大的战国古墓,这座古墓及时得到工程部门的领导和地方行政部门的重视和保护,并由华东文物工作队和安徽省博物馆筹备处派人负责清理。

这座墓葬南北长8.6米,东西宽7米,深距地面3.45米,方向为北偏东10°,墓口和墓底大小相差不大,墓中没有较深的棺穴,仅在南壁上偏西处,出现一东西长1.8米,南北宽1.2米,距墓底0.26米的小长方坑,但里面无遗物。

墓内的填土是灰黄杂土,自上层到下层陆续有绳纹灰色陶片,实心的鬲足和豆把等发现。墓内底层有厚约2厘米漆皮陪葬品绕着墓壁约1米的地方陈列。大概的情况为:北面放置着生活用具和乐器,东、西、南三面放置着兵器、车马器、贝类等;中部是置棺的地方,出玉、珠等佩饰共三组。人骨的发现,只在墓的东南隅见到了一具,而且已残缺不全了。

墓门出土遗物以青铜器物为主,其他还有金、玉、石、水晶、骨、贝、漆器等。按用途约可分为生活用具:鼎、壶、鬲、豆、罍、簠、簋、鉴、敦等。乐器:镈钟、编钟等。兵器:戈、矛、剑、镞等。装饰品:整套的佩玉、金饰等。共计出土物约千件左右。其中漆器在出土时已不能辨别原形了,但在墓内几乎普遍有漆皮存在,层次很多,并有朱绘的几何图案。在出土的铜器上,发现铭文不少,初步推断,似为战国初年蔡侯的墓葬。战国初其

封在河南的上蔡、新蔡一带，后迁至州来。据文献记载，州来就是现在距寿县不远的凤台县。因此，蔡侯墓埋葬这里是有可能的。

这些铜器的铸造技术反映了当时手工业发展的情况，使我们体会到古代劳动人民的创造力量。但是在阶级社会里广大劳动人民心情劳动的成果却被少数统治阶级占有了，战国墓出土的文物就是一个很好的例证。

《南博旬刊》1955年7月30日，第166期

继续发掘南京市北阴阳营古遗址解决文化堆积的层次关系

我院第二次发掘本市北阴阳营古文化遗址工作，已于5月2日开始，这次发掘的主要目的，在于解决文化堆积的层次关系，二十天以来，已经有了初步收获，使我们认识到这处遗址可以分作3个层次：第一层是黄灰土，包含着早期的遗物，同时也有近代瓷片相混杂，说明它是一个扰乱层；第二层是黑灰土，包含着窑、灶等遗迹，几何印纹陶片和炊煮食物的陶鬲、陶甗，是这层次的特征，与湖熟镇、窨子山的遗址近似；第三层是黄土，其中包含有大量的烧土屑，陶器和陶片上具备着仰韶文化和龙山文化的特点，饮煮食物的用具主要是陶鼎，并且在这一土层内，出现了二十多架人骨，各有石器、陶器、玉饰随葬，以其文化性质推测，应和花厅村、青莲岗为一个系统。

这些发现对于我们研究长江下游两种不同文化的先后次序，是有重大意义的。

《南博旬刊》1956年月10日，第172期

考古工作与勤工俭学相结合

在全民大跃进的浪潮中，南京博物院在南京市北阴阳营新石器时代遗址上，作了一次有意义的考古发掘。这次发掘，是与南京大学历史系的勤工俭学运动及该系毕业班同学的毕业实习结合进行的。

南京博物院与南大历史系几年来在教学上就有着密切的联系：南博每年派人在该系讲授考古课程；该系经常把南博的陈列室当作课堂；该系毕业班的考古实习，也常与南博的田野发掘工作结合起来。例如南京城外锁金村新石器时代遗址的发掘，就是这

样进行的。

这次北阴阳营的发掘，正处在工农业大跃进的形势之下，很难找到足够需要的劳动力，而南大历史系的勤工俭学运动，也很难找到能够结合本身教学的劳动机会，尤其该系毕业班同学，正需要进行考古实习。这样，在双方协商以后，就订立了两利的劳动合同。合同中除了规定劳动的时间、人数和报酬之外，还规定了在体力劳动中，适当地进行业务学习。至于毕业班的同学，则以实习发掘技术为主。

这样的发掘，不仅解决了缺乏劳动力的困难，节约了发掘经费，增加了学校的收入。而且，至少还有以下几点重要收获：

一、提高了同学们的劳动能力。开始发掘时，同学们由于缺乏劳动锻炼，体力差，效率低，工作不能持久；但是，由于同学们在整风中认识到劳动的伟大意义，更看到这样的劳动与自己所学的专业有着密切的关系，加上又在劳动中发动了评比竞赛，结果很快地提高了劳动效率，同学们的身体也显得更加结实了，个别同学还能顶得上一个普通工人的劳动能力。

二、丰富了同学们的历史知识。由于在劳动中见到了上千件以新石器时代为主直到明清时代的生产工具和生活用具，见到了大批的墓葬、灰坑、窑址和居住遗迹，这就丰富了他们在课堂上所学的"中国上古史"、"原始社会史"、"考古学通论"等理论知识。这些实物是在课堂上，甚至在博物馆的陈列中所不能看到的，因此，许多同学说："这次给我们上了一节生动的原始社会史课程。"许多同学还要求，今后考古学的讲授，应和发掘工作结合起来。

三、举办了现场展览，培养了大批的文物政策的宣传者和执行者。在发掘过程中，为了克服考古工作上的神秘观点，为了向群众进行历史科学与文物政策的宣传，采取边发掘边展览的办法，在工地上举办了现场展览会。这些勤工俭学的同学，就做了义务说明员。他们运用自己曾经学过的专业知识，向观众生动地讲了原始社会的人是如何生产和生活的。他们的讲解得到观众的一致赞扬。在观众意见簿子上，有人写道："比看几十个博物馆还要体会得深刻。"有人写道："对我现在正在学习的政治经济学有所帮助。"有人提议设法把这遗址保存起来。有人还当场提供了外地类似这样遗址的线索。

在发掘结束后，同学们对文物也更加爱护了。在几次劳动中，他们发现了古代的遗物，都能很好地保存起来，并记下出土的地点。从这里可以看出，同学们已经成为文物政策的宣传者和执行者。

四、辅导了毕业班同学写成考古学论文。当发掘开始时，七位毕业班同学对过去所学的考古学通论差不多都忘了，通过这次实习，不但复习了过去的课程，而且每人都能根据实际工作的收获，写出一篇具有相当水平的考古学论文。

从以上情况可以看出：大学历史系的勤工俭学运动，如能与田野发掘相结合，是有多方面的好处的。这样的发掘在可能条件下，应加以推广。

（凌竞亚　赵青芳）《考古通讯》，1958年第12期

江苏省考古学会第一届理事会会务工作报告

各位领导、各位代表、各位来宾：

现在我受江苏省考古学会第一届理事会的委托，作会务工作报告：

江苏省考古学会自1980年9月17日在南京正式成立以来，迄今已将近四年了。四年来我们学会在党的领导下，做了不少工作，我认为把这四年来学会的工作作一次认真的回顾，总结一下我们所取得的成绩和不足之处，对于今后更好地开展学会工作是很有必要的。

在江苏省考古学会章程中已明确指出我们学会的性质是江苏省文物考古界群众性的学术团体。它的基本任务是团结全省的文物考古工作者在马克思列宁主义，毛泽东思想的指导下，发扬实事求是的学风，提高考古研究的科学水平，为推动我省文物考古事业的发展，实现新时期的总任务作出贡献。章程还确定了本会主要从事以下三项工件：(1)贯彻党的"百花齐放，百家争鸣"方针，采取各种形式，积极开展学术活动多；(2)开展广泛的学术交流活动，增进各文物考古机构和文物考古工作者之间的友好联系；(3)普及文物考古知识，编辑出版有关文物考古的资料。

现在我谨就以上三个方面的内容，对我们学会四年来的工作作一简单的回顾。

一 学术活动概况

组织学术讨论会，是我会开展学术活动的主要形式，四年来的事实证明有计划安排好这样的学术活动，使分散于我省各地的会员聚集一堂，讨论共同关心的考古课题，交流研究心得，促进我省考古研究工作的开展起到了一定的积极作用的。

1980年9月学会成立以后，1981年11月和1982年9月我会又分别在苏州和徐州召开了第二和第三次年会。三次年会收到的各种考古学术论文共136篇。其中除第一次年会学术论文所涉及的内容比较广泛以外，第二、三两届年会的学术讨论部事先根据我省考古研究主要课题，拟定了会议讨论的中心内容。如第二届年会的中心内容是吴文化的探讨；第三届年会的中心内容是讨论江苏汉代文物考古问题。这样做的好处是，讨论问题比较集中，有利于问题的解决。因此，我们这次年会仍是确定了一个中心内容，即六朝考古。我相信通过这次年会一定会把我省六朝考古的研究工作，大大推向前进。

为了扩大学术交流，我们在每次年会之后都要将部分年会论文汇编成册，迄今我会前三届年会的论文选集已编辑发行。这三册论文选集共收论文 79 篇。这些论文,部分地反映出我们学会三年来在科研上所取得的丰硕成果。

除了年会之外,我们还组织了一系列的学术讨论活动。其中首先要提到的是吴文化研究会的成立及其学术活动。

江苏是我国西周到春秋时期吴国的中心地区,新中国成立以来我省在这方面已做了不少调查的发掘工作,譬如湖熟文化遗址的发掘,土墩墓、石室土墩的发掘,淹城考古以及我省各地发现的大量两周青铜器,很多都与吴文化有关。就江苏考古界来说对于吴文化的研究已引起了广泛的兴趣。因此早在 1980 年第一次年会上就有七个单位发起要求组织作为江苏考古学会分支机构的"吴文化研究会"(开始社联同意成立"吴文化研究组",1983 年 5 月正式同意成立"吴文化研究会")。

吴文化研究会在学会的支持下学术活动开展得相当活跃。1982 年 6 月在常熟举行了一次以太湖地区石室土墩的性质问题为中心的学术讨论会;1983 年 5 月在武进县召开了一次以吴国故城和淹城为中心议题的学术讨论会。两次讨论会共收到论文 27 篇。此外 1983 年 11 月南京博物院在吴县五峰山一带发掘石宝土墩时,吴文化研究会又组织了一次现场参观学术讨论活动。上述活动对于推动吴文化研究工作的深入是起了积极作用的。

此外 1981 年 5 月我们学会还和南博、扬博共同主办了一次唐代扬州考古学术讨论会。这次讨论会收到论文 17 篇,与会代表就唐代扬州城的规模、手工业和宗教遗迹以及发现的铜镜、陶瓷器中的若干问题,进行了认真的讨论,也取得了可喜的收获。

二 开展学术交流活动,增进各文物考古机构和文物考古工作者之间的友好联系

我会成立后,即申请并被接受为中国考古学会的团体会员,1982 年、1983 年都曾派代表参加了中国考古学会年会,并提供了学术论文。我会目前同安徽、河南、湖南等省的考古学会,中国海外文史研究会以及北京、上海、天津、山东、河南、陕西、湖北、江西、安徽、广东、福建等省市的文博机构、考古研究单位及高等院校等,均保持经常性的学术交流和往来。在我们学会举行年会或举办专题学术讨论会时还尽可能邀请一些知名的专家学者参加,请他们作学术报告或提供学术论文。上述这些学术交流活动,对于提高我省考古学术研究水平是十分有益的。

三 为普及文物考古知识,提高考古研究水平,编辑书版有关文物考古资料

我会和江苏省博物馆学会合编的会刊《文博通讯》(双月刊),自学会成立起迄今为

止,已出版了19期。这个刊物的主要任务是报导我省文物、考古、博物馆工作的研究成果、交流文博工作经验,介绍文物、考古、博物馆知识、宣传文物政策法令、并且还重点地选登一些有关文物、考古、博物馆的理论和学术方面的文章。这个刊物创办至今,做出了一些成绩。但由于目前仍属于内部发行的刊物,所以其影响和作用还受到一定的限制,在文章的质量上也还有待进一步提高。

此外我们学会还编辑出版了四本年会和学术讨论会的论文选刊,有八十万字左右的稿件。

尽管我们学会的编辑出版工作还存着一些缺点和问题,但我们仍然相信这些出版物对于促进省内外考古和博物馆学术交流,还是发挥了一定的积极作用,并得到了省内外考古界的肯定和鼓励。

以上是我会近四年来三项主要工作的简单回顾,下面我想向大会汇报一下我会会员的发展工作和经费开支的情况。

(一)会员发展工作

江苏省考古学会现有会员195人,会员中包括有博物馆和科研机构中的历史文物考古工作者,高等院校从事考古教学的教师,热心于文物考古事业的领导干部,从事与考古工作密切相关的专业人员以及取得一定成绩的业余考古工作者。

在发展会员的问题上,我们是严格按照章程的规定来办事的,因为我们是学术团体,因此决定是否接纳申请者入会,主要是着眼于其是否具备了必要的专业知识,并经过理事会认真讨论后才作出决定的。

在1980年本学会初成立时共有会员131人。1981年11月在苏州召开的第二次年会上,经理事会讨论,批准了28人入会;1982年在徐州召开的第三次年会上,经理事会讨论,批准20人入会;1983年5月在常州召开的理事会上,批准8人入会;同年在镇江召开理事会,批准11人入会。三年共新发展会员67人,加上原有会员131人,减去近三年来病逝1人、因故退会者2人,现共有会员195人。

(二)经费开支情况

学会经费有三个来源:一是由省文化厅拨款,二是由江苏省社联拨款,三是所收会员会费。三年来,学会经费开支的主要项目,用于学会刊物《文博通讯》的印刷、发行以及学会各种会议的住宿费、伙食补助,会议期间的交通以及日常行政和邮电开支等。这些经费的开支,均委托常设机构南京博物院会计室代管。会员按会章规定,每年缴纳会费,这些会费主要用于会刊——《文博通讯》及其邮费等项开支,但差额较大,均由其他经费来源中补贴。

总之,从上述学会三年来的工作,我们初步认为:①学会成立以后,团结全省文物考古工作者,为提高考古研究的科学水平,为推动我省文物考古事业的发展做了些工作并取得了一定的成绩。②学会按照我省考古工作的特点,制定学术研究和学术交流的重点专题,依此进行了各种专题的讨论会和座谈会,在这些会议上,我们采取各种形式,积极开展学术活动,亦取得了一定的成效。③学会三年来的工作,也有一些缺点和不足的地方。例如负责日常工作的常务理事工作单位分散,各自又都承担了不少的行政责任,且无专职干部,因此不能经常照顾学会工作(我省其他许多学会都有类似情况)。现经省社联研究决定,将给我们学会和省博物馆学会配备专职学会工作人员,同时准备在新的理事会中增设副秘书长一至二人,以充实日常工作力量,便于把学会工作做得更好。

其次,我们的学术研究水平还不够理想。因为考古学会和其他学会有不同之处,它必须要从实物资料为依据,才能结合文献材料进行比较研究。我省有些重点专题的学术研究,没有积累足够的实物资料或综合研究的基础较差,因此至今尚有些问题不能得出结论或不够深入,有待今后的不断努力。

以上会务工作,请各位代表审议。

这次会议包括两个内容:一是改选理事会。本来按会章规定第一届理事会在去年就已经满期了,因故延至今年,所以这次代表会应该选举出新的理事会。二是进行年会的学术交流活动。这次学术讨论的中心内容经理事会确定为六朝考古,所以会议在南京召开很有意义,因为南京是东吴、东晋、宋、齐、梁、陈的故都,地下出土文物比较丰富。这次南京市博物馆还专为会议办3个六朝出土文物展览,这对于大家研究讨论,是很有利的条件。我们希望大家在"双百"方针的指导下,展开热烈讨论。

参加这次会议的有来自省外各有关单位的专家学者,我们学会在此向他们表示热烈的欢迎!

这次会议的筹备工作,得到了省、市党政领导的大力支持和关怀,特别是南京市文化局、市博物馆的同志们,他们热烈地做了大量的具体工作。我们学会在此表示衷心感谢!

《文博通讯》,1984年第2—3期

在江苏省考古学会第五次年会上的讲话

各位领导、各位来宾、同志们:

这次会议是由中国第四纪委员会海岸线分委会和江苏省考古学会联合召开的。我现在代表江苏省考古学会讲几句话。

去年我们学会在南京召开年会的时候,经理事会酝酿讨论,决定1985年的年会在常州召开,议题以史前考古为中心(同时也欢迎其他方面论文)。在筹备这次会议的过程中,中国第四纪委员会海岸线分委会筹备会议的同志和我们接触,提出两个会议联合召开的问题,双方觉得好处很大,可以互相交流。后经常务理事会的研究,就这样决定下来了。大家知道,地质学上第四纪的研究,与我们考古学上史前学的研究,虽属不同学科,但两者有着十分密切的联系,我国的考古学家、北京猿人的发现人裴文中先生,在他的著作《关于考古和第四纪地质工作上一些新方法》中说过这样几句话:"第二次世界大战后,地质学家和考古学家特别注意,构成底层和各种堆积物的研究——这种研究,可以知道当时的气候、水文、地貌、动物群和植物群的性质等。对于地质学家研究当时的地质情形,对于考古学家,研究人类活动的情形,都提供了很多有用的材料。"这就很恰当地阐明了这两个学科之间相互联系、相互渗透、相互结合的必要性和重要性。

今年 3 月间,我在北京参加中国考古学会第五次年会,听了中国社会科学院院长马洪同志的讲话,他在讲话中提出了一个很值得我们大家重视的问题。他说,"我们考古学的进一步前进还要同自然科学结合起来",而且还说"这不仅是考古学,整个社会科学都面临这个问题"。他的这些话值得我们深思。我认为我们现在两个学会的联合召开,就是自然科学与社会科学、第四纪研究与史前学研究相结合的一种体现,对于江苏省的考古来说,是一种新的尝试,我相信这种相结合的精神,必将有助于我们这两个学科研究领域的充实和发展。

此外,我觉得我们考古学在和自然科学结合的问题上,今后还要从两个方面去努力:一是对古代科学技术方面的资料要引起注意,例如对农业、数学、天文、地理、化学、机械、矿岩、纺织、医药等等方面,从资料的发掘征集、整理研究、直到做出成绩。(英国人李约瑟研究中国科技史很成功,编写了巨著《中国科学技术史》。夏鼐同志也出了一本科技史方面的论文集)。由此我联想到过去我们曾在仪征县一座汉墓的出土文物中有几件铜器,其中有一件长条形能开合的铜器,我们起初把它定为铜尺在报告中发表了,以后觉得有可疑之处,拿给搞天文的专家们看,他们一致认为这是件汉代的铜圭表,是件研究我国天文学史的重要文物。还有 1974 年在常州圩墩村新石器时代遗址发掘中,出土了一件骨制的、圆环状的、表面很光滑而又有凹槽的器物,考古报告中定名为"滑轮状骨器",以后我把它改称为"骨滑轮",这就涉及到机械学和力学上的问题。我们不敢肯定这就是完全正确的,但总算把问题提出来了。按文献记载我国春秋时做过滑车的力学实验,照这样说这个滑轮的发现,就要把我国使用滑轮的时间提早到五千年以前了。举这两个例子的用意是要说明考古学与古代科技研究相结合的必要性,两个学科相互联系、相互协作,才能得到圆满的成果。

二是以自然科学的方法和手段来解决考古学中的疑难问题。例如判断时代问题,50 年代以前,我们只能采用地层学的方法来判断遗迹遗物的相对年代,50 年代以后,开始使用碳—14 测定法,可以得出比较满意的绝对年代了(虽有误差),这一手段现在已经普遍应用。其他如陶器热释光法、古地磁法等,应用还不够普遍。花粉分析法,不但能帮助我们认识古代环境,还能帮助我们确定遗址的年代。各种化学化验方法可以提供我们研究各种文物质料的组合成分，还可以举出一些例子就不谈了，据说电脑处理考古资料正在考虑。现在我们国家大力引进先进科学技术，我们的考古学研究也不能墨守成规，一定要迎头赶上去，把先进的科学技术应用到考古学研究中来，为我所用，从而发展我们的考古学。

以上我谈的是考古学与自然科学相结合的一些问题，作为第一个意见。

第二个意见是我们大家都要模范的遵守《中华人民共和国文物保护法》，这是我们学会章程中的第一条。《文物法》是我们考古工作者自己制定的法律，因此我们必须首先要遵守，而且要起模范作用，特别是《文物法》第三章关于考古发掘中的六条规定，更应该使我们重视。比如说发掘之前申请发掘执照的问题，我们究竟遵守的如何？我们作为考古学会的会员，绝不能对此事掉以轻心。这里还要提起一件事，就是个人收藏文物的问题，中国考古学会理事长已故的夏鼐同志，在今年3月的年会上提出了这个问题。作为文物考古工作者能不能个人收藏文物，虽然尚无明确规定，但应该说是不收藏为好。大家知道郑振铎先生，解放前他是收藏文物的，解放后他当了文物管理局局长之后，他把个人收藏的文物全部捐献给国家了，受到了各方称赞。夏鼐同志说："文革"时抄家，他们考古所的同志没有一家抄出文物来。我看这个问题也值得我们大家注意。我们自己发掘征集文物，同时假如自己也收藏文物，搞不好能弄个公私不分（夏鼐同志提了"瓜田李下"这句话）。我这样提一提是想引起大家（包括我自己）的注意。

第三个意见是考古发掘工作要注意质量。一般说来，我们考古研究是建立在以田野发掘为主的基础之上的，所以，发掘工作做得好坏，直接影响到科研成果，其关系至为重要。我们不能单纯地把田野发掘看成是收集资料，室内整理才是科学研究，把二者截然分开。应该说田野发掘就是研究工作的第一阶段。对于发掘中遇到的遗迹、遗物和其他现象，不去推理，不加分析，不得到确切的认识就匆忙地把古代遗存轻而易举地处理掉，这样做法带来的不良后果，是不可想象的。我这里所提的注意质量，并不是指挖出来的东西好坏，出的东西好就是质量高，出的东西差就是质量低，这是"挖宝思想"，我们不能这样去认识。

我们所说的提高质量，是提高科学工作、科学方法的水平，我们的工作一定要做到认真、细致、准确、符合客观实际。考古学是个科学性很强的学科，我们大家一定要按照考古发掘的操作规程办事，不断总结经验，改进工作方法，提高工作质量，希望把我们的工作做得更好些。

以上三点意见不一定正确，仅供参考。

最后，我谨代表江苏考古学会向常州市委、市政府、市社联、市科协、市文化局、常州市博物馆表示衷心感谢！感谢你们给予会议的领导、支持和帮助！

祝大会圆满成功！

1985年11月于常州

编 后 记

2012年是父亲诞辰100周年,我们怀着崇敬的心情纪念父亲。

虽然父亲离开我们已有十八年了,但一想起父亲,他那慈祥的笑容又浮现在我们的眼前,仿佛他还与我们生活在一起。

父亲八十岁了仍步履稳健。一位曾经采访他的记者这样写道:"他大步走来,身不摇,腿不颠,颇有点军人的味道。"这也许和他以往长期从事艰苦的野外调查与发掘工作有关。但是,父亲爱抽烟,尤其是在思考问题和写文章时爱抽烟。他坐在藤椅上伏案工作或仰头思考问题时,书桌前总升起缕缕青烟——抽烟似乎是他生活中最大的享受了。然而,这又是我们最忧虑的事了,经劝告,虽然戒了,但不知什么时候又抽起来了,以后令人最为担心的事还是发生了……我们总是想,若不是得了癌症,凭着父亲健壮的身体,一定会活到今天。

父亲还是走了。我们常想,也许父亲又出差了,也许他正随着中央博物院筹备处运输文物的车队辗转于大西南曲折险峻的山道上;也许他正扛着行李,背着发掘用具奔跑在风雪弥漫的苏北灌溉总渠大堤上;也许他正冒着雪花巡回在郑州商城遗址的发掘工地上;也许他正顶着酷暑和同事们一起蹲伏在泥泞的越城发掘工地上;也许他正在工棚里昏暗的油灯下记录着当天的发掘经过或调查的新发现……但这次去的时间太长了。

感谢《南京博物院学人丛书》给我们以机会,对父亲的人生历程作一个追忆。编辑他的文集,既寄托我们对他的思念,也完成父亲生前的一个夙愿,这也是对他老人家一个莫大的宽慰了。

在我们孩提的记忆里,父亲总是忙于工作,家中的一切事均由母亲操办。回想父亲在世时,我们和他分别的日子多于相聚的时光。儿时的记忆里,父亲总是在出差,有时上午才到家,铺盖还没有打开,接到新的情况,下午就又扛起行李出发了。父亲的行李很大、很沉(里面裹着被子、垫褥和棉衣,这和他的工作冬季最忙有关),但打得特别结实。试想,肩扛着这样重的行李和发掘工具冒着风雪,每日数十里行走在苏北灌溉总渠的大堤上,可见当时工作的艰辛。

历经沧桑,父亲的心胸是一片大海,容纳下最大的风浪;父亲的躯体是一棵大树,我们依附着他生长。在我们的心目中,父亲和蔼可亲,言语不多,但总是让人敬仰;他从不与人大声争论,从未骂过人,就是在讨论问题时,也都是和颜悦色;他一诺千金,答应的事情,一定要办到。他天性淳厚、谦和,道德、修养、风采令人敬仰,这是一位典型的长者和学者的风范,值得我们子女一辈子去效仿。

父亲严于律己,宽以待人。即使对于"文革"中曾经"整"过他的人也从不计较,相反一有机会就尽自己的最大力量帮助他们解决生活和工作中最困难的问题。

父亲崇尚节俭,一生简朴。他热爱文物,但从不玩古物字画,家中绝没有一件可称得上文物的东西。父亲从事考古工作半个多世纪,家徒四壁,家具几乎全为20世纪50年代公家折旧处理的。父亲一生习惯于布衣布履的生活。父亲去世后,我们清理他的衣物时,才发现他只有一套西装和一双皮鞋,那还是生前出访日本时添置的。然而,六七十年代的岁月里,他每月总是交50元党费——这在当时也是一笔不小的数字了。父亲一生从不搞特殊,1956年他和徐观伯院长多次谢绝住进南京博物院为高级知识分子建造的小楼,长期和普通职工居住在仅有两间的小平房里。

从父亲这一代考古工作者身上,我们可以看到一个共同的优秀品质:一辈子勤奋忘我,忠于职守,严格约束自己,孜孜不倦、矢志不渝地探索着祖国的古代文明。这种精神不但深刻地影响了今天的中国考古工作队伍,而且他们在长期的工作中形成的一系列行为规范和准则,至今仍为考古工作者所遵守。

父亲的同事们说,父亲工作总是从大局出发,不追逐名利,反映了老一代学者的高尚品质。父亲一生主持过多次重要的考古发掘。如1952年冬季他与宋伯胤先生一起前往艰苦的苏北开展工作期间,多次率治淮文物工作队苏北组对江苏新沂花厅村遗址进行考古勘察,并主持新沂花厅村遗址的发掘;1954年主持江苏丹徒烟墩山西周墓的发掘,发现"宜侯夨簋"等一批重要青铜器;1955年主持并具体参与安徽寿县战国蔡侯墓的发掘;1960年主持江苏吴县越城遗址的发掘,同年主持吴县梅堰发掘,获得一批重要的具有地域性的成果;1964年主持江苏邳县刘林遗址的发掘,发现重要的氏族公共葬地、汉墓群等。通过这些发掘,获取了许多令人羡慕的第一手资料,然而他从来都认为这些资料是集体的,不应为个人所有。"在青芳同志身上,从来也看不到据公家材料为己有的恶劣作风"。他往往把撰写文章的机会交给年轻人,当别人写好后,他又总是竭诚帮助修改。"他热忱地指导年轻同志来做,既指导又放手,让青年人参加到实践中长知识求进步"。这些都是与父亲共事多年的老同志对父亲由衷的评价。

父亲的同事们说,父亲作为中国老一代考古学家,"不骄傲、不炫耀、不摆架子"。他朴素而厚实,谦和而有自信,真诚而不伪饰,做学问从不依附于别人。他和郭宝钧、董作宾、杨廷宝等关系甚密,与夏鼐、王振铎、李霖灿等是好友,"但从来听不到他说'我的朋友胡适之'这类挟他人以自重的话"。相反在他的一生所展现的尽是孜孜不倦、锲而不舍努力奋斗的精神。

编 后 记

父亲长期从事田野调查与发掘,在他的考古生涯中取得了一系列丰硕的成果,作出了许多开拓性的贡献。如1951年冬季,他在淮安发现了江苏境内新石器文化遗址——青莲岗遗址。当时他就敏锐地感到"这是一个含有地域性的特殊文化系统","可以提供黄河流域史前遗址比较研究的资料","这是一个不太平凡的问题,很希望能凭借这几次的报告,引起各方面的关注"。以后又经过三次调查与发掘,他先是在1956年全国考古会议上就"青莲岗文化"作了阐述,到1958年发表的《南京市北阴阳营第一、二次的发掘》中正式定名。这也从一个侧面反映了一个具有丰富田野考古发掘知识的考古学家,对学术问题的高度敏感和严谨的治学风格。

1953年,他主持了华东文物工作队成立以后的第一次野外发掘(对宜兴西晋周墓墩的发掘);1956年,他对苏南地区进行的古代遗址调查,第一次发现了今天被中国考古界称之为"江南史前文化标尺"的吴县草鞋山遗址;1961年,他与尹焕章先生对淮阴地区作大规模的文物普查等。这些工作都为今天的野外考古工作奠定了基础。然而,父亲对中国考古事业的一系列重要贡献,平时从不向我们谈及,我们知之甚少,时至今日我们才了解了一些。父亲总是以他无声的形象,教我们如何做人、做学问。

今天,父亲的文集终于出版了。在父亲文集出版之际,我们要特别感谢龚良院长、王奇志副院长,感谢他们对文集的整个编辑和出版过程给予地悉心关照;感谢"南博学人丛书"诸位编委,感谢《东南文化》编辑部历任负责人李虎仁、毛颖和本卷编辑沈骞先生,他们承担了文集的具体编辑和出版工作,为文集的出版付出了艰辛的劳动;感谢张敏、庄天明等先生,他们对文集的编写提出了诸多宝贵的意见;感谢父亲生前同事、好友汪遵国、尤振尧、罗宗真等先生,是他们的回忆与指点,使我们查询父亲的经历有了线索;感谢父亲生前好友尹焕章先生的女儿邓嘉嵋女士,她为我们提供给了十分有价值的资料。

父亲毕竟离开我们十八年了,他的文章多散见于不同种类出版物上,给我们的收集工作带来了很大的困难。所以还应感谢南京博物院图书室同志的鼎力相助,他们为文章的收集提供了条件,使父亲文章的收集和年表的编写工作获得很大的进展。

令人十分遗憾的是,父亲的考古日记我们只找到了其中一部分。父亲现存的考古日记始于1954年,但这里收录的仅限于1958年1月以前及1973年以后的一部分。按照南京博物院考古工作规则,凡参加野外考古调查与发掘必须有详细的日记,由于"文革"浩劫及其他因素影响,目前还有许多重要的田野调查和发掘日记下落不明。如1957年青莲岗新石器遗址第三次调查,1958年青莲岗新石器遗址发掘、安怀村考古发掘,1959年海川地区考古调查,1960年吴县梅堰考古发掘、苏州越城考古发掘,1961年淮阴地区考古调查,1962年射阳湖周围考古调查,1964年刘林遗址第二次发掘,1965年丘湾商代遗址第三次考古发掘、涟水三里墩汉墓发掘等。这些日记南京博物院许多同事也都曾经看过。时至今日,这给父亲日记的汇集带来了很大的缺憾,也是江苏考古事业的一大损失,同时也给我们追寻父亲遗留的足迹,编写他的年表带来了很大的困难。

父亲为中国博物馆和考古事业奋斗了一生。"南博是他事业的开端,也是我国国家博物院事业的开端"。半个多世纪的风风雨雨,父亲一路走来,经历了诸多坎坷与艰辛。父亲艰苦奋斗的一生,折射了中国博物馆事业艰难成长的历程。父亲若活到今天,当他看到南京博物院从"荒草萋萋之地"发展成今日如此恢宏的规模,作为一位筚路蓝缕的开拓者,他一定也会感到欣慰了。

赵成华　赵宁华　赵庆华

2012 年 1 月 6 日